저출산시대의 가족정책

젠더, 가족, 그리고 국가

이 도서의 국립중앙도서관 출판예정도서목록(CIP)은 서지정보유통지원시스템 홈페이지 (http://seoji.nl.go.kr)와 국가자료공동목록시스템(http://www.nl.go.kr/kolisnet)에서 이 용하실 수 있습니다. CIP제어번호: CIP2019007994(양장), CIP2019007998(반양장)

Comparative Family Policy: Gender, Family and State

저출산시대의 가족정책

젠더, 가족, 그리고 국가

| 김민정·김경미·김보람·박채복·이지영·장선화·장숙인·전복희·최정원 지음 |

한울
아카데미

책머리에

한국은 2017년 통계에 따르면 합계출산율 1.05명으로 OECD 국가 최저 수준인 초저출산 국가가 되었다. 1960년대 합계출산율 6명이었던 한국은 60년도 안 되어서 초저출산 국가가 된 것이다. 이렇게 초저출산 국가가 되면서 정부는 초저출산 문제를 해결하기 위해 다양한 정책들을 내놓았지만 정책의 효과가 그다지 분명하게 나타나고 있는 것 같지 않다. 이런 상황에서 해외의 여러 사례들을 살펴보면서 어떻게 하면 저출산을 극복할 수 있을지 많은 대안들이 쏟아지고 있다.

　많은 정책을 시행하고 있음에도 정책의 효과가 더디게 나타나는 것도 큰 문제이지만 출산율을 향상하기 위해 무엇이라도 해야 한다는 정부의 절박한 입장이 자칫하면 중요한 문제들을 간과할지도 모른다는 점이 우려된다. 그것은 바로 정부가 출산의 주체인 여성의 삶에 대해서는 크게 고려하지 않고 출산율만 높이면 된다고 생각할지도 모른다는 우려다. 출산은 분명 국가의 중대한 문제이다. 더불어 국가가 여성을 출산의 도구가 아닌 자기결정권을 가진 존재로 인식해야 한다는 문제 또한 중요하다. 그러므로 저출산을 여성들의 이기심으로 치환하여 여성을 비판하거나 혹은 출산율을 향상하기 위한 정책이 오히려 여성을 가정으로 돌려보내 출산과 육아에 얽매이도록 하는 것은 바람직하지 않다. 출산이 국가의 중대 과제라면 이에 못지않게 중요한 과제는 성평등 사회, 여성이 자신이 원하는 일을 실현할 수 있는 사회를 만드는 것이라고 할 수 있다. 저출산 대책을 고민할 때 우리는 어찌 보면 상충될 수 있는 이 두 과제를 동시에 수행해야 함을 잊지 말아야 한다.

이런 문제의식 속에서 외국에서는 어떻게 저출산 문제에 대처하고 있고 이러한 대처 속에서 여성의 삶은 어떻게 고려되고 있는지, 저출산이 지나치게 강조되다 보니 여성의 삶은 뒷전으로 밀려나는 것은 아닌지에 대해 관심을 두고 이 책을 준비했다. 가는 곳마다 저출산 사회에 대해 근심하는 목소리가 높지만 그곳에 성인지적인 논의가 빠져 있는 것 같아 지역연구를 하는 비교정치학자들이 해당 지역에서 이러한 문제들이 어떻게 전개되고 있는지 살펴보았다. 몇 번의 세미나와 토론회를 거쳐서 주제에 대한 관심을 공유하고 연구를 위한 공동의 틀을 마련하면서 점차 우리의 관심을 심화시켜나갔다. 이 가운데 세 편의 글은 일부가 논문집에 게재되었고 나머지 글은 이 책을 위해 저술되었다. 이미 게재된 세 편의 글도 책의 전개에 맞게 대폭 수정하여 책에서 논의하고자 하는 주제에 맞추었다.

서론은 책 전체에서 논의하고자 하는 내용을 간추려서 소개했다. 우선 출산장려 정책의 핵심은 해당 국가에서 가족을 어떻게 다루느냐와 밀접한 관련이 있다고 판단하여 가족정책의 유형에 대해서 논의하고 이와 함께 출산장려를 위한 가족정책에서 어떠한 내용을 다룰지를 소개했다. 첫째, 각국의 출산과 육아에 대한 국가의 재정적 지원을 살펴보았다. 출산과 육아를 주저하게 만드는 가장 큰 요인은 경제적 요인이다. 그러므로 출산과 육아 기간 동안 국가가 경제적인 지원을 해준다면 경제적 어려움 없이 출산과 육아를 할 것이라 생각했다. 둘째, 출산과 육아 이후 직장 복귀와 관련된 정책들을 알아보았다. 셋째, 육아에 대한 남녀 공동 책임 문화에 대해 살펴보았다. 이는 주로 개별 국가의 가족정책 모델에서 소개하기로 했다. 이 모델은 남성생계부양자형, 성별분리형, 성별해체형으로 나누어 설명했다.

사례 연구로 9개국을 선택했는데 유럽에서는 오스트리아, 독일, 프랑스, 폴란드, 스웨덴을 선택했고, 아메리카에서는 캐나다, 아시아에서는 중국과 일본, 한국을 선택했다.

오스트리아는 2000년대에 세 번의 개혁을 거치면서 전통적인 보수적 가족정책으로부터 탈가족주의화를 지향해왔다. 일과 가족의 균형정책을 실시함으로써 출산율을 향상하면서 여성의 경제활동을 보장하기 위해서 노력했지만 보수적인 가족문화를 완전히 극복하지 못해 그 효과는 제한적이었다.

독일은 2002년 남성생계부양자 모델에서 이인소득자 모델로 전환하면서 지속가능한 가족정책을 추진해왔다. 이러한 전환은 성인지적 관점에서 보았을 때 여성의 사회활동을 증진하면서 출산율 상승도 가져올 수 있는 좋은 예를 보여준다.

프랑스는 일하는 어머니라는 가족정책의 근간으로부터 성별분리적인 가족정책을 추진해온 국가이다. 높은 출산율을 유지하고 있지만 가정과 일을 모두 담당해야 하는 이중 부담이 일하는 어머니에게 주어졌다.

폴란드는 저출산 문제 해결을 위해서 저소득층 가정에 현금으로 출산장려금을 지불하는 프로그램인 '가족 500 플러스'라는 정책을 내놓았는데, 이 정책은 결국 저소득층 가정의 여성들을 직장에서 가정으로 돌려보내고 양육을 여성의 책임으로 고정시키는 부정적 영향이 있음을 부인하기 어렵다.

스웨덴은 여성의 일·가정 균형정책을 통해 여성고용의 지속성을 보장함으로써 저출산 극복을 통한 지속가능한 사회 발전 모형을 창출했다. 여성의 경제활동참가율 증가(여성 고용률 증가)와 저출산 극복(출산율 증가), 남녀 공동육아 참여(아버지 육아휴직 증가) 등 양적 측면에서 스웨덴의 일·가정 균형정책은 성공적이라고 평가할 수 있다. 하지만 질적으로 평가할 때 직종 및 급여 면에서 노동시장에서의 젠더 간 격차, 학력에 따른 여성고용 격차 등의 과제가 여전히 남아 있다.

캐나다는 조금 독특한 유형으로 저출산 문제에 대응하고 있는데 그것은 이민의 확대라는 방식이다. 캐나다 사회가 전반적으로 성평등을 지향하고 있지만 다문화사회 속 가부장적 문화를 가진 이민 사회를 중심으로 성차별이 여전히 존재하며 문화의 다양성을 존중하는 캐나다의 사회 분위기가 이러한 갈등을 묵인하는 어두운 측면이 있다.

중국은 출산을 철저히 통제하는 방식으로 정책이 이어져 왔다. 중국은 오랫동안 출산을 통제했고 최근에는 다시 두 자녀를 허용하는 방식으로 역시 출산을 통제하는 정책을 추진하고 있는데 이러한 정책은 여성에 대한 젠더적 고려를 완전히 배제하고 있어서 여성의 삶에 상당히 부정적 영향을 미치고 있다.

일본 역시 저출산이라는 두려움 때문에 출산을 장려하기 위해서 많은 정책을 내놓고 있는 한편, 아베노믹스하에서 여성의 생산성 향상이라는 또 다른 정책목표를 강조함으로써 여성에게 이중 부담을 주고 있다.

마지막으로 한국은 초저출산 국가를 벗어나기 위해서 다양한 정책을 추진하고 있지만 성역할분리적인 문화가 잔존하고 있어서 정책이 효과를 거두지는 못하고 있다.

결론에서는 이러한 국가들의 사례를 통해서 출산장려 가족정책을 젠더적 관점에서 다시 살펴보면서 출산율 상승과 여성의 삶의 질 향상을 동시에 놓고 바람직한 정책 방향을 모색해보았다.

이 책이 나오기까지 바쁜 와중에 옥고를 내주신 필진께 감사의 말을 전한다. 연구에서 사용된 통계들의 시의적절성을 최대한 살리기 위해 출판을 서두를 수밖에 없었기 때문에 집필자들이 원고를 마치기 위해서 많은 수고를 했다. 여러 번의 세미나와 토론회를 통해서 의견을 모았지만 집필을 완성하는 것은 또 다른 문제임을 잘 알고 있다. 강의와 다른 연구들의 압박이 있었음에도 옥고를 기한 내에 집필해준 필자들에게 심심한 사의를 표한다. 또한 『젠더정치학』과 『다문화주의와 페미니즘』에 이어 이번에도 우리들의 책을 출판해주는 한울엠플러스(주)에 고마운 마음을 전한다.

2019년 1월 1일
필진을 대표하여 김민정이 씀

차례

제1장

서론

김민정

세계의 많은 국가들이 저출산과 인구 고령화라는 사회문제에 직면해 있다. 저출산과 인구 고령화는 청년과 장년층 인구가 앞으로 점점 더 줄어들 것을 의미하며 사회의 여러 구조들이 바뀌게 될 것을 의미한다. 저출산과 인구 고령화로 인해 생산성의 저하가 발생하게 되면서 사회복지제도가 발전한 국가들의 사회 부담이 증가하고 있다. 각국에서는 이 문제에 대처하기 위해서 다각도로 노력하고 있다. 저출산과 인구 고령화의 원인에 대해서는 여러 연구들이 다양한 방면에서 논의되고 있는데 확실한 것은 출산의 주체인 여성들의 의식 변화가 저출산의 중요한 원인이라는 것이다. 여성의 사회참여가 확대되면서 여성들이 임신과 출산, 육아에 대한 부담을 안고 사회참여를 병행하는 것이 사실상 어려워졌고 이것이 저출산으로 연결되고 있다. 여성이 임신과 출산 및 육아의 영역에만 머물러 있지 않고 사회활동에 참여하는 것은 성평등으로 가는 첫걸음이다. 동시에 여성의 사회참여는 사회의 발전을 위해서도 반드시 보장되어야 한다는 것을 생각하면 저출산 문제는 사회가 함께 고민해야 하는 중요한 문제라고 할 수 있다. 단순히 임신과 출산을 늘리기 위해서 여성들로 하여금 자녀를 많이 출산하라고만 하게 되면 자칫 여성들의 경제활동 및 사회참여가 낮아지게 되고 이렇게 되면 여성들의 사회적 지위 또한 낮아지기 때문에 여성들의 사회참여와 출산율을 동시에 높이는 방법이 논의되어야 할 것이다. 이런 점에서 OECD 국가 중 가장 낮은 출산율을 보이고 있는 한국에서도 이 문제에 대한 관심이 높고 이 문제를 해결하기 위해서 직접적으로 정부가 관여하기 시작했다.

사회복지제도가 발달한 서구에서는 이미 1980년대 이전부터 저출산 문제에 큰 관심을 가지고 국가가 적극적으로 이 문제를 해결하기 위해서 노력해왔다. 그러나 이 문제에 대한 정부의 접근 방식은 기본적으로 여성들이 자녀를 더 많이 출산하도록 하는 것이었기 때문에 정부의 직접적 개입은 출산율은 향상했을지 모르지만 여성의 삶에는 부정적인 영향을 미쳤을 수도 있다. 즉, 저출산 문제를 해결하기 위한 정부의 적극적 개입에 여성적 시각이 부재함으로써 단지 출산율만을 높이기 위한 정책이 채택되면 여성들은 경제활동 및 사회참여를 줄이고 다시 임신, 출산 및 육아에 묶일 수밖에 없는 상황이 될 수 있다. 이런 점에서 최근 전 세계적으로 저출산 문제가 심각해지면서 각국에서는 저출산에 대처하기 위한 다양한 정책을 내놓았는데 이러한 정책들이 단기적으로 출산율 상승에는 긍정적 영향을 미쳤지만 여성의 삶에는 어떠한 영향을 미쳤는지 알아보고자 하는 것이 이 책의 관심이다. 궁극적으로 저출산 문제를 해결하면서 여성들의 경제활동 및 사회참여도 높일 수 있는 대책은 무엇인지 그 대안을 제시하고자 하는 것이 이 책의 주제이다. 이제까지 단순하게 저출산 대책만을 논의하던 연구에서 한걸음 더 나아가 여성의 삶에도 긍정적 영향을 미칠 수 있는 성인지적인 저출산정책을 찾고자 하는 것이 필자들의 문제의식이다.

이를 위해서 필자들은 여러 국가들이 저출산에 대처하기 위해서 어떠한 정책들을 추진했고 이러한 정책들은 여성의 삶에 어떠한 영향을 주었는지 살펴보았다. 우선 국가들 간의 비교가 가능하도록 연구대상이 되는 국가들의 가족정책을 먼저 살펴보았다. 가족정책은 국가가 가족 내의 젠더 관계를 이해하고 있는 기본적인 틀이 된다. 즉, 가족정책은 가족 내에서는 남녀의 역할을 어떻게 상정하고 있는지를 보여주는데 이 틀에 따라서 국가의 저출산정책이 전개된다. 이어서 필자들은 각국의 저출산 대책 중 중점적으로 확인해야 할 사항을 논의했다. 사실 저출산 대책은 국가마다 상당히 광범위한 범위에서 전개되고 있다. 주택정책, 교육정책, 노동정책, 조세정책, 가족정책 등 그 범위가 상당히 넓다. 저출산 관련 모든 정책들을 포괄하기보다는 직접적으로 여성의 삶에 영향을 미칠 수 있는 정책들을 중심으로 논의했다.

1. 가족정책 패러다임

출산율에 영향을 미치는 요인들은 가족정책과 밀접한 관련이 있는데 가족정책은 국가마다 상이한 패러다임을 가지고 진행되고 있다. 가족정책은 크게 세 부분으로 나뉜다. 첫째, 가족정책 및 가족지원정책을 통해서 여성이 가족 내에서 담당하리라고 전통적으로 기대되는 일들을 국가가 어떻게 지원해주는지의 문제다. 둘째, 첫 번째 영역의 다른 측면이라고 할 수 있는 영역, 즉 사회 속에서 여성들이 경제활동자로서 활동하는 문제에 대해서 국가는 어떻게 생각하고 있는지에 대한 부분이다. 마지막으로 국가는 가족법의 대상을 누구로 정하고 있는지에 대한 부분이다. 즉, 법적으로 결혼한 부부만을 가족으로 정의하는지, 사실혼도 가족으로 정의하는지, 동성 커플도 가족으로 정의하는지 등이다. 첫 번째 영역은 양육자와 보육자로서의 여성에 대한 인식이고, 두 번째 영역은 여성의 노동권과 관련된 영역이다. 세 번째는 전통적인 가족 개념을 고수하는지 아니면 사회의 변화에 따른 새로운 형태의 결합도 가족으로 인정하는지 하는 문제이다.

첫 번째와 두 번째 영역은 여성을 양육자로 보는지 노동자로 보는지에 따른 가족정책의 분류이다. 이를 세인스버리는 남성생계부양자형, 성별역할분리형, 개인으로서의 임금노동자-보살핌노동자 유형의 세 가지로 분류했다(김혜경, 2003: 31~56; Sainsbury, 1999: 1~3).

남성생계부양자형은 남편이 생계부양의 책임을 담당하고 여성은 가정을 돌보는 책임을 맡는 것과 같은 성별분업적인 가족정책을 추구한다.

표 1-1

가족정책의 유형화

	남성생계부양자형	성별역할분리형	개인으로서의 임금노동자-보살핌노동자 유형(성별분업해체형)
이데올로기	엄격한 성별 노동 분업 남편: 생계부양자 부인: 보살핌노동자	엄격한 성별 노동 분업 남편: 생계부양자 부인: 보살핌노동자	역할 공유 남편과 부인: 생계부양자 이자 보살핌노동자
복지 혜택 수급권	배우자 간 불평등	성별 역할에 의한 차이	평등
수급권의 기초	부양 원칙	가족 책임	시민권 또는 거주민으로서의 권리
복지 수혜자	가장 피부양자에 대한 보완	가족 부양자로서의 남성 보살핌노동자로서의 여성	개인
과세	결합 과세 피부양자에 대한 공제	결합 과세 부부 모두 피부양자 공제	분리 과세 동등한 과세
고용·임금정책	남성에 우선	남성에 우선	양성평등 목표
돌봄의 영역	가족 내에서 해결	가족 내에서 해결	강력한 국가 개입
해당 국가	독일,* 미국, 네덜란드, 한국, 일본, 폴란드	노르웨이, 프랑스, 오스트리아	스웨덴, 핀란드

* 독일은 2001년부터 남성생계부양자형으로부터 이인소득자형으로 이행하고 있어서 더 이상 남성생계부양자형이라고 보기는 어렵다. 이미화(2016) 참고.

그래서 고용정책에서 남성 우선성이 유지되고 복지수급권은 남성의 임금노동에 대한 보상으로서 주어진다. 맞벌이 부부의 경우 소득을 합산하여 세금이 책정되는 등 여성 취업에 대한 유인이 낮다고 할 수 있다. 자녀 양육은 주로 개별 가정의 책임이며 이에 대한 사회적 시설화의 수준은 낮다. 전통적인 가족 형태의 유지를 목표로 하고 가족 내에서 엄격하게 구별되는 성역할을 전제로 국가는 가족정책을 전개한다. 이 유형에서는 여성을 가사노동 및 육아를 책임지는 존재로 인식하기 때문에 여성의 사회생활이나 경제활동에 대해서는 국가의 지원이 없다. 그러므로 여성들은 사회활동과 더불어 육아 및 가사노동도 책임져야 하는 이중 부담이 생긴다. 과거 여성의 사회활동이 저조하고 육아에 전념하는 것이 여성의 역할이라고 생각되던 시대에는 이러한 유형의 가족정책이 사회적 가치와 충돌되지 않았다. 하지만 오늘날과 같이 여성의 교육수준이 남성에 비해 전혀 낮지 않고 오히려 남성보다도 고등교육 참여율이 높은 상황과 더불어 여성들의 경제활동 및 사회참여가 급속히 신장되고 있는 상황에서는 여성을 육아의 주체로 생각하고 가족 내에서 모든 돌봄을 해결하도록 하는 국가정책은 시대착오적인 정책이 될 수 있다. 그렇기 때문에 여성들이 임신 및 출산, 육아를 자신들의 삶에 큰 부담이 된다고 생각하게 되고 출산을 포기하고 경제활동 및 사회참여를 선택하게 되어 저출산이 확대될 수 있다.

두 번째 유형은 남녀가 각각 모두 노동자인 동시에 양육자가 될 수 있을 것으로 가정하고 그것을 지원하기 위한 정책을 수립하는 성별역할분리 유형으로 성별역할분리라는 점에서는 남성생계부양자형과 다르지 않지만 남성생계부양자형이 여성보다는 남성의 임금노동 참여를 제고하는 사회정책을 중심으로 하는 것과는 달리 이 모델에서는 임금노동과 양육노동의 가치가 동일하게 평가되며 둘 다 복지수급권의 기초가 된다는 점에서 다르다. 즉, 여성의 사회적 역할을 육아 및 가사노동이라고 상정하지만 이러한 역할이 남성의 임금노동과 같은 가치를 가진다고 상정한다. 그래서 경제활동을 포기하고 육아를 선택하는 여성들의 경우 국가에서 이에 대한 보상을 할 수 있다. 이 정책하에서는 경제활동을 포기하고 가정에 머무르는 대가를 국가가 보상하기 때문에 출산 및 육아에 참여하는 여성들이 많아질 수 있지만 대신에 여성의 사회참여 및 경제활동 비율은 낮아질 수 있다. 또한 저임금 여성의 경우 임금노동을 포기하고 국가의 지원을 받으며 육아에 전념하는 것을 택하는 반면 고임금 여성들은 육아를 포기하고 경제활동을 선택할 가능성이 있어 여성들 사이에서 격차를 낳을 수 있다.

마지막으로 가족원으로서가 아닌 개별 시민으로서 정책의 대상이 되며 남녀 모두에게 노동권은 물론 양육권을 보장하는 정책을 추구하는 특성을 가지는 유형이다. 이 유형에서는 여성을 특별히 양육노동자로 간주하지 않으며 남성도 생계부양자로 간주하지 않는다. 남녀에게 특별한 사회적 역할의 구별을 두지 않는다. 또한 양육노동에 대한 사회적 가치평가와 정책화는 취업노동에 대한 복지정책의 수립 못지않게 중요한 사회적 시민권의 확장 대상이라고 할 수 있다. 그렇기 때문에 가족 내에서 남성과 여성이 공히 양육자이면서 동시에 부양자가 될 수 있을 것으로 상정하고 정책을 추진한다. 이 가족정책에서 가장 초점을 두는 정책 영역은 일·가정 균형정책으로서 경제활동을 하면서 동시에 가족 내에서 육아 및 가사를 균형 있게 할 수 있도록 하는 정책적 배려에 관심을 많이 가진다. 특별히 출산을 장려하기 위해 출산지원 혹은 육아지원을 계획한다기보다는 일과 가정을 균형 있게 영위할 수 있도록 하기 위해 출산과 육아를 지원한다고 하는 것이 더 맞는 설명이 될 수 있다.

이렇게 유형별로 보면 남녀평등 사회에 적합한 모델은 마지막의 성별분업해체형이다. 그러나 성별분업해체형의 가족정책을 추진하기 위해서는 사회 내에서 남녀평등이 정착되어야 한다. 많은 국가들이 전통적인 가족 모델인 남성생계부양자형에서 성별분업해체형으로 점차 전환해나가고 있다. 북유럽 국가들은 이미 오래전부터 성별분업해체형의 가족정책을 추진해왔으며, 남녀평등사회 지향에 대한 가치가 전 세계적으로 확대되면서 특히 유럽연합의 권고 혹은 지침, 규제 등을 통해 유럽연합 회원국들로 확대되었고, 비슷한 추세가 아시아 국가들과 아메리카 국가들에도 확대되었다. 특히 남성생계부양자형의 국가에서는 여성의 사회참여가 확대되어 급격하게 출산율이 저하되자 국가정책의 변화를 요구받게 되면서 2000년대 중반 이후 점차 성별역할분리형 혹은 성별분업해체형으로의 진전이 이루어지고 있다.

이 책의 기본적인 관심은 단순한 저출산 대책은 자칫 남성생계부양자형에 의거해 여성들을 가족의 돌봄노동에 묶어두는 정책이 될 수도 있으며, 이러한 정책은 단기적으로는 출산율을 향상할 수 있지만 여성의 사회적 권리 향상에는 부정적일 수 있음을 경고하는 데 있다. 이런 점에서 연구대상이 되는 국가들의 가족정책 유형의 변화와 더불어 저출산정책을 살펴보고자 한다.

2. 가족정책 유형에 따른 출산율

이러한 가족정책의 각 패러다임이 출산장려에 얼마만큼 영향을 주었는지 살펴보면서 출산장려정책에 효과가 높은 가족정책의 패러다임을 알아보고자 한다. 이 책의 연구대상인 오스트리아, 캐나다, 독일, 프랑스, 일본, 한국, 중국, 폴란드, 스웨덴의 출산율 변화를 1960년부터 2016년까지 살펴보면 그림 1-1과 같다.

성별분업해체 유형인 스웨덴의 경우에는 1970년에서 1990년까지 0.2명이 증가하여 출산율이 상당히 높았지만 그 이후 1990년에서 2000년까지 10년간은 0.6명이 감소했다. 2000년대가 지나면서 다시 증가 추세에 있지만 아직까지 1990년의 수준을 회복하지는 못했다. 반면 성별역할분리형인 프랑스의 경우에는 1970년~1990년 사이에는 출산율이 감소했지만 그 이후 2000년에 이르러 1980년 수준을 회복했고 2006년 이후에는 1.98명에 이르고 난 이후 2.0명으로 안정된 출산율을 보이고 있다.

그림 1-1

국가별 출산율의 변화

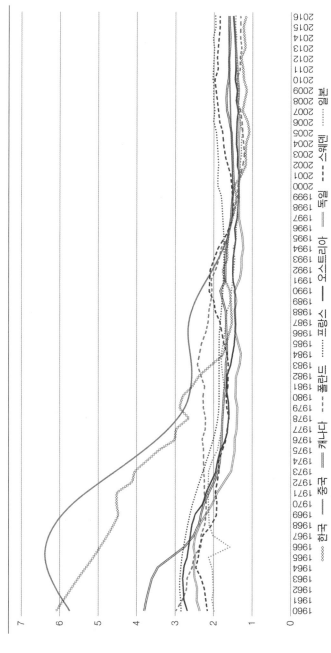

자료: World Bank(2017)의 내용을 재구성함.

표 1-2

국가별 출산율의 변화

	1960	1970	1980	1990	2000	2010	2016
오스트리아	2.7	2.3	1.7	1.5	1.4	1.4	1.5
캐나다	3.8	2.3	1.7	1.8	1.5	1.6	1.6
독일	2.4	2.0	1.4	1.5	1.4	1.4	1.5
프랑스	2.9	2.6	1.9	1.8	1.9	2.0	2.0
일본	2.0	2.1	1.8	1.5	1.4	1.4	1.4
한국	6.1	4.5	2.8	1.6	1.5	1.2	1.2
중국	5.7	5.6	2.6	2.4	1.5	1.6	1.6
폴란드	3.0	2.2	2.3	2.1	1.4	1.4	1.3
스웨덴	2.2	1.9	1.7	2.1	1.5	2.0	1.9

자료: World Bank(2017)의 내용을 재구성함.

반면 독일은 2000년대 중반까지 남성생계부양자형을 보이다가 이후 성별분업해체형으로 가족정책이 전환했는데 1960년 이후 전반적인 출산율 하락을 보이다가 2000년대 중반 가족정책 패러다임의 변화 이후 출산율이 조금 상승하고 있다.

중국의 경우에는 엄격한 출산통제정책으로 인해서 1980년대에 급속한 출산율 하락을 보였고 이러한 하락세는 다시금 출산정책의 전환을 가져왔다. 한국은 1980년대에 가장 심각한 출산율 하락을 보인 국가로서 2000년대 중반 이후 저출산의 심각성을 깨닫고 출산장려정책을 다각도로 실시하고 있지만 아직까지 출산율은 회복되지 않고 있다. 이렇게 볼 때 가족에 대해 지원하고 여성을 돌봄노동자이면서 동시에 임금노동자로 간주하는 프랑스 모델이 출산증가 유지에 상당히 유효함을 통계로 알 수 있다.

3. 출산율에 영향을 미치는 요인

출산율에 영향을 미치는 요인에 관해 많은 논의들이 있는데, 이 글에서는 성인지적으로 이 문제에 접근하여 여성의 사회적 역할 강화를 전제로 출산율에 영향을 미치는 요인을 살펴보았다. 여러 연구들이 지적하는 요인들은 대체로 세 가지 중요 요인으로 모아진다. 사실 자녀 출산을 결정하는 데 가장 중요한 것은 생계부양자의 경제적 수준이며 다른 하나는 자녀 양육의 기회비용, 즉 어머니의 노동시장 참여로 인해 발생하는 자녀 양육의 간접비용의 수준일 것이다(Letablier, 2008: 41; Gauthier, 2007: 323~346). 최근의 연구들은 여성들이 출산을 결정하는 데 남성생계부양자의 경제적인 능력에 많이 의존한다는 기존의 주장이 더 이상 적실성이 없으며 대신 여성 자신의 수입과 고용의 안정성이 출산 결정에 결정적인 영향을 미친다고 주장한다(Anderssen, Kreyenfeld and Mike, 2009).

사실 가족 형성을 저해하는 중요 요인은 미래에 대한 불안감이다. 경제적으로 여력이 없으면 결혼도 미루게 되고 당연히 출산도 미룰 수밖에 없을 것이다. 이렇게 출산과 자녀 양육 과정에서의 경제적 어려움이 우선 출산을 주저하는 첫 번째 큰 요인이다. 이와 더불어 고용 불안정, 취업의 어려움 때문에 출산을 늦추게 된다. 출산과 양육으로 인해서 일을 쉬어도 임금이 보장된다면, 그리고 국립 혹은 공립 탁아시설을 활용함으로써 자녀의 양육비가 낮아진다면 출산율은 높아질 수 있을 것이다. 즉, 출산 및 육아로 인한 경제활동의 공백을 국가가 재정적 지원을 통해 보상할 수 있는 방안이 있으면 출산율은 높아질 수 있을 것이다.

두 번째 중요 요인은 일정 기간 출산과 양육을 한 후에 직장으로의 복귀 가능성과 관련이 있다. 이는 여성들이 전문직인지 미숙련 단순직인지와 밀접한 관련이 있으며 이는 다시 여성들의 교육 정도와 관련이 있다. 전문직 여성들은 출산과 양육 이후 직장으로 복귀하기가 그나마 쉽지만 미숙련 단순직 여성들의 경우에는 경력단절 이후 직장으로의 복귀가 쉽지 않다. 전문직과 미숙련 단순직은 교육 수혜와 밀접한 관련이 있어서 결국 교육을 많이 받지 못한 여성들은 밖에서 임금노동을 하기보다는 집에서 양육을 하는 편을 택하기 때문에 좀 더 많은 자녀를 출산·양육하는 경향을 보이고 고등교육을 받은 여성의 경우 외부활동을 통해서 좀 더 많은 수입을 올릴 수 있기 때문에 출산보다는 경제활동을 선택한다고 알려져 왔다.

그러나 최근 스칸디나비아 국가에서는 교육을 덜 받은 여성들의 자녀 수가 고등교육을 받은 여성의 자녀 수보다 오히려 적다. 최근에는 고등교육 여성들이 오히려 더 많은 자녀를 낳고 양육한다(Ahn, 2001: 667~682). 고등교육을 받은 여성일수록 출산 이후 경제활동에 복귀하기가 쉬우며 좀 더 안정된 직장을 가지기 때문에 출산의 부담이 없는 반면 교육을 덜 받은 여성일수록 불안정한 직업에 종사하게 되어 출산에 대한 큰 부담을 가지게 되어 자녀를 덜 가지는 경향을 보인다. 이것은 출산과 양육으로 인해서 경제활동을 못하게 될 때 보상이 이루어지는지의 문제와 연결이 된다. 출산휴가 및 양육휴직을 선택했을 때 국가의 지원이 충분할 경우 저소득층의 여성들도 출산을 포기하지 않겠지만 그렇지 못할 경우 저소득층의 여성들은 출산을 포기하게 된다(Kalwij, 2010: 503~519).

세 번째 요인은 양육 및 돌봄노동에서 남녀가 역할을 얼마나 균등하게 배분하는지의 문제와 관련이 있다(Davati, 2016: 17~18). 즉, 일·가정 조화를 위해서 전통적인 여성의 가사 영역 부담을 남성과 얼마나 공유하느냐에 따라서 출산율이 결정된다. 즉, 가사 영역이 여전히 여성의 역할로 남아 있는 사회에서는 아무리 출산휴가와 양육휴직에 대해서 국가가 지원을 하더라도 그 이후 자녀의 양육 과정에서 여성이 가사노동을 전적으로 책임져야 한다면 과도한 부담으로 여성은 출산을 주저할 수 있다. 그러나 남성이 양육에 대해서 책임을 분담하도록 국가의 정책 지원이 이루어진다면 여성들의 부담은 훨씬 줄어들게 된다.

이렇게 볼 때 출산율을 결정짓는 요인인 출산·양육 과정에서의 임금의 보전, 탁아 및 보육시설 비용의 저감, 출산·양육 이후 직장으로 복귀에 대한 보장, 양육 및 가사노동에서의 남녀의 균등한 배분은 결국 국가의 가족정책과 밀접한 관련이 있다. 국가에서 가족을 어떻게 지원하며 그 안에서 여성을 어떻게 대우하는지의 문제가 결국 출산 전후 여성의 직업적 안정성과 출산휴가 및 양육휴직 그리고 가사노동의 균등한 배분에 결정적 영향을 미친다. 그러면 출산을 장려하기 위해서 취하는 가족정책의 내용으로 어떤 것들을 살펴보아야 하는지 알아보겠다.

4. 출산율에 영향을 미치는 가족정책

가족정책은 그 개념에 상당히 모호한 점을 가지고 있는 정책 중 하나이다. 가족정책의 개념이 모호한 이유는 가족정책의 대상과 내용이 모호하기 때문이다. 인간사회에서 가족에 속하지 않은 사람은 없기 때문에 인간에 관한 모든 정책을 가족정책으로 보아야 하는지, 예를 들어 노인이나 아동, 청소년 문제를 가족정책의 대상으로 보아야 하는지의 문제가 있다. 노인이나 아동, 청소년은 가족 내에서 돌봄 및 가사노동과 관련이 있기 때문에 여성의 입장에서 중요한 가족정책의 대상이 될 수 있다. 이 글에서는 이 부분을 중요한 가족정책으로 본다. 다음으로, 대부분의 국가에서 가족정책이 하나의 통합된 정책으로 추진되는 것이 아니라 다양한 정책들에 산재되어 있기 때문에 그 모든 정책에서 가족에 관한 정책을 뽑아낸다는 것은 쉬운 일이 아니다. 가족정책은 가족에게 특별한 세제 혜택을 주는 조세정책, 주택에 혜택을 주는 주택정책, 자녀의 출산 및 자녀 양육에 대해 지원하는 정책, 부양가족에 대한 지원 등을 포함한다. 국가는 가족정책을 통해서 가족의 기능을 유지하고 보완·대체하는 개입을 하게 되는데 이것은 소득 지원뿐 아니라 주택, 보건, 교육, 노동자 보호 등의 분야와 집단·개인에 대한 서비스, 그리고 가족법 등 광범위한 영역을 포함한다.

이렇게 가족정책을 살펴보는 것은 기본적으로 자녀 출산과 양육에 여성의 관점을 포함하지 않은 것이다. 예를 들어 근로시간의 경우 출산휴가 및 육아휴직 제도를 국가가 보장하지만 이것이 여성에게만 사용될 경우 여성은 국가의 지원을 받아 노동시장을 떠나 출산과 양육에 전념하게 되고 이 경우 여성들은 직장으로 복귀하기 어려워질 수 있다. 그래서 이러한 제도가 보장되더라도 여성들은 자녀 출산을 망설일 수 있다. 그러므로 출산율에 영향을 미치는 세 번째 요인, 즉 일과 가정생활에서 남녀 간의 균등한 역할 배분이 이루어지는 정책이 필요하다. 이런 점에서 최근 한 연구에서는 유럽연합 회원국들을 대상으로 한 '일·가정생활균형 지수(work-life balance index)'를 발표했다(Fernandez- Crehuet, Gimenez-Nadal and Recio, 2016: 341~ 359). 이 지수는 개인들이 자신들의 일과 가정생활의 균형을 가져올 수 있는 기회를 얼마나 주고 있는지를 표시한 것이다. 이 지수는 다섯 영역으로 이루어지는데 우선 시간/스케줄 영역으로 주당 노동시간, 출퇴근에 걸리는 시간, 근무시간 조정 가능성, 월차 가능성, 연가의 날수가 포함되고, 두 번째 영역은 노동 영역으로 실업률, 장기실업률, 여성고용 비율, 시간제 노동자 비율, 노동의 생산성, 자영업 비율이 포함된다. 세 번째 영역은 가족 영역으로 남성이 원하는 자녀의 수, 여성이 원하는 자녀의 수, 남성의 연간 소득, 남녀 임금격차, 3세 이하 자녀의 공교육기관 비율이 포함되며, 네 번째 영역은 정책 영역으로 모성휴가(출산휴가), 모성휴가 시 임금, GDP에서 가족정책이 차지하는 비율이 그것이다. 마지막 다섯 번째 영역은 돌봄노동에 얼마나 자주 참여하는지와 가사노동에 얼마나 자주 참여하는지를 수치화한 것이다. 이에 따르면 유럽연합 회원국 27개국의 국가 지수를 산출했다. 덴마크와 스웨덴이 가장 균형 있는 삶을 영위할 가능성이 있는 국가로 나타났고 슬로바키아와 그리스가 최하위를 점하고 있다. 이를 통해서 앞에서 예로 든 가족정책과 영역, 더불어 가정생활과 일을 균형 있게 할 수 있는 정책들에 대한 고민을 해봐야 할 것이다.

이런 점들을 고려했을 때 다섯 가지 영역을 살펴봐야 할 것이다. 첫째, 출산휴가와 양육휴직이다. 출산휴가는 출산 전후에 사용할 수 있는 유급휴가로 모성휴가라고도 불린다.[1] 이 기간이 얼마나 되는지, 이 기간 중에 급여는 정상 급여의 얼마나 지급되는지가 출산과 밀접한 관련이 있다. 이와 더불어 부성휴가도 있는데 이는 아내가 출산할 경우 남편에게 주어지는 휴가이다. 유급이며, 국가마다 다르지만 최대한 2주 정도의 휴가를 받을 수 있다. 또 다른 휴가는 양육휴직인데 역시 유럽연합의 부모휴가지침(2010/18/EU)은 회원국들에게 최소 신생아(입양아 포함)가 4개월이 될 때까지 부모휴가를 의무화하도록 했다. 회원국별로 그 기간은 차이가 있지만 자녀의 나이가 8세를 넘지는 않는다. 이 가운데 적어도 1개월은 부모 양쪽이 서로 양도할 수 없는 휴가로 규정되어 있다. 아버지 휴가도 있지만 유럽연합의 규정에 이를 의무화하지는 않았다. 또한 돌봄을 위한 휴가도 자녀 양육의 중요한 일부가 될 수 있다.

---

[1]   유럽연합의 지침(92/85/EEC)은 유럽연합회원국들이 여성들에게 출산 전후 유급휴가를 의무화하도록 했다.

두 번째 영역은 돌봄노동에서 아버지의 참여이다. 여성이 일과 출산 및 양육의 이중 부담을 지지 않도록 하기 위해서는 돌봄노동 및 가사노동에서 아버지의 참여가 필수이다. 북유럽 국가들은 아버지 휴가를 사용하는 남성들이 많은데 아이슬란드나 스웨덴의 경우 70~90%의 아버지들이 이 아버지 휴가를 사용하여 자녀 양육에 참여하고 있다.

세 번째 영역은 보육시설에의 접근이다. 보육시설이 공적으로 설치되어 있어서 모든 부모들이 이러한 시설에 자녀를 맡길 수 있으면 부모들은 자녀의 출산과 양육 과정에서 자신의 직업을 유지하는 것이 훨씬 용이하다. 그렇지 않다면 출산과 양육 과정에서 직업을 포기하거나 혹은 다른 가족에게 의존해야 하기 때문에 출산을 주저할 수 있다. 이런 점에서 자녀들이 이러한 공적 시설에 얼마나 접근할 수 있는지 그리고 그 비용에 대한 국가의 지원은 어느 정도인지가 출산율과 밀접한 관련이 있다.

네 번째 영역은 노동시간의 유연성이다. 노동시간을 조정해 교대 근무를 하거나, 일정 기간 동안 노동시간을 줄이거나, 재택근무를 할 수 있으면 자녀 양육과 직업을 병행하는 것이 좀 더 용이하여 직업을 유지하기 위해서 출산을 포기하는 일은 덜 발생할 것으로 보인다.

마지막은 직장 문화인데 이런 모든 제도들이 갖춰져 있어도 직장 문화가 양육휴직을 선택하기 어려운 문화라면 남성들은 혹은 여성들은 이러한 제도의 혜택을 받기 어렵다.

5. 비교 사례로 선택한 국가들

이러한 내용을 중심으로 9개국, 즉 유럽의 오스트리아, 독일, 프랑스, 폴란드, 스웨덴과 아시아의 한국, 일본, 중국과 북미의 캐나다를 중심으로 살펴볼 것이다.

오스트리아는 오랫동안 전통적 가족주의에 기반해 보수적인 가족정책을 전개해왔지만 1990년대 이후부터 점차 탈가족주의화를 지향하면서 가족정책의 '현대화'를 추진했다. 이 과정에서 일과 가정의 균형을 이루기 위한 여러 가지 진보적인 가족정책을 추진했지만 진보적인 가족정책이 기존의 보수적인 가족관을 완전히 극복하지 못하고 현대화된 가족정책과 보수적인 가족 문화가 혼재하게 되면서 가족정책의 현대화 전략이 충분히 효과를 나타내지 못하고 있다.

독일은 가부장적인 성별분업을 기반으로 하는 남성생계부양자 모델을 오랫동안 유지해왔지만 여성의 사회적 활동에 대한 인식의 전환 및 남녀평등 의식이 사회에 퍼지면서 변화된 젠더 관계가 기존의 가족정책 모델과 충돌했다. 2007년부터 부모휴직수당제도를 받아들이면서 이인소득자 모델로 전환했고 이에 따라서 출산지원정책도 상당히 변화하게 되었다. 국가와 사회가 저출산 문제에 적극적으로 개입하면서 여성친화적인 공적 서비스와 인프라를 확충했다. 이러한 정책의 변화는 오스트리아에서는 부분적으로 제한된 성과를 가져왔다면 독일에서는 좀 더 향상된 효과를 가져왔다.

프랑스는 오래전부터 이미 출산율에 큰 관심을 가지고 가족정책을 추진해왔다. 프랑스는 성별역할분리형으로서 임신, 출산, 육아를 담당하는 여성들에게도 복지수급권을 인정했고 가족이 복지수급의 단위가 되어왔다. 이러한 정책에 힘입어 비교적 안정적인 출산율을 유지해왔지만 남성들이 양육에 참여하는 비율이 낮고 부모양육휴가제도 재편 이후에도 남성들의 양육휴가 참여율이 상당히 낮은 편이다. 또한 저임금 미숙련 노동에 종사하는 여성들의 경우에는 경제활동을 포기하고 국가의 지원하에 양육으로 후퇴하는 경향을 보이고 있어서 경제활동 참여에서 저임금 여성과 고임금 여성 사이에 큰 격차가 나타나고 있다.

폴란드는 낮은 출산율과 젊은 층 인구의 서유럽 이주로 심각한 인구 문제에 봉착했다. 이에 2015년부터 프로그램 가족 500 플러스 정책을 시행하면서 가족주류화를 추진하고 있다. 이 정책은 2명 이상의 자녀를 가진 가족에게 가족의 수입 규모와 상관없이 둘째 아이부터 이 아이가 만 18세가 될 때까지 매달 500즈워티를 지급하는 보편적인 아동급여정책이다. 다수의 전문가들은 이 정책이 여성의 경제활동 참여 의욕을 저하시킬 것이며 장기적으로 폴란드경제의 노동력 확보에 불리하게 작용할 것으로 예상한다. 저소득층 여성들의 육아로 인한 경력단절로 때문에 자녀가 성장한 후 노동시장에 재진입하는 데 많은 어려움을 겪을 것으로 예상되어 노년빈곤과 연결될 위험이 있다. 폴란드의 경우 남성생계부양자 모델에 근간을 둔 출산장려정책을 추진하는 대표적인 국가로서 이러한 정책이 성인지적 관점에서 어떠한 문제에 봉착하게 되는지 잘 보여줄 것이다.

스웨덴의 가족정책은 생계부양자-양육자 분리형에서 1970년대를 거쳐 일하는 부모가 생계부양과 자녀 양육을 공동으로 담당하는 생계부양자-양육자 모형(earner-carer model) 혹은 성별분업해체형으로 전환되었다. 여성의 경제참여율 증가(여성 고용률 증가)와 저출산 극복(출산율 증가), 남녀 공동육아 참여(아버지 육아휴직 증가) 등 양적 측면에서 스웨덴의 일·가정 균형정책은 성공적이라고 평가할 수 있다. 하지만 질적으로 평가할 때 직종 및 급여 면에서 노동시장에서의 젠더 간 격차, 학력에 따른 여성고용 격차 등의 과제가 여전히 남아 있다.

저출산 문제에 접근하는 방식에서 유럽 국가들과 다소 다른 정책 방향을 보이는 국가가 캐나다이다. 캐나다는 이민국가로서 이민을 확대하는 방식으로 인구정책을 추진하고 있다. 유럽이주민으로 구성된 원주민과 다른 문화적 지향을 가지고 있는 이주민이 혼합하여 이루어진 캐나다 사회에서는 여성의 역할이 확대되어 고용시장에서 활동 범위를 늘리고 있다. 하지만 시야를 이민 사회로 좁혀 보면 소수민족집단(visible minority) 여성들은 고학력일지라도 여전히 남성보다 직업을 갖기 어렵고 캐나다 태생 여성보다 고용률이 낮은 것으로 나타났다. 다시 말해 캐나다 사회가 성평등화되고 있으나 다문화사회 속 가부장적 문화를 가진 이민 사회를 중심으로 성차별이 여전히 존재하며 문화의 다양성을 존중하는 캐나다의 사회 분위기가 이러한 갈등을 묵인하거나 인정하고 있다. 이러한 상황에서 성역할해체적인 가족정책은 상이한 문화적 지향을 가진 다문화 사회 속에서 왜곡된 결과를 가져오고 있다.

아시아에서는 한국, 일본, 중국을 살펴보았는데 세 국가는 각각의 특징을 가지고 있다. 중국의 가족정책은 남녀평등을 강조하는 사회주의 이데올로기의 영향으로 법제도적으로는 임금노동과 보살핌노동이 성별을 기준으로 구별되지 않고 공유되는 유형인 '성별분업해체형'에 가깝다. 하지만 가정 및 사회생활에서는 가부장적 사회문화가 강하게 남아 있어 양성평등이 바람직하게 실현되기보다는 남성 우선의 문화와 인식들로 인해서 전통적인 '남성생계부양자형'의 특성이 일부 혼재되어 있다. 산아제한적 출산정책에서 그 통제 수준을 크게 완화하여 최근 출산장려의 방향으로 전환하고 있는 과정에서 혼재된 가족관이 과도기적 특성을 보이고 있다. 이러한 환경에서 시행 중인 '전면적 두 자녀정책'으로 출산자녀 수의 선택 범위가 넓어지긴 했지만 여성들은 여전히 국가권력에 의해 출산에 대한 자기결정권을 제한받고 있는 상황이라 볼 수 있다.

1960년에 합계출산율이 6.0명으로 고출산 국가였던 한국은 2017년 현재 합계출산율 1.05명으로, 불과 60여 년 사이에 OECD 국가 중에서도 초저출산 국가로 역전되었다. 최근 가족정책이 확대·지원됨에 따라 내적 변화가 진행되고 있기는 하지만, 한국 사회에서 남성생계부양자 모델은 여전히 강한 영향력을 가지고 있어서 출산과 양육을 전적으로 사적 영역의 일로 여겨 이에 대한 책임과 부담을 부모에게 전가함과 함께 성 불평등은 '모(母)'인 여성에게 부담으로 작용하여 출산을 기피하는 원인이 되었다. 2000년대에 들어서 출산장려를 위한 다양한 가족정책이 빠른 확대 양상을 보이고 있지만 여성들의 정책 수요와 인식 전환에 대응하지 못했기 때문에 큰 성과를 보이지 못하고 있다. 육아휴직 급여액의 전반적인 수준은 매우 낮으며 노동시장 이중성으로 인해 육아휴직의 적용 대상자 자체가 적다. 여성 임금노동자 가운데 대부분이 비정규직, 시간제 노동자 등 고용보험에 가입하지 않은 취업자로서 제도에서 원천적으로 배제되고 자영업자들 역시 접근할 수 없다는 점에서 여성들이 제도적 혜택을 보기 위해서는 갈 길이 아주 멀다. 결국 다양한 제도에도 불구하고 경제활동의 성역할 분리현상과 더불어 가부장적 가족 문화로 인해 이러한 제도들의 성과는 상당히 제한적이다.

일본은 1990년 1.57 쇼크로부터 시작하여 저출산 대책을 추진했다. 일본의 저출산은 남성생계부양자 모델에 기반한 가족정책에 원인이 있다. 남성의 고용은 종신고용, 연공서열, 연공임금을 수단으로 하고, 여성은 배우자공제, 배우자특별공제, 유족연금, 후생연금 등의 지원을 받는 피부양자로서 육아, 가사, 돌봄을 무상으로 제공하는 전업주부로 상정한 정부정책에 기인한다는 진단이다. 이를 개선하기 위한 저출산 대책의 주류는 육아지원에서 일과 가정의 양립으로 전환하는 정책이었지만 아베노믹스하에서 여성의 생산성을 강조하는 상황과 맞물리면서 정책 효과는 제한적일 수밖에 없다.

참고문헌

김혜경. 2003. 「가족정책과 젠더관점의 결합을 위한 연구: 서구 복지국가의 캐어정책 체제를 중심으로」. ≪여성연구≫, 65호.

이미화. 2016. 「남성생계부양자 모델에서 이인소득자 모델로의 이행-독일의 양육휴가정책-」. ≪한국정책학회보≫, 25권 1호.

Ahn, Mira N. P. 2001. "A note on the relationship between fertility and female employment rates in developed countries." *Journal of Population Economics*, Vol. 15, No. 4.

Anderssen, Gunnar, Michaela Kreyenfeld and Tatjana Mike. 2009. "Welfare State Context, Female Earning and Childbearing." Max Plank Institute for Demographic Research, MPIDR Working Paper WP2009-026(2009, October).

Davaki, Konstantina. 2016. *Directorate-General for Internal Policies: Policy Department C: Citizens' Rights and Constitutional Affairs-Demography and Family Policies from a Gender Perspective: Study for the Femm Committee.* Brussels: European Parliament.

Fernandez-Crehuet, José Maria, J. Ignacio Gimenez-Nadal and Luisa Eugenia Reyes Recio. 2016. "The National Work-Life Balance Index©: The European Case." *Social Indicators Research: An International and Interdisciplinary Journal for Quality-of-Life Measurement*, Vol. 128, No. 1, pp. 341~359.

Gauthier, Anne H. 2007. "The Impact of family policies on fertility in industrialized countries: a review of the literature." *Population Research Policy Review*, Vol. 26, No. 3, pp. 323~346.

Kalwij, Adriaan. 2010. "The impact of family policy expenditure on fertility in Western Europe." *Demography*, Vol. 47, No. 2, pp. 503~519.

Letablier, Marie-Thérèse. 2008. "Why France has high fertility: The impact of policies supporting parents." *The Japanese Journal of Social Security Policy*, Vol. 7, No. 2, pp. 41~56.

Sainsbury, Diane. 1999. "Introduction." in Diane Sainsbury(ed.). *Gender and Welfare State Regimes.* Oxford: Oxford University Press.

World Bank. 2017. "Fertility Rate by Country."

세계은행 홈페이지. www.worldbank.org(검색일: 2018.12.20).

제2장

오스트리아

'혼재된 현대화'의 한계

전복희

1. 머리말

전통적 가족주의를 기반으로 실시되었던 오스트리아의 보수적 가족 정책은 1990년대 이후 점차 변화되다가 2000년대에 세 번의 개혁과정을 거치며 '탈가족화'를 지향하는 가족정책으로 바뀌어가고 있다. 오스트리아 사회의 저출산율과 인구의 고령화 등 인구학적 변동은 이러한 가족정책의 변화를 유발한 여러 요인들 가운데 하나이다. 오스트리아는 저출산에 대응해 출산을 장려할 수 있는 다양한 가족정책적 지원을 실시하고 있다. 하지만 가족 형성의 시기와 출산연령의 지체, 젊은 여성들의 출산 기피와 낮은 출산 의사 등은 미래 사회에 경제적·사회적 위협이 될 수 있는 저출산 문제의 극복과 관련한 전망을 어둡게 한다.

오랫동안 여성 취업률과 출산율은 반비례한다는 관점이 지배적이었다. 그러나 최근의 연구들은 반대로 여성 고용률의 증가가 출산율을 높일 수 있다고 밝힌다. 또한 실업, 직업의 불안정 등과 같은 경제활동의 참여 조건들이 여성이 출산에 대한 의사나 출산을 하는 데 부정적인 영향을 미친다고 밝힌다(Oláh et al., 2017; Adema, 2009; Dingeldey, 2001). 이 글은 출산율과 여성 고용률이 상관관계가 있다는 가정을 기반으로 출산에 영향을 미칠 수 있는 오스트리아의 가족정책의 내용과 실태를 젠더적 관점에서 분석하여 오스트리아 가족정책이 진보적인 정책을 예전보다 많이 실시함에도 불구하고 저출산을 극복하는 데 어떤 한계와 구조적 문제점을 갖고 있는지를 검토하고, 이를 통해서 출산에 영향을 미칠 수 있는 가족정책의 젠더적 함의를 도출해내고자 한다.

가족정책은 그 특성상 광범위한 대상과 내용을 포함하나 이 글은 출산에 영향을 미치는 가족정책에서 핵심적 역할을 하는 '직장과 가정의 균형' 정책을 중심으로 살펴보고자 한다. 이 글의 구성은 첫째, 오스트리아

의 저출산율과 인구변동을 간략하게 정리해보고, 둘째, 오스트리아 가족
정책 패러다임의 변화와 특징을 검토한 후 일과 가정의 균형정책의 내용
과 특징을 살펴본다. 여기서는 특별히 출산에 결정적인 영향을 미칠 수
있는 출산휴가와 육아휴직, 육아수당, 아버지의 육아 참여와 어머니의
고용 형태, 보육서비스, 가족수당과 세금제도 등에 관해서 집중적으로
다루고, 마지막으로 오스트리아에서 출산에 영향을 미치는 가족정책의
젠더적 함의를 도출해보고자 한다.

2. 저출산율과 인구 증가

오스트리아는 역사적으로 출산율이 낮았다. 1900년경의 합계출산율
(TFR: Total Fertility Rate)은 1.8명이다. 1935년경에 베이비붐으로 2.36명까
지 올라갔으나 그 후 지속적으로 하강했다. 전후 1950년대 중반부터
1960년대 중반까지는 경제 호전과 복지 혜택의 증가에 힘입은 베이비붐
으로 온건하게 상승했고, 1963년에 2.82명으로 최고점을 보였다. 그러나
1960년대 말과 1970년대에 다시 출산율은 저하되었다. 이 시기의 출산
율 저하는 여성들의 사회경제적 활동이 증가되고, 1960년대 초부터 피임
약이 확산되고, 1975년 이후 낙태 자유화가 입법화된 것과 연관된 것으
로 파악된다(Sobotka, 2015: 11~12). 또한 기존의 전통적인 가족모델관(즉,
결혼을 하고 남편이 가족의 생계를 책임지는)이 변화되어 결혼의 중요성도 변화
되었을 뿐만 아니라 자녀를 갖는 것이 늦춰졌기 때문이다.

1980년대 중반 이후 출산율은 1.33명에서 1.51명 사이를 오르내리
며 비교적 큰 변화가 없이 안정적이다. 2010년의 출산율은 1.44명이었
고, 2015년 1.49명, 2016년 1.53명으로 최근 조금 증가했다(Kaindl and

Schipfer, 2017: 23).

그러나 오스트리아의 저출산율 극복에 대한 전망은 젊은 여성들, 특히 25세 이하 여성들의 출산 의사가 저조하고, 여성들의 교육수준이 상향되고 있는데 이러한 교육수준의 상향이 저출산과 무자녀의 증가로 연결될 수 있다는 점,[1] 여성의 경제활동 증가로 가족 형성의 시기가 지연되고, 출산연령이 지체되고 있다는 점[2] 등을 고려할 때 부정적이다. 특히 여성의 경제활동이 계속 증가하고 있지만 여성들이 일과 가정의 균형을 이루며 생활하는 것을 어렵게 하는 구조적인 제약은 저출산을 지속시키는 주요한 요인이 된다(Buber et al., 2012: 8).

한편 오스트리아의 인구구조는 1990년 이후 주목할 만한 변화를 보인다. 18세 미만의 인구는 2000년 20.7%, 2005년 19.5%, 2010년 18.4%, 2016년 17.4%로 점차 감소되는 반면, 기대수명이 늘어 65세 이상의 인구는 2000년 15.4%, 2005년 15.9%, 2010년 17.6%, 2016년 18.4%로 증가하는 인구의 고령화가 진행되고 있다(Kaindl and Schipfer, 2017: 44). 저출산과 인구 고령화는 근로 세대의 감소와 복지지출의 증대 등 미래 사회에 경제적·사회적으로 여러 부정적 영향을 미친다.

저출산으로 인해 1970년대 이후 오스트리아 인구의 자연 증가율은 거의 제로에 가깝지만 인구는 1990년에서 2014년 사이에 약 10%가 증가했다. 이민자의 유입이 인구 증가에 커다란 기여를 했다. 오스트리아는

---

1   유럽 국가들의 출산율과 여성의 교육수준과의 상관관계에 대한 최근의 연구들은 북유럽, 남유럽, 동유럽 등 지역에 따라 상관관계의 다름을 밝히고 있다. 오스트리아 경우는 교육수준이 높은 여성들이 출산율이 낮거나, 자녀를 원하지 않는 경향이 강하다(East-West Center, 2015).

2   오스트리아 여성의 초산연령은 2006년 27.9세에서 2016년 29.4세로 늦어지는 추세이다(Kaindl and Schipfer, 2017: 8).

표 2-1

오스트리아의 총출산율 변화

연도	총출산율
1951	2.02
1955	2.29
1960	2.69
1965	2.70
1970	2.29
1975	1.83
1980	1.65
1985	1.47
1990	1.46
1995	1.42
2000	1.36
2005	1.41
2010	1.44
2015	1.49
2016	1.53

자료: Kaindl & Schipfer(2017: 23).

역사적으로 오랫동안 이민을 받아들인 국가이다. 지난 30여 년 동안 대부분 유럽 국가들과 터키로부터 이민자들이 유입되었다. 특히 1960년대 이후 부족한 노동 인력을 충원하기 위해서 외국인 노동 인력의 이민을 적극적으로 추진하면서 이민자의 대부분이 비교적 젊은 나이에 유입되었기 때문에 노동력과 출산연령의 인구를 신장했다.

이민을 온 여성들의 출산율은 평균적으로 오스트리아에서 태어난 여성들의 출산율보다 더 높기 때문에 출산율에 적지만 긍정적인 효과를

표 2-2

오스트리아에 거주하는 오스트리아 국적의 어머니와 타 국적의 어머니의
출산율

	국 적		총계
	오스트리아	타 국적	
1985	1.45	2.14	1.47
1990	1.41	2.10	1.46
1995	1.33	2.12	1.42
2000	1.27	2.09	1.36
2005	1.31	2.04	1.41
2010	1.33	2.02	1.44
2015	1.39	1.94	1.49
2016	1.41	2.00	1.53

자료: Kaindl & Schipfer(2017: 24).

주었고 오스트리아 태생 어린이의 숫자를 증가시켰다. 1989년 오스트리
아 어린이 10명 가운데 1명이 이민자의 자녀였던 것에 비해서 최근 오스
트리아 어린이 10명 중 3명이 이민자의 자녀이다. 비록 이민 여성의 출
산율이 점차 낮아져 2000년 초에 2.0명, 2013년에 1.8명이 되었지만 오
스트리아 본토 여성들의 출산율이 1990년 중반 이후 1.3명인 것에 비하
면 높다. 그래서 이민자들은 절대적 의미에서 약 0.1명까지 오스트리아
출산율을 증가시켰고 이러한 효과는 2000년대 초반 이후 안정적으로 유
지되고 있다(East-West Center, 2015). 따라서 오스트리아 출산 증가에서 이
민정책은 중요한 의미를 갖게 되며, 정부는 특히 이민자들을 오스트리아
사회에 통합하기 위한 정책에 역점을 둔다.

3. 오스트리아의 가족정책

1) 가족정책 패러다임의 변화

오스트리아의 가족정책은 오랫동안 전통적인 가족주의와 남성생계부양자 모델을 기반으로 추진되었다. 1980년대까지만 해도 오스트리아의 가족정책은 전통적인 젠더관에 의거하여 여성 근로자의 고용 관련 지원정책에만 역점을 둔 '보수적' 가족정책제도의 유형이었다(Blum and Rille-Pfeiffer, 2010: 28).[3] 그러나 1990년대부터 점차 오스트리아의 가족정책은 국내외적 다양한 요인들, 즉 자녀가 있는 가정들의 요구, 저출산으로 인한 사회적·경제적 위협, 보수적 정당과 사민당의 대연정 시기의 정책결정자들의 타협, 유럽연합의 정책권고와 지침 등의 압력에 영향을 받으며 변화되고, 2000년대에 들어와서는 몇 번의 개혁 과정(2000, 2002, 2008, 2010년)을 통해서 패러다임을 변화시켰다.

오스트리아 가족정책은 엄격한 성별노동 분업을 기반으로 한 남성생계부양자 모델에서 남녀 모두가 근로자이며 양육자가 될 수 있다는 이인소득자 모델로 패러다임을 변화시키고 아버지를 육아에 참여시키기 위한 정책, 유연한 부모휴직 옵션, 육아수당 증액 등의 지원정책, 자녀 양육을 연금 자격으로 인정하는 연금정책을 도입하는 등 긍정적으로 발전했다. 그러나 그러한 정책적 노력에도 불구하고 여전히 오스트리아의 가족정책은 현실적으로 남성이 가족의 주 생계부양자이며, 여성을 자녀 양

---

3   불룸(S. Blum)과 릴레-라이퍼(C. Rille-Pfeiffer)는 1980년대 말부터 1990년대 초까지의
    유럽 국가들의 가족정책제도를 '사회민주주의적', '보수적', '남유럽적', '자유적'으로 분
    류하고, 오스트리아의 가족정책제도는 '보수적' 유형에 속한다고 주장했다.

육과 가사의 일차적 책임자로 보는 성별역할분리적 특징을 지속적으로 갖고 있다.

그래서 여성 취업률이 남성 취업률보다 많이 낮고, 어머니 근로자는 자녀 보살핌 때문에 경력을 중단했다가 어린 자녀가 성장하면 다시 직장으로 돌아가 시간제 근로자로 근무하는 성향을 보인다. 반면 아버지들은 경력 지향적이고, 전일제 근무를 하면서 소위 '현대화된 남성생계자 패턴(modernized male breadwinner pattern)'을 보인다. 1980년대와 1990년대에는 이중생계자(dual breadwinner)로 일하던 고학력 어머니들 가운데 많은 사람들이 이러한 패턴으로 일했는데 현재에는 어머니의 교육수준과 상관없이 어머니 근로자들의 공통된 특징이 되었다(Sobotka, 2015: 34).

이러한 현실적 문제점의 원인을 블룸은 오스트리아 가족정책의 변화가 새로운 관점이 기존의 보수주의적 관점을 완전히 대체하면서 개혁된 것이 아니라 구 관점이 지속성을 유지하면서도 조금씩 변화되면서 '진보적이면서도 보수적인' 요소들을 포함하는 '혼재된 현대화(muddled modernization)'의 특징을 갖고 있기 때문이라고 설명한다(Blum, 2010: 83).

2) 일·가정 균형정책의 내용과 특징

출산율에 영향을 미치는 가족정책에서 일과 가정의 균형정책은 핵심적인 역할을 하고 있다. 그것은 일과 가정의 균형정책이 여성 고용률, 가사와 육아에서 젠더 평등, 자녀 양육, 돌봄서비스 등과 밀접한 연관을 맺고 있기 때문이다.

오랫동안 일반적으로 여성 고용률과 출산율은 반비례한다고 보는 관점이 지배적이었다. 그러나 최근의 연구들은 여성 고용률의 증가가 출산율을 높일 수 있다고 주장한다. 대표적으로 앱과 리스의 연구는 출산율을 상승시키기 위해서는 여성 고용률을 증가시킬 수 있는 세금제도와 보육지원의 정책적 변화가 필요한데 공동세(joint tax)나 개인 세금제도 혜택을 주거나, 직접적으로 양육수당을 지급하는 것보다는 보육시설을 통한 가정의 지원 등이 필요하다고 주장했다(Apps and Rees, 2004: 760). 에데마와 딘젤디도 역시 출산율 증진은 여성 고용률을 증가시킬 수 있는 세금제도, 일과 가정의 균형을 이룰 수 있는 제도적 지원이 필요하다고 주장한다(Adema, 2009; Dingeldey, 2001).

다음에서는 '일과 가정의 균형정책'에서 출산에 영향을 미칠 수 있는 휴가정책, 돌봄노동에 아버지의 참여와 어머니의 고용 형태, 보육서비스와 과세제도의 내용과 특징 등을 중심적으로 살펴보고자 한다.

(1) 휴가정책과 수당

① 출산휴가와 출산수당

출산휴가는 의무적이다. 모성휴가 기간은 원칙적으로 출산 전 8주 출산 후 8주로 총 16주이지만 만약 조산, 다자녀 출산, 제왕절개를 했을 경우에는 출산 후 12주 동안 휴가를 사용할 수 있다. 취업해 있는 산모는 출산휴가 후에 계속해서 부모휴직까지 활용하면 12개월부터 최대 30개월까지 일을 쉴 수가 있다.

출산 전에 취업을 했던 산모는 고용주로부터가 아니라 보험으로부터 출산수당(Wochengeld)을 받는다. 출산수당은 산모의 출산휴가 전 3개월 동안의 평균 순소득에 해당된다. 휴가수당과 크리스마스수당이 고려된다. 출산 전에 실업수당을 이미 받고 있거나, 실업수당을 받기 직전에 있는 산모도 출산수당을 받을 수 있다. 수당은 일반적으로 마지막으로 받은 수당의 180%에 해당된다. 취업 기간이 짧았거나 수입이 너무 적었던 산모도 보험에 들었다면 수당을 받을 수 있다. 이 경우 수당은 2017년 기준 하루 8.98유로(Euro)였다(BMFJ, 2017: 31).

② 부모휴직과 육아수당

오스트리아 부모휴직의 특징은 휴가 기간과 육아수당에 대한 선택의 유연성에 있다. 부모휴직은 다섯 가지 옵션이 있고, 그 가운데 하나를 선택해서 사용할 수 있다. 각 옵션의 휴가 기간은 육아수당과 연관되어 있다. 다섯 가지 옵션에서 네 가지는 평균율 육아수당을 기반으로 기간에 따라서 계산되기 때문에 휴가 이전에 고용 여부와는 상관이 없으나, 한 가지 옵션은 소득과 관련되어 출산 전 순소득의 80%의 육아수당을 최소 1000유로로, 최대 2000유로까지 받을 수 있기 때문에 출산휴가 이전에 피고용자였던 사람만 선택할 수 있다.

평균율 육아수당을 받는 부모휴직은 기본적으로 부모 1명이 각 12개월, 15개월, 20개월, 30개월을 사용할 수 있다. 만약 부모가 함께 휴가를 사용할 경우 추가로 휴가 연장 혜택을 준다. 그래서 부모는 12개월 휴가의 경우는 2개월, 15개월 휴가에는 3개월, 20개월 휴가에는 4개월, 30개월 휴가에는 6개월을 추가로 사용할 수 있다. 휴가 기간이 짧을수록 육아수당의 액수는 많다. 평균치 육아수당을 받는 경우 2017년 3월 1일 이전에 태어난 아동은 기간에 따라서 계산되는 평균치 육아수당을 받지만 2017년 3월 1일 이후에 태어난 아동부터는 변경된 육아수당제도에 의해서 '육아수당 계좌'로 육아수당을 받게 되었다. 그러나 소득 관련 육아수당 옵션은 변경되지 않고 그대로 유지되었다.

새로운 육아수당계정제도에 따르면, 부모들은 육아수당을 유연하게 선택할 수 있는데, 한부모 가정의 경우는 출산 후 365일에서 851일(약 12개월에서 28개월) 사이에, 양 부모 가정인 경우는 출산일로부터 456일에서

표 2-3

부모휴직 유형과 휴직 혜택

	평균율 수당				수입 의존적
유형	12+2개월	15+3개월	20+4개월	30+6개월	12+2개월
부모 1명의 최대 기간	12개월	15개월	20개월	30개월	12개월
휴가 이전 고용 여부	N	N	N	N	Y 이전 소득의 80% (최대 약 66유로)

자료: Sobotka(2015: 32) 참조.

1063일(약 15~35개월)까지 육아수당을 청구할 수 있고, 한 아동에 대해서 최대 1만 6449유로까지 육아수당을 지급받을 수 있다(해당되는 경우 '파트너십 보너스' 포함). 육아수당의 기간을 길게 할수록 일일 육아수당의 허용 액수가 낮다. 가장 짧은 옵션의 육아수당은 하루에 33.88유로이며, 가장 긴 옵션의 경우 하루 14.53유로이다.

다둥이를 출산한 경우에는 가산 수당이 제공된다. 평준화 육아수당(계정)을 받는 경우 두 번째 아이는 선택한 해당 옵션 기간의 일일 수당의 50%를 받고, 수당은 두 번째 아이의 출생일마다 50%씩 인상된다. 또한 육아수당 총금액의 20%는 두 번째 부모(예를 들어 어머니가 육아수당을 청구했을 경우, 아버지)만 청구할 수 있고, 최단 옵션 기간은 91일이다.

부모의 공평한 육아 분배에 인센티브를 제공하기 위해 양 부모가 육아수당 청구 기간을 50:50이나 60:40으로 나누면, 일회성으로 1000유로(각 500유로씩)를 더 지급해주는 '파트너 보너스' 제도를 도입했다. 또한 '가족시간 보너스(Familienzeitbonus)' 제도를 실시해서 자녀 출산 이후 가정을 돌보느라 직장을 중단한 남성근로자가 고용주와 합의하면 자녀 출산 후 91일 내에 28~31일 기간 동안(중단 없이) 하루 22.60유로씩 총 약

700유로까지 가족시간 보너스를 받을 수 있다. 육아휴직 기간 동안 건강 및 연금 보험은 완전한 효력을 유지한다.

또한 새로운 것은 부모가 서로 양육 책임자의 역할을 바꿀 경우 첫 번째 양육수당을 청구할 때(소득과 관련된 육아수당을 받는 경우에도) 최대 31일까지 부모가 동시에 양육수당을 청구할 수 있다. 또한 한부모 가정은 양육수당을 3개월 연장할 수 있고(이전 2개월), 소득 한도 기준은 1400유로(이전 1200유로)까지 인상되었다.

이상에서 살펴본 것과 같이 오스트리아의 부모휴직과 육아수당은 수혜자에게 옵션과 유연성을 제공하고, 자녀의 부모가 함께 육아에 참여할 경우 휴직 기간을 연장할 수 있게 함으로써 가정 내 육아 부담에 대한 젠더 평등한 분배를 동기화하여 여성 근로자들이 출산으로 인해서 경험할 수 있는 고용 불안정 문제를 감소시킬 수 있는 장점을 가지고 있다.

반면 몇 가지 문제점을 갖고 있는데 첫째, 오스트리아의 부모휴직 정책은 육아에 대한 가정의 부담을 공적 서비스를 통해서 덜어주는 '탈가족화(De-familisation)'를 지향하는 것이 아니라 가정이 양육의 중심 역할이 되어야 한다는 가정을 기반으로 하고 있다. 더욱이 오스트리아에서 대부분 어머니들이 부모휴직을 사용하고 있다는 점을 고려한다면 어머니 위주의 양육 현실은 경력을 계속 쌓고자 하는 여성들이 출산을 포기하거나 뒤로 늦추게 할 수 있다.

실제로 많은 연구들에 따르면 장기 양육휴직이 어머니의 경력 기회와 소득에 부정적 영향을 미친다고 밝히고 있다. 오스트리아 경우 2012년에 부모휴직을 사용한 사람 가운데 12%가 두 개의 짧은 12개월(+2개월) 옵션을, 4%가 15+3개월 옵션을, 22%가 20+4개월 옵션을 사용했으며 대다수가 가장 긴 휴가 기간인 30+6개월을 선택했다. 요즈음에는 이 비율이 조금 줄어들었지만 최근 통계에도 약 50%가 이 유형을 선택하여 3년 이상의 휴가를 사용하는 것으로 나타난다. 이것은 가족정책의 개정이 여성들이 3년 이상 휴가를 사용해도 직장으로 돌아갈 수 있도록 보호해준다는 것을 나타내지만(Österie and Heitzmann, 2016: 28) 여성 근로자의 장기휴직 후 직장으로의 복귀에 대한 제도적 보장만으로는 여성들의 고용 불안정에 대한 두려움을 줄일 수 없다. 지페(Ziefe)의 연구에 따르면 양육휴가 기간의 연장이 여성의 이후 경력 기회를 감소시키는데, 양육휴가는 누진적으로 영향을 미쳐서 부정적인 결과를 가져온다. 여성이 양육휴가 후 직장으로 복귀할 때 직접적인 영향이 있는 것은 아니지만 양육휴가 때문에 중단기적으로 낮은 경력 기회를 가지게 된다는 점이다(Rille-Pfeiffer et al., 2014: 37). 따라서 오스트리아에서 여성 근로자들의 장기휴직이 여성들의 경력 기회에 저해가 되지 않도록 하는 정책적 보완책이 동반되지 않는다면 출산에 부정적 영향을 미칠 수 있다.

두 번째로 육아노동을 현금으로 보상하는 문제이다. 육아노동에 대한 현금보상은 가정의 육아 비용과 육아 부담을 경감하고, 육아휴직으로 인한 부모의 소득 손실을 보상해준다는 측면에서 긍정적인 면을 가지고 있다. 그러나 충분한 보육서비스를 제공하기 위한 정부의 적극적 지원이 부족한 가운데 가정 내 육아수당 지원과 수당의 증대에 역점을 두는 정책은 여성들이 가정에서 육아에 전념하게 만들어 취업에 대한 의욕을 저하시킬 수 있다. 여성 고용률의 증가가 출산율을 높일 수 있다는 점을 고려하면 여성의 경력 중단이나 포기는 출산에 부정적으로 작용할 수 있다.

(2) 아버지의 육아 참여와 어머니의 고용 형태

오스트리아에서는 1990년에 아버지의 육아휴가권이 인정되었고, 육아에 아버지들의 참여를 장려하기 위해서 1996년부터 소위 '아빠 쿼터(daddy quota)'라는 부성휴가를 적용했다. 아버지의 육아휴가는 의무적이지는 않지만 부모가 함께 휴가를 사용할 경우에는 최대 36개월까지 휴가를 연장할 수 있는 옵션을 제공한다. 또한 앞에서 설명한 '가족시간 보너스'와 '파트너십 보너스' 제도를 통해서 부모가 자녀 양육에 동등하게 참여하도록 유도하고 있다. 오스트리아에는 20명 이상의 고용인이 있는 회사에 근무하는 부모는 자녀가 7세가 될 때까지 시간제 근무를 할 수 있는 '시간제 부모휴직'이라는 제도가 있다. 그러나 현실적으로 어머니들이 아버지들보다 시간제 근무를 많이 한다.

오스트리아 아버지들의 육아 참여는 저조한 편이다. 2012년 한 조사에 따르면 오스트리아 아버지들의 휴가 사용은 저조한 편으로 총부모휴직에서 아버지들이 사용하는 육아휴가 부분은 단지 4.7%이고, 모든 아버지들 가운데 육아휴가를 사용하는 사람들도 단지 17%로 나타났는데, 오스트리아 아버지들은 비교적 가사와 양육에 시간을 적게 보내는 편이라고 밝히고 있다. 또한 대부분의 아버지는 15+3개월과 12+2개월 부모휴직 옵션에 참여하지만 단지 1~3개월의 휴가만 짧게 사용한다고 한다(Österie and Heitzmann, 2016: 28). 따라서 육아에 부모가 함께 참여하도록 장려하는 정책을 추진하지만 육아휴직을 대부분 어머니들이 사용하는 성별역할분리 현상이 지속되고 있음을 보여준다. 이러한 현상에 영향을 미치는 요인으로 무엇보다도 오스트리아의 높은 젠더 임금격차를 들 수 있다. 2015년에 오스트리아의 젠더 임금격차는 21.7%로 유럽연합 국가들의 평균인 16.3%보다 높다(European Commission, 2017).

또 다른 이유로 오스트리아 사회의 젠더 역할에 대한 사회적·문화적 편견을 들 수 있다. 오스트리아는 OECD 국가들 가운데 직종과 돌봄노동에서 성별역할분리 현상이 강한 국가에 속한다(Rille-Pfeiffer et al., 2014: 69). 오스트리아에서는 일하는 어머니를 이기적이라서 자식들에게 고통을 주는 '나쁜 어머니', 자녀들을 방치하는 어머니들을 묘사하는 '까치 어

표 2-4

자녀 나이에 따른 여성 근로자의 고용 형태 변화

단위: %

2016년	1~3세	3~6세	6~10세	10~15세	15~18세
시간제 근무	79.7	85.5	75.4	68.4	57.4
전일제 근무	20.3	14.5	24.6	31.6	42.8

자료: Kaindl and Schipfer(2017: 65).

머니(Rabenmutter)'로 보는 경향이 있다. 반면 아버지들은 육아에 참여하기보다는 일에만 집중하는 경향이 강하다. 한 조사에 따르면 응답자의 81%가 아버지들이 너무 일에 몰두하기 때문에 많은 자녀들이 고통을 받는다고 답했다(Sobotka, 2015: 29).

2016년 15세 미만의 자녀를 둔 25세부터 49세까지 여성의 고용률은 68.1%인 데 반해서 남성은 83.2%이다. 이들 여성 근로자들 가운데 77.0%가 시간제 근무를 하는 데 반해서 남성근로자는 7.7%만 시간제 근무를 한다. 시간제 근무를 하는 남성과 여성들이 시간제 근무를 택한 이유를 조사한 2016년의 한 설문조사에 따르면 여성들은 자녀 양육과 돌봄 때문이라고 가장 많이 응답한 반면, 남성들은 학교 또는 직업교육 때문이라고 답했다(Kaindl and Schipfer, 2017: 14, 62~63, 69).

여성 근로자가 시간제 근무를 많이 하는 현상은 특히 3세 이하의 유아양육에서 가정의 역할을 중시하여 여성 근로자가 육아를 위해서 휴가를 받아서 가정에서 유아를 돌보고 휴가가 끝나면 일터로 돌아가게 하는 '여성-동원화(female-mobilizing)' 특징을 반영한다. 이러한 특징은 자녀의 나이에 따른 여성 근로자의 고용 형태나 비율의 차이에서 분명히 나타나는데 자녀의 나이가 많을수록 시간제 근무는 점차 감소하는 반면 전일제 근무가 상대적으로 증가한다.

출산 결정에 여성 자신의 수입과 고용의 안정성이 결정적인 영향을 미칠 수 있다는 점을 고려하면 오스트리아 가정 내 육아와 가사노동에 대한 젠더 불평등한 배분, 노동시장에서의 여성에게 불리한 고용구조와 고용 형태, 남녀 임금격차 등은 여성들이 출산을 주저하는 요인이 될 것이다.

(3) 보육서비스

오스트리아 정부의 전체 사회보장비에서 가족과 어린이에 대한 지출 비중은 유럽연합 28개국의 총평균치보다 높은 9%인데도 불구하고, 현금수당 지원이 많고, 보육시설, 특히 3세 이하의 유아를 위한 보육시설은 부족하다(Sozialministirum, 2016: 31).

오스트리아 정부는 2005년부터 특히 3세 미만 유아를 위한 보육시설을 가속적으로 확대했다. 그 결과 보육시설에 다니는 3세 미만 유아의 비율이 2005/2006년 10.2%에서 2016/2017년 25.4%로 많이 늘어났으나 아직도 유럽연합 국가들의 평균치인 32%(2013년)보다 낮다. 반면 유치원에 다니는 3세부터 5세까지의 어린이 비율은 2005/2006년 82.7%에서 2016/2017년 93.4%로 증가되어 높은 수준을 나타낸다.[4]

비록 정부가 3세 미만의 보육시설 확대를 위해 노력하고 있지만 3세 미만의 보육시설 부족과 보육서비스 접근에의 어려움은 오스트리아의 3세 미만 아동의 양육에서 가정의 역할을 중시하고 양육수당에 역점을 두는 보수적인 양육정책의 한계와 밀접하게 연관되어 있는 것으로 보인다. 보수적 양육정책을 추진하는 정부가 3세 미만 아동을 위한 보육시설을

---

4   2018년 6월 현재 0~3세 어린이의 돌봄시설 등록 비율은 28.6%, 3~6세는 94.7%, 6~10세는 16.9%이다(오스트리아 여성가족청년부 홈페이지 참조).

표 2-5

보육시설에 다니는 어린이와 보모의 돌봄을 받는 어린이 비율

단위: %

	0~2세		3~5세	
	보육시설	보모	보육시설	보모
1995/1996년	4.9		70.6	
2000/2001년	7.7		77.6	
2005/2006년	10.2	2.1	82.7	1.5
2010/2011년	17.1	1.9	91.4	2.1
2015/2016년	25.5	1.9	93.3	1.7
2016/2017년	25.4	2.5	93.4	1.1

자료: Kaindl and Schipfer(2017: 75).

확대하기 위해 적극적으로 개입하는 것을 기대할 수 없다. 또한 이러한 가족정책과 가정을 양육의 일차적 책임자로 보는 사회적·문화적 분위기 때문에 부모 입장에서도, 특히 어머니의 입장에서 3세 미만의 보육시설 확대를 정부에 적극적으로 요구하기는 어려워 보인다. 보육서비스의 부족은 여성들이 시간제 근무를 하게 만들고, 경력단절을 초래해서 소득 감소와 고용 불안정에 대한 두려움 때문에 출산을 주저하게 하는 요인이 된다.

또한 3~5세까지의 아동들을 위한 보육시설의 활용에서도 문제를 발견할 수 있다. 이 연령을 위한 보육시설에 등록한 아동의 비율은 93.4%를 보이지만 2016년 등록 아동들의 52.2%만 종일반을 다니고, 47.5%가 오전반에 등록되어 있다. 따라서 등록 아동의 절반 정도를 오후에는 가정에서 돌볼 필요가 있기 때문에, 그 결과 여성 근로자들이 시간제 근무를 할 수밖에 없다. 따라서 여성의 자녀 돌봄과 가사 부담을 경감하고 여성의 고용 증대, 출산에의 긍정적인 영향을 위해서도 종일반 보육시설의

표 2-6

오스트리아에서 어린이의 보육시설 위탁시간

단위: %

	탁아소(0~2세)			유치원(3~5세)			연령혼합 보육시설		
	종일반	오전반	오후반	종일반	오전반	오후반	종일반	오전반	오후반
2011/ 2012년	61.0	36.9	2.0	46.7	52.8	0.4	50.4	36.7	12.9
2016/ 2017년	66.3	32.7	1.0	52.2	47.5	0.3	64.5	26.9	8.1

자료: Kaindl and Schipfer(2017: 76).

확대가 필요할 것으로 보인다.

오스트리아는 지역주의(Regionalism)에 의거한 복지제도에 따라서 주 정부마다 다른 보육서비스를 실시하며, 어린이 보육시설에 대한 재정적 지원은 일차적으로 지방자치에 책임이 있고 중앙정부가 부분적으로 지 원해준다.[5] 주에 따라서 유아 보육시설의 수, 비용, 보육시설의 개폐 일 정과 시간 등의 보육서비스에는 편차가 있다. 예를 들어서 2016년 0~2세 의 탁아시설에 다니는 어린이의 비율이 빈은 44.3%로 최고인 데 반해, 슈타이어마르크는 최저인 14.2%로 빈과 거의 30%의 차이를 보였다.

한편 주정부 육아정책의 차이에도 불구하고, 2011년부터 오스트리 아 연방정부는 5세의 학령전 어린이가 무료로 보육시설에 다니는 것을 의무화했다. 이것은 연방정부가 강력하고, 적극적인 의사가 있다면 보육

---

[5] 오스트리아 유치원들의 약 71.2%는 연방, 주, 지방자치에 의해서 운영되는 반면 탁아소 나 유아돌봄시설, 연령혼합 돌봄시설의 대다수는 민간 소유이다. 오스트리아 정부는 2008년부터 2018년까지 보육서비스의 확대를 위해서 442억 5000만 유로를 투자했다. 게다가 주정부들도 252억 7500만 유로를 추가로 지불했다. 그 결과 6세까지의 어린이 를 위한 보육시설이 7만 1300곳 이상 만들어졌다.

표 2-7

연방주에 따른 유아돌봄 비율

단위: %

	0~2세				3~5세			
	2011/2012년		2016/2017년		2011/2012년		2016/2017년	
	시설	보모	시설	보모	시설	보모	시설	보모
부르겐란트(Burgenland)	29.0	0.7	30.3	0.8	100.2	0.6	97.7	0.5
케른텐(Kärnten)	16.4	1.9	20.7	2.7	84.6	1.3	87.9	1.2
니더외스터라이히 (Niederösterreich)	21.2	1.3	22.9	2.9	96.5	2.0	97.2	1.5
오버외스터라이히 (Oberösterreich)	11.2	0.8	15.4	2.0	92.3	1.2	93.7	0.8
잘츠부르크(Salzburg)	14.1	4.5	19.0	4.6	89.6	2.0	92.6	1.3
슈타이어마르크 (Steiermark)	10.0	5.0	14.2	4.8	84.6	4.3	87.1	3.0
티롤(Tirol)	18.0	1.4	24.7	1.7	90.7	1.1	94.3	0.9
포어아를베르크 (Vorarlberg)	17.3	1.1	24.2	1.1	90.0	1.0	95.9	0.7
빈(Wien)	33.2	1.9	44.3	1.5	89.7	0.1	93.9	0.2
오스트리아(Österreich)	19.7	2.1	25.4	2.5	90.9	1.7	93.4	1.1

자료: Kaindl and Schipfer(2017: 78).

서비스의 확충이 가능하다는 것을 시사한다.

정부의 적극적인 보육서비스의 확대가 일과 가정의 균형을 이루는 데 중요한 역할을 한다는 것은 명확한 사실인데도 불구하고 왜 오스트리아 정부가 보육서비스의 부족에 적극적으로 개입하지 않는가? 그것은 행정적이고 재정적인 문제를 제외한다면, 육아에서 가정의 역할을 중시하는 양육정책과 현금수당에 역점을 두는 보수적인 가족정책과 밀접하게 연관된 것으로 보인다.

(4) 가족수당과 세금제도

자녀가 있는 가족을 지원하는 가족수당과 가족에 대한 과세 혜택의 목적은 무엇보다도 가족들의 경제적 부담을 보상해주고 아동이 빈곤에 처하지 않게 하는 것이다. 오스트리아의 GDP 가운데 약 2.6%가 가족수당으로 지출되는데 이 비율은 유럽연합의 국가들 가운데 높은 수준이다 (Sozialministirum, 2016: 82). 2016년 오스트리아의 모든 가구에서 전체 가구 소득의 3.6%는 가족수당으로부터 충당된다. 특히 가족수당을 받는 오스트리아 가정의 경우 전체 소득의 12.2%가 가족수당에 해당되는데, 18세 이하 자녀를 둔 한부모 가정의 경우 가족수당의 비율은 가장 커서 전체 소득의 17.8%를 차지한다(Kaindl and Schipfer, 2017: 83).

가족수당은 자녀수당, 아동 세금크레딧, 육아수당 등을 포함하는데 주로 현금으로 지급된다. '가족 부담경감 기금(Familienlastenausgleichs-fonds)'은 오스트리아에서 가족을 지원하는 핵심 수단으로 가족수당과 육아수당을 제공한다.

가족수당과 자녀가 있는 가족을 우대하는 세금제도가 출산율과 빈곤율에 어떤 영향을 미치는지에 대한 에디마의 연구는 이러한 정책이 출산율을 높이거나 빈곤율에 반드시 긍정적인 결과를 가져오지는 않는데, 그것은 세금지원제도가 특히 부모들에게 일하고자 하는 재정적 인센티브를 부여하고 동시에 일과 가정의 양립에 도움을 주는지의 여부와 관련이 있기 때문이라고 설명한다(Rille-Pfeiffer et al., 2014: 35). 가족수당과 세금제도가 출산에 긍정적 영향을 미칠 수 있기 위해서는 노동시장 규제, 공공 보육서비스 등의 제도적 지원이 동반되어 가족의 노동시장 참여가 증진되어야 하겠다.

① 자녀수당(Kinderbetreuungsgeld)

오스트리아에서 자녀수당은 부모의 수입과 상관없이 자녀의 나이, 가족의 자녀 수에 따라서 매달 차등 지급된다. 자녀수당은 일반적으로 19세 자녀까지 지불되나 직업교육을 받거나 직업과 관련되어 더 교육을 받고 있는 경우에는 24세까지 연장할 수 있다(예외적인 경우 25세까지 연장). 2018년 경우 0~2세의 자녀가 있는 가정이 한 자녀당 매달 114유로로, 3~9세 자녀 가정은 121.9유로로, 10~19세 자녀 가정은 141.5유로로, 19세 이상은 165.1유로를 받는다. 또한 자녀의 수가 많은 가정은 두 자녀의 경우 한 자녀당 매달 7.1유로씩, 세 자녀의 경우 한 자녀당 17.4유로씩 가산금을 받으며, 또한 심각한 장애가 있는 자녀가 있는 경우 연령 제한 없이 매달 155.90유로의 지원을 추가로 받는다(European Commission, 2018: 7~8).

한편 다자녀 가정이 특별히 빈곤 위험이 많은 점을 고려해서 세 자녀 이상이 있는 가정에 가족의 수입이 연간 5만 5000유로 이상이 되지 않는 한 다자녀가산금(Mehrkindzuschlag)으로 세 번째와 그 이상의 자녀를 위해 매달 20유로의 가산금이 제공된다.

② 세금제도

오스트리아의 과세 단위는 가정을 기반으로 부부의 결합과세이다. 오스트리아에서 자녀가 있는 가정들은 무자녀 가정보다 과세 혜택을 더 많이 받는다. 또한 한부모 가정이나 일인생계자 가족에 대한 세금 혜택이 양 부모 가족이나 이인생계자 가족보다 많다.

－ 자녀세액공제

가족수당과 함께 매달 월평균 자녀당 58.40유로씩 자녀세액공제(Kinderabsetzbetrag)가 된다. 자녀 양육에 대한 세금공제는 같은 가정에서 살지 않고 가족수당을 받지 못하는 어린이를 부양해야 할 책임이 있는 납세자들에게도 주어진다. 자녀 양육에 대한 세액공제액은 첫째 아이의 경우 월 29.20유로, 둘째 아이의 경우 월 43.80유로, 그리고 두 자녀 이상의 경우 한 자녀당 월 58.40유로이다.

─ 돌봄 비용 공제

탁아소, 유치원 등의 보육시설에서 자녀 돌봄을 위해 지출된 비용에 대해 세금공제 혜택이 있다. 아동돌봄 비용은 한 아동당 연간 최대 2300유로까지 공제된다. 10세까지의 자녀가 있는 경우에만 혜택이 있다.

─ 자녀가 있는 부모의 과세수당

임금이나 소득에 대한 세금을 납부해야 하는 부모가 수령한 자녀수당에 대해 과세수당을 받을 수 있다. 과세수당은 한부모 또는 양 부모에 의해 청구될 수 있다. 부모가 자녀 양육에 대해 세금공제를 요구하는 경우, 2016년 현재 양 부모의 경우 각각 300유로에 해당하는 자녀의 수당을 공제할 수 있다. 한부모의 경우 아이에 대해 440유로의 수당을 청구할 수 있다.

─ 한부모 가정과 일인생계가족에 대한 세금 혜택

자녀가 있는 한부모 가정은 세금에서도 양 부모가 있는 가정보다 많은 혜택을 준다.[6] 오스트리아는 특히 한부모 가정의 빈곤문제 해결에 관

6 　가족수당을 받은 가정은 특히 18세 이하의 자녀를 둔 한부모 가정이 전체 소득 가운데 가장 많은 비율을 차지해서 2016년 17.8%였다(18세 이하의 자녀를 둔 양 부모 가정의 경우 13.8%).

심을 갖고 자녀의 수에 따른 세금 혜택을 준다. 한 해에 한 자녀의 경우 494유로, 두 자녀의 경우 669유로, 세 자녀의 경우 889유로를 공제받고 세 자녀 이상의 경우 자녀당 220유로씩 세금공제가 증가된다(BMFJ, 2017).

― 고용주의 보육 보조금

2009년에 도입된 제도에 의해서 고용주는 10세 미만의 아동이 있는 근로자에게 연간 1000유로까지의 보육 보조금을 제공한다. 보조금은 과세 또는 사회 보험 기여금의 대상이 아니다. 보육 보조금은 보육시설에 직접 지불되거나 바우처 형태로 지급된다.

4. 맺음말

오스트리아 가족정책은 일과 가정의 균형을 이루기 위해서 여러 가지 진보적인 가족정책 등을 실시하고 있음에도 불구하고 실제로는 여성들의 일과 가정의 균형에 효과적으로 작용하지 못하고 있고, 그 결과 출산에도 긍정적 영향을 미치지 못하고 있다. 그 근본적인 이유는 오스트리아 가족정책이 소위 '혼재된 현대화'를 추진해서 진보적 측면과 보수적 측면을 복합적으로 갖고 있기 때문으로 보인다. 그 문제점들을 구체적으로 살펴보면 다음과 같다.

첫째, 부모휴직과 육아수당정책은 수혜자에게 선택 옵션과 유연성을 제공하고, 자녀의 부모가 함께 육아에 참여할 경우 휴직 기간을 연장할 수 있게 함으로써 가정 내 육아 부담에 대한 젠더 평등한 분배를 동기화시키고, 여성 근로자들이 출산으로 인해서 경험할 수 있는 고용 불안정 문제를 감소시킬 수 있는 장점이 있다. 그러나 가정의 육아 부담을 공적인 보육서비스를 통해서 덜어주는 것이 아니라, 가정이 양육의 중심적 역할을 해야 한다는 보수적 가정을 유지한 채 실시하여, 현실적으로는 대부분 어머니들이 양육을 담당하는 전통적인 성별분리유형을 존속시키고 있다. 또한 어머니의 육아에 대한 부담을 덜어주기 위해서 아버지의 참여를 유도하는 정책을 실시하고 있지만 임금격차와 노동시장에서 성차별적인 수직적·수평적 고용 형태, 젠더화된 육아노동에 대한 사회적·문화적 편견은 여성들의 출산 결정에 부정적 영향을 미칠 수 있다.

둘째, 육아노동을 현금으로 보상하는 문제이다. 육아노동에 대한 현금 보상이 가정의 육아에 드는 비용과 육아 부담의 경감, 육아휴직으로 인한 부모 소득의 소실을 보상해준다는 점에서는 긍정적인 측면을 갖고 있다. 그러나 충분한 보육서비스를 제공하기 위한 정부의 적극적 지원이 부족하고, 노동시장에서 여성에게 불리한 조건 등의 문제가 해결되지 않은 상황에서 가정 내 육아수당 지원에 역점을 두는 정책은 여성들이 가정에서 육아에 전념하게 만들고 취업에 대한 의욕을 저하시킬 수 있다. 더욱이 여성 자신들의 소득과 고용률이 출산에 영향을 미칠 수 있다는 연구결과들을 고려한다면 현금수당의 제공이 여성의 경력 중단이나 포기를 야기할 수 있고 그 결과 출산에 부정적으로 작용할 수 있다.

셋째, 돌봄노동에서 아버지의 참여를 유도하기 위해서 아버지의 육아 휴직권의 인정, 부모가 함께 양육을 위한 휴가를 사용할 경우는 부모 휴직을 연장할 수 있는 옵션, '가족시간 보너스'와 '파트너십 보너스' 제도, 부모의 시간제 근무권을 보장하는 노동시간의 유연성 제도 등은 젠더 평등적 측면에서 긍정적인 정책들이다. 그러나 이러한 정책들은 효과적으로 육아에 아버지들의 참여를 이끌어내지 못하는 것으로 보인다. 오스트리아에서 아버지들의 육아 참여는 증가하고 있으나 아직도 저조한 편으로 육아에서 젠더 평등한 분배로 이어지지 못하고 있다. 그래서 어머니 근로자들의 저조한 고용률과 시간제 근무 형태를 변화시키지 못하고 있다. 이것도 역시 여성의 소득에 부정적 영향을 미치고, 고용의 불안정성을 높여 여성들의 출산 결정에 부정적 영향을 미칠 수 있다.

넷째, 비록 오스트리아 정부가 보육서비스 확충에 노력하고 있으나 보육서비스의 부족은 아동의 양육에서 가정의 역할을 중시하고 양육수당에 역점을 두는 보수적인 양육정책의 한계와 밀접하게 연관되어 있는 것으로 보인다. 보수적 양육정책을 추진하는 정부가 3세 미만의 아동을 위한 보육시설의 확대를 위해서 적극적으로 개입하는 것을 기대할 수 없다(오스트리아 연방정부가 주정부의 차별적인 보육서비스 정책과 실태에도 불구하고 학령전 5세 유아의 보육시설 이용을 의무화한 점을 고려했을 때 정부가 의지를 가지고 강력히 개입하면 보육서비스를 확대하는 것이 불가능하지만은 않다고 볼 수 있다).

또한 육아에서 가정의 역할을 중시하는 가족정책을 실시하는 사회적·문화적 환경에서 부모의 입장에서도, 특히 3세 미만의 어린 자녀의 양육에 책임을 갖고 있는 대부분의 어머니의 입장에서 보육시설의 확대를 정부에 적극적으로 요구하기는 어려워 보인다. 결국 보육서비스의 부족은 여성들이 시간제 근무를 하게 만들고 경력단절을 초래할 뿐만 아니라, 경력 기회를 감소시키며 소득의 감소와 고용 불안정에 대한 두려움 때문에 출산을 주저하게 만드는 요인이 된다.

다섯째, 노동시간의 유연성과 관련해 7세 이하의 자녀를 둔 부모는 시간제 근무를 할 수 있도록 하는 제도적 장치가 있지만 노동시장에서 여성에게 불리한 고용구조와 임금격차 등을 고려한다면 노동시간의 유연성을 보장하는 조치는 출산에 긍정적 영향을 미치기에는 매우 미흡하다.

이상의 문제점들을 통해서 육아와 가정 역할에 대한 정부의 가정, 여성고용구조와 고용 형태, 보육서비스 확대 등은 유기적으로 연결되어 있음을 발견할 수 있다. 가정을 육아의 중심적 역할이라고 기대하는 가족정책과 육아수당에 역점을 둔 정책은 보육서비스를 적극적으로 확대하기에는 한계를 갖는다. 또 이러한 측면들은 여성 고용률을 감소시키거나, 여성이 시간제 근무를 선택하게 만들고 결국 여성 소득의 감소, 고용 불안정을 증가시켜서 출산에 부정적 영향을 미칠 수 있다.

결과적으로 단지 일과 가정의 균형을 이루기 위한 보육서비스의 확대, 육아휴직 연장과 육아를 위한 비용의 보상, 젠더 평등한 양육권 등의 가족정책적 지원만으로는 출산에 긍정적 영향을 미칠 수 없다. 특히 노동시장에서의 여성고용을 양적으로나 질적으로 증대시킬 수 있는 다양한 규제와 조치, 세금우대정책 등이 동반되지 않는다면 여성들은 출산으로 인한 소득 경감, 고용 불안정에 대한 불안 때문에 출산을 주저하게 된다.

끝으로 오스트리아가 저출산 문제를 극복하는 데 프랑스의 가족정책의 예는 시사점을 제공한다. 프랑스는 오스트리아와 같이 성별역할분리 가족모델을 기반으로 하는 가족정책을 실시하고 있는데, 고용에서의 남녀기회평등을 증진하는 포괄적인 입법을 추진하여 가정에서 여성의 역할과 노동시장에서의 여성상을 확고히 했다. 이에 출산장려를 위한 다양한 지원을 제공할 수 있게 됨으로써 저출산 문제에 효과적으로 대응했다.

참고문헌

오스트리아 여성가족청년부 홈페이지. https://www.frauen-familien-jugend.bka.gv.at

Adema, Willem. 2009. "Family Support: Lessons from Different Tax/Benefit Systems." in Ursula von der Leyen and Vladimir Spidla(eds.). *Voneinander lernen-iteinander handeln. Aufgaben und Perspektiven der Europäischen Allianz für Familien.* Baden-Baden: Nomos.

Apps, Patricia and Ray Rees. 2004. "Fertility, Taxation and Family Policy." *Scandinavian Journal of Economics*, Vol. 106, No. 4, pp. 745~763.

Blum, Sonja and Christiane Rille-Pfeiffer. 2010. "Major Trends of State Family Policies in Europe. Report for the European Commission, DG Research within the FP7-project 'Family platform'." Austrian Institute for Family Studies, University of Vienna.

Blum, Sonja. 2010. "Between Instrument Tinkering and Policy Renewal: Reforms of Parental Leave in Germany and Austria." *German Policy Studies*, Vol. 6, No. 3, pp. 83~118.

Buber, I., T. Sobotka, A. Prskawetz, H. Engelhardt and R. Gisser. 2012. "Austria: Stable and Low Fertility." Berlin-institut für die Bevölkerung and Entwicklung.

Bundesministrium Für Familien und Jugend(BMFJ). 2017. "Der Familien-Kompass."

Dingeldey, Irene. 2001. "European Tax Systems and Their Impact on Family Employment Patterns." *Journal of Social Policy*, Vol. 30, No. 4, pp. 653~672.

East-West Center. 2015. "Fertility, family change and policy adjustments in Austria." *Policy Brief*, No. 3.

European Commission. 2017. "The gender pay gap in Austria."

European Commission. 2018. "Your social security rights in Austria."

Kaindl, Markus and Rudolf Karl Schipfer. 2017. "Familien in Zahlen 2017. Statistische Informationen zu Familien in Österreich." Österreichisches Institut für Familienforschung an der Universität Wien.

Oláh, Livia Sz., Rudolf Richter and Irena E. Kotowska. 2017. "The new roles of men and women and implications for families and societies: Summary report of key findings for WP3." Working paper 71, Families and Societies.

Österie, August and Karin Heitzmann. 2016. "Reforming the Austrian Welfare System: Facing Demographic and Economic Challenges in a Federal Welfare tate." in K. Schubert et al.(eds.). *Challenges to European Welfare Systems*. Basel: Springer

International Publishing Switzerland.

Rille-Pfeiffer, Christiane, Sonja Blum, Olaf Kapella and Sabine Buchebner-Ferstl. 2014. "Konzept der Wirkungsanalyse 'Familienpolitik' in Österreich. Zieldimensionen−Bewertungskriterien−Module." *Forschungsbericht/Österreichisches Institut für Familienforschung an der Universität Wien*, Vol. 12. https://backend.univie.ac.at/fileadmin/user_upload/p_oif/Forschungsbericht/fb_12_wirkungsanalyse_familienpolitik_in_oesterreich.pdf

Sobotka, Tomáš. 2015. "Low fertility in Austria and the Czech Republic: Gradual policy adjustments." Working Papers No. 2, Vienna Institute of Demography.

Sozialministirum. 2016. "THE AUSTRIAN WELFARE STATE: Benefits, expenditure and financing 2016."

제3장

독일

지속가능한 가족정책과 이인소득자 모델로의 전환

박채복

1. 머리말

유럽 국가 중 대표적 저출산 국가인 독일은 가부장적 성별분업에 의한 남성생계부양자 모델이 오랫동안 유지된 국가다. 보수적인 유럽대륙 모델에 속하는 독일에서 부모휴직수당제도(Elterngeld)는 남성생계부양자 모델에서 이인소득자 모델(the dual earner model)로 전환되는 과정에서 출산 및 양육에 대한 국가적 책임과 개입의 필요성을 인식하고 지속가능한 성장에 기반해 가족정책 패러다임의 변화를 가져왔다는 점에서 의미가 크다(Erler, 2009; Seeleib-Kaiser, 2002; Wahl, 2008).

부모휴직수당제도가 독일 가족정책 패러다임의 전환을 가져온 것은 여성의 일에 대한 사회적 인식과 남녀의 평등을 근간으로 젠더 관계의 변화를 가져왔기 때문이다. 부모휴직수당제도는 출산과 양육으로 인한 여성의 노동시장에서의 경력단절을 완화하고 출산 후 직장으로의 복귀를 적극적으로 지원하는 일·가정 양립정책을 통해 경력단절 여성의 노동시장으로의 재진입을 원활하게 하는 데 주안점을 두고 시행되었다. 출산을 선택하는 일하는 여성을 지원하기 위해 출산이 직업에 미치는 부정적인 영향을 최소화하고자 했으며, 출산으로 인한 부작용과 기회비용을 줄이고 여성들의 노동권을 보장하도록 했다.

이 과정에서 여성을 가족의 돌봄 책임자, 부차적 노동자가 아닌 독립된 임금노동자, 즉 소득자로서 인식하여 출산과 자녀 양육에도 불구하고 일과 가정을 양립할 수 있는 지속가능한 가족정책이 국가 차원에서 추진되었다. 독일에서 이와 같은 변화가 이루어진 배경에는 독일의 가족 형태가 다양해지고 여성의 노동시장 참여가 확대됨에 따라 여성을 위한 일·가정 양립정책을 적극 추진해야 한다는 인식이 팽배했기 때문이다. 그동안 출산을 지원하는 정책을 수행했으나 이를 통해 출산율이 향상되지 않음에 따라 출산율과 여성의 경제활동참가율을 함께 높일 수 있는 정책이 필요하다는 점이 분명해졌으며, 여성뿐만 아니라 가족의 이해관계와 관심도 반영되었다는 점에서 이전 가족정책과의 차이와 변화를 이해할 수 있다(박채복, 2018: 192).

그동안 시행된 육아휴직제도와 다른 점은 우선 부모휴직 기간 동안 발생할 수 있는 가족의 소득을 보존하여 임금대체효과를 가져와 출산으로 인한 가족의 재정적 부담을 완화했다는 점이다. 여기서 한 발짝 더 나아가 일과 가정을 양립하고 병행하기 위한 지속가능한 가족정책을 통해 여성과 가족이 출산을 더 많이 선택하게 되었다는 점이다. 여성의 경제활동율과 출산율을 동시에 높이고 여성의 일·가정 양립정책을 적극적으로 추진하기 위해 독일 사회가 취한 전략은 그동안 3년이었던 육아휴직 기간을 1년으로 단축하여 기존보다 짧은 시간 육아휴직을 사용하고 육아휴직 이후 직장으로 최대한 빨리 복귀하여 경력을 지속할 수 있도록 복귀시간을 최대한 줄이는 것이었다. 이와 함께 공적 영역에서 아동보육서비스의 확충을 통해 여성들의 이해관계와 요구를 반영하는 정책을 추진했다.

부모휴직수당제도가 성공할 수 있었던 가장 큰 비결은 무엇보다 육아휴직 기간 동안 일할 수 있는 시간제 근로시간을 확대해 출산으로 인해 발생하는 가족의 재정적 부담을 경감하려 했다는 점이다. 또한 아버지의 양육 참여를 적극적으로 추진하여 남녀 모두에게 양육 책임을 강화하고 이를 정책적으로 지원했다. 이와 같은 정책적 우선순위를 실질적으로 보장할 수 있는 제도적인 보완도 다차원적으로 이루어져 단순히 저출산 및 고령화문제의 해결을 넘어 출산과 양육에 대한 부모 공동책임을 강화하고 이를 지원하는 일·가정 양립정책에 대한 국가의 적극적인 개입이 이루어졌다. 이를 통해 출산과 육아에 대한 사회적 인식을 전환하고 독일 사회의 남녀평등을 증진시키는 계기를 마련했다는 점에서 부모휴직수당제도가 가지는 정책적 함의는 매우 크다(박채복, 2018: 190).

따라서 독일의 부모휴직수당제도는 여성의 경제활동참가율의 확대에 따른 여성의 일·가정 양립문제를 국가의 적극적인 정책적 지원을 통해 해결하고, 동시에 저출산 및 고령화문제를 해결하기 위해 다양한 출산장려정책을 통해 출산율을 향상시키는 데 긍정적이라는 평가를 받고 있다(박채복, 2015; 이미화, 2016; 정재훈·박은정, 2012). 이와 같은 독일 가족정책의 변화는 남성생계부양자 모델에서 이인소득자 모델로 전환되는 과정에서 지속가능한 성장과 복지를 달성하고 법적·제도적 차원의 평등을 넘어서 젠더 평등 및 성주류화를 구현하려는 노력으로 이해될 수 있다.

이에 이번 장에서는 독일의 가족정책 패러다임의 변화에 따른 출산지원정책의 젠더적 함의를 구체적으로 알아보고자 한다. 이를 위해 첫째, 독일의 출산율 변화에 대해 살펴보고 출산지원정책과 일·가정 양립정책의 연계성에 대해 살펴보고자 한다. 둘째, 독일 가족정책 패러다임의 변화와 그 특징에 대해 검토해보고자 한다. 셋째, 독일이 지속가능한 가족정책을 수행하는 과정에서 출산지원정책으로 시행하고 있는 다양한 제도 중 아동 및 양육수당, 모성보호정책, 부모휴직수당제도, 보육서비스에 대해 살펴보고자 한다. 넷째, 출산을 지원하는 독일의 가족정책이 젠더정책의 성격과 젠더 관계 변화에 어떠한 영향을 주었는지 젠더적 함의를 도출해보고자 한다.

2. 독일 출산율 변화 추이

저출산 문제는 독일 사회의 고령화 현상과 함께 국가의 경쟁력 강화와 직결된 문제이다. 출산지원정책은 출산율의 증대뿐만 아니라 가족문제의 이슈화 과정에서 독일 가족복지 담론의 중요한 대상이 되어온 영역이다. 독일의 출산지원정책은 노동시장과 가족의 변화에 따라 정책적 변화를 경험했으며, 2007년 이후 여성의 일·가정 양립문제와 연계되어 논의되고 있다.

2017년 현재 독일 여성의 경제활동참가율은 69%이며, 여성의 실업비율은 3.7%로 여성의 경제활동이 증대되고 있는 상황이다(Statistisches Bundesamt, 2017: 34). 2006년과 2015년 사이 15~65세 여성의 경제활동참가율이 60%에서 67%로 증가했다. 특히 2세 및 3세 아이를 둔 여성의 경우 2015년 경제활동참가율이 각각 43%, 58%로 2006년의 32%, 41%에 비해 크게 증가했다. 시간제 노동에 종사하는 여성들이 증가했다. 아이를 가진 여성의 경우 평균 주당 26시간을 일했고, 구서독 지역의 경우는 평균 24.5시간, 구동독 지역의 경우 32.5시간 시간제 노동에 종사하고 있다. 교육수준이 높을수록, 구동독 지역의 여성일수록 노동시간이 길었다(BMFSFJ, 2017: 66~67). 그러나 1~2세 사이의 아이를 둔 엄마의 경제활동참가율은 2006년 14%에서 2015년 11%로 감소한 것을 보면(BMFSFJ, 2017: 12), 2세 이하의 아이를 둔 여성들의 경우 일과 육아를 병행하는 일이 어려움을 반증한다(박채복, 2018: 207).

여성의 경제활동참가율의 증대와 일·가정 양립문제는 저출산 및 고령화로 인한 생산가능인구의 감소가 우려되는 가운데 국가의 경쟁력 및 경제성장률 제고를 위해 가족정책과 복지정책의 중요한 과제 중 하나로 인식되고 있다. 여성이 노동자이며 동시에 어머니로서 인식되는 이인소득자 모델에서 독일의 일·가정 양립정책은 돌봄 문제에 대한 국가의 적극적인 개입을 강조하며 돌봄의 사회화 및 탈가족화 문제와 연계되어 있다. 여성의 노동권을 보장하기 위해서는 가족 내에 존재하는 돌봄의 필요가 공적 영역의 보육서비스를 통해서 충족될 때, 즉 돌봄의 사회화의 정도에 따라 좌우되기 때문이다. 따라서 독일 가족정책의 변화는 저출산 문제 해결을 위해 출산율 확대를 지원하는 시혜적 지원정책에서 벗어나 적절한 아동수당 지급, 기간과 급여를 보장하는 모성휴가 및 육아휴직 확대, 공적 영역에서의 보육시설의 확대와 같이, 여성이 일과 가정을 양립하는 문제에서 발생할 수 있는 다양한 사회적 문제를 국가가 개입하여 적극적으로 해결하고 이를 지원하는 방향으로 발전했다(박채복, 2017: 324).

더 나아가 일·가정 양립정책을 수행하는 과정에서 필연적으로 발생하는 돌봄 문제는 가족의 범위를 넘어 탈가족화와 관련하여 사회적 책임으로 인식되고 있다. 국가의 개입이 점차 확대되면서 일하는 여성의 돌봄 책임이 시장으로 그리고 다시 국가의 책임으로 분화되어가고, 돌봄의 탈가족화를 근간으로 하는 여성의 노동권의 확대와 남성의 양육 참여와 돌봄의 사회권이 보장되는 과정에서 출산을 선택하는 가족과 여성이 늘기 시작했다. 이와 함께 출산 이후 직장으로의 복귀를 통해 출산과 양육으로 인한 여성들의 경력단절을 줄일 수 있게 된 것이다(박채복, 2018: 195).

그동안 여성들의 경제활동참가율이 증대해 출산율이 낮아진다는 인식이 지배적이었다. 그러나 여성의 사회적 역할 및 노동권을 인정함으로써 이인소득자 모델을 적극적으로 추진하고 있는 국가들을 보면, 국가가 성역할분리에 입각하여 젠더 평등정책을 적극적으로 수행하는 경우 출산율이 높게 나타났다. 이와 함께 국가에 의해 지원되는 공적 영역에서 보육시설의 여부는 여성들이 출산을 선택하는 데 지대한 영향을 미친다는 것을 알 수 있다(Gornick and Meyers, 2001; Lewis, 2010; Pfau- Effinger et al., 2011).

여성들의 경제활동참가율이 증대되고 일을 하는 여성이 늘어나 출산을 선택하지 않는 것이 아니라는 점이다(Guerrina, 2005; Hantrais, 2000; Stratigaki, 2004). 여성이 출산을 망설이지 않으려면 아이를 낳아 잘 키울 수 있는 환경이 조성되어 있어야 하며, 국가가 적극적으로 여성친화적인 정책을 펼침으로써 젠더 관계와 사회적 인식이 함께 변화되어야 한다. 이와 같은 점에서 독일의 출산지원정책 사례는 저출산 문제의 해답을 찾고 있는 국가들의 정책결정에 시사하는 바가 크다. 독일의 가족정책의 변화는 그 근간이 일·가정 양립정책이며, 이를 통해 여성의 경제활동참가율도 높이고 출산율도 높이는 정책적 효과를 가져왔다는 점에서 주목되고 있다.

독일의 출산율을 살펴보면, 출산율은 2015년 기준 1.50명으로, 이는 유럽연합 평균 1.6명보다는 약간 낮지만, 2.07명인 프랑스와 1.88명인 스웨덴의 출산율과 비교해보면 상당히 낮은 수치이다. 이에 독일 정부는 1994년 출산율이 1.24명으로 최저치를 기록하자 출산율을 높이기 위한 다양한 정책을 강구하기 시작했다. 국가의 출산지원정책으로 출산율이 증가했지만, 인구통계학적 문제의 해결과 독일 경제의 성장 동력을 확보하는 데 충분하지는 않다는 평가가 지배적이다(그림 3-1 출산율 변화 참조).

독일 통계청의 2017년 통계연보를 보면, 독일 여성은 평균 29.6세에 첫 아이를 갖고, 30세에서 35세 여성의 출산율이 연령별 출산율에서 가장 높게 나타났다(그림 3-2 참조). 이는 결혼 연령이 평균적으로 높아졌으며, 20대의 출산율 감소와 30대에서 40대 초반 출산이 증가하고 있음을 반영한 결과라 할 수 있다. 결혼이 늦어지면서 35~39세 출산율도 꾸준히 증가하고 있다. 독일의 일반적인 가족의 경우 1명의 아이를 가지는 비율이 53%로 가장 많았으며, 2명의 아이를 가진 경우가 36%, 3명 이상인 경우는 17%이다. 또한 아이가 없는 가구는 2015년 20%에 달했다. 교육수

그림 3-1

출산율 변화(1990~2015)

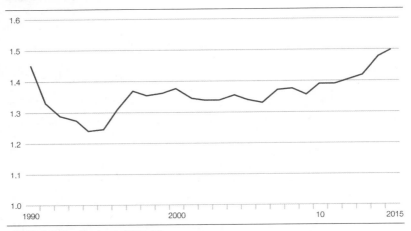

자료: Statistisches Bundesamt(2017: 35).

그림 3-2

연령별 출산율

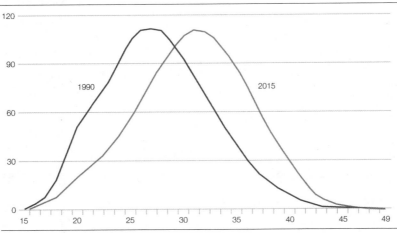

자료: Statistisches Bundesamt(2017: 35).

준이 높은 여성은 평균 1.9명을, 교육수준이 낮은 여성은 평균 2.3명의 아이를 낳는 것으로 나타나 교육수준에 따라 출산율에 변화가 있음을 알 수 있다(BMFSFJ, 2017: 31~32).

2015년 기준 73만 7575명이 출생했으며, 이는 가장 많은 신생아가 태어난 1964년 약 140만 명의 절반에 불과하지만, 2014년에 비해 2만 2650명이 더 출생한 것이다. 2015년에 출생한 신생아 중 독일인의 비율은 90.8%였으며, 외국인은 9.2%였다. 독일인 중 양 부모가 독일인인 경우는 81.4%, 둘 다 외국인이 4.5%, 한쪽 부모가 외국인인 경우는 14.0%로 나타났다. 2015년 미성년자를 둔 가족은 800만 명이며, 결혼하여 자녀를 둔 가족 형태가 여전히 가장 많아 약 550만 명에 이르고 있지만, 비혼 가구도 84만 3000가구로 최근 20년 동안 2배로 대폭 증가했다. 편부모의 수는 1990년대 초반보다 훨씬 증가하여 약 160만 명에 달하며, 이중 엄마가 아이를 키우는 수가 150만 명으로 나타났다. 이혼 건수가 줄고 결혼 건수는 증가했으며, 세 가구 중 한 가구는 미성년 자녀를 둔 이주배경을 가진 가족으로 나타났다(BMFSFJ, 2017: 12).

3. 독일의 가족정책 패러다임의 변화

독일은 유럽 국가들 중 강한 가부장적인 전통을 가진 국가로 여겨진다. 전통적인 성별분업에 의한 남성생계부양자 모델을 대변하는 독일에서는 여성은 가정을, 남성은 생계부양의 책임을 지는 성별분업적인 가족정책이 추진되었다(박채복, 2013; Leira, 2002; Lewis, 1992). 다른 유럽 국가와 마찬가지로 독일은 전후 경제복구와 국가 경쟁력 강화를 위해 적극적인 가족정책을 수행했으며, 그 결과 1950년대와 1960년대에 출산율의 폭발적인 증가를 경험했다. 이 과정에서 가족의 사회적 역할과 기능에 대한 강조는 남성생계부양자 모델에서 남녀의 역할과 지위를 규정했으며, 가족의 재정적 부담을 완화하기 위해 추진된 아동 및 양육수당과 세금공제제도는 남성생계부양자 모델의 제도화에 기여했다(Leitner et al., 2008: 180).

고용정책에서 남성 우선성이 당연시되었고, 복지수급권이 남성의 임금노동에 대한 보상 차원에서 주어졌으며, 부부합산제에 의한 세금정책이 유지되었다. 자녀의 양육 책임은 일차적으로 여성에게 있으며, 엄격한 성별역할분리에 입각하여 가정에서 자녀의 출산과 양육에 전념하는 어머니의 역할에 대한 사회적 기대는 여성을 가정에 머무르게 하는 사회적 기제로 작용했다. 이와 함께 가정에서 아이를 양육하는 여성들을 위한 수당을 지급함으로써 돌봄노동자로서의 여성의 역할은 당연시되었다. 출산으로 직업을 포기해야 하며, 일과 가족을 양립하는 문제가 여성의 문제로 인식되는 상황은 출산율의 증가를 가져오지 못했으며, 직장에서 경력을 쌓기를 원하는 여성들은 출산을 꺼릴 수밖에 없었다.

1969년 사민당의 집권으로 일하는 여성에 대한 지원이 본격화되면서 가족중심 지원정책의 변화가 시작되었다. 그 배경에는 여성의 경제활동참가율의 증대와 양육에 대한 사회적 책임이 공론화되었으며, 여성의 부담을 경감시키는 방향으로 아동수당제도의 개혁이 진행되었던 사회적 변화를 지적할 수 있다. 먼저 아동수당에 대한 수혜적 형평성을 도모하기 위해 기혼 여성의 출산과 취업을 더 적극적으로 지원하기 위한 정책인 모성휴가제도(Mutterschaftsurlaub)가 1979년에 도입되었다(Tivig et al., 2011: 50~51). 모성휴가제도의 도입은 취업한 기혼 여성에 대해 보다 적극적인 지원이 이루어지는 효과를 가져왔다. 그러나 아동수당의 지급을 통한 가족의 자율성 보장과 육아 및 양육을 담당하는 돌봄노동자인 여성의 어머니로서의 역할에 대한 강조는 지속될 수밖에 없었다. 아이는 가정에서 여성이 키워야 한다는 인식에는 변화가 없었던 것이다. 여성을 전업주부로서 돌봄노동을 전담하도록 가정에 머물게 했으며, 가족단위의 남성 중심 사회보장시스템의 작동을 근간으로 하는 전통적인 남성생계부양자 모델은 변하지 않고 지속되었다.

1970년대 말과 1980년대 초, 직업에 대한 사회적 인식이 변화하고 여성의 자기결정권을 행사하는 과정에서 직업이 갖는 사회적 의미가 변하기 시작했다. 독일 2기 여성운동도 중요한 변수로 작용했다. 여성의 사회경제적 활동에 대한 요구가 거세지면서 여성들은 더 적극적으로 노동권을 주장했다. 직업이 선택이 아닌 여성의 자기결정권을 행사하는 데 중요한 역할과 의미를 갖게 되었다. 이와 함께 가족의 형태가 다양화되고 가족의 사회적 의미와 형식도 변하기 시작했다. 결혼하지 않고 동거하는 부부가 점차 늘었다. 이와 함께 결혼이라는 관습 밖에서 아이를 낳거나 편부모, 이혼한 부모, 동성부부 등 다양한 가족의 형태와 이들의 수가 지속적으로 증가했다. 이 시기 가족의 사회적 의미와 형식의 변화에 맞게 가족정책을 위한 제도적 개선작업도 진행되었다. 1982년에는 양육비선급제도(Unterhaltsvorschuss)가 도입되어 양육비 지급방식이 유연해졌으며, 선지급을 통해 양육비 부담에 대한 국가의 개입도 강화되었다.

또한 1983년에는 1955년에 도입된 아동수당(Kindergeld) 제도가 아동수당과 아동세금공제(Kinderfreibetrag) 제도로 이원화되어 수당제도의 효율성을 담보하는 조치가 이루어졌다. 아동수당 외에 주택아동수당(Bau-kindergeld) 제도도 도입되어 양육뿐만 아니라 아동의 주거환경에 대한 제도적 접근이 이루어질 수 있었다. 1985년에는 자녀 양육 기간을 노령연금 산정 시 인정해주는 주부연금제가 시행되어 여성의 가사노동에 대한 사회적 인식의 변화에 긍정적으로 작용했다.

1986년에는 '양육수당법(Bundeserziehungsgeldgesetz)'이 제정되었으며, 양육수당(Erziehungsgeld)이 새롭게 도입되었다. 양육수당은 1986년 1월 1일부터 2006년 12월 31일까지 태어난 자녀를 양육하는 부모에게 지급된 수당으로, 부모 중 한 사람에게 주 30시간을 넘지 않는 한도에서 출산 후 10개월 동안 매달 600마르크를 지원하는 것을 골자로 한 것이다. 양육수당의 기간은 점차 확대되었다. 1988년에는 12개월, 1989년에는 15개월, 1990년에는 18개월, 1990년부터 2000년까지는 24개월까지 지원되었다. 양육수당과 함께 10개월의 양육휴가(Erziehungsurlaub)가 허용되었는데, 양육휴가제도 역시 1988년 1년, 1990년에는 18개월, 1992년에는 3년으로 확대되었다.

양육휴가제도와 함께 휴가 기간 동안 고용의 지속성을 보장하기 위해 주당 19시간의 시간제 근로가 허용되었다(Eckstein, 2009: 44~45). 19시간의 시간제 근로가 허용됨에 따라 출산 후 여성의 시간제 근로 참여율이 증대했으며, 이를 통해 경력이 중단되지 않고 노동시장으로부터 여성의 이탈 현상이 완화될 수 있었다. 특히 독일 통일 이후 구동독 지역에서는 체제 전환 과정에서 노동시장의 불안정이 증대하고 이로 인해 여성들의 경제활동참가율이 감소했으며 구서독 지역에 비해 출산율이 급격히 감소했다. 구동독 지역은 구서독 지역에 비해 인구의 고령화 현상이 빠른 속도로 진행됨에 따라 저출산 문제가 새로운 사회적 위험으로 부각되었으며, 이에 대한 적극적인 대응과 효율적인 대안이 요구되었는데 양육수당과 양육휴가가 확대되면서 이와 같은 문제들의 해결에 기여했다.

양육휴가가 3년으로 확대되어 시행된 초기에는 여성의 52%가 규정보다 더 길게 양육휴가를 사용했으며, 여성의 20%는 30개월의 양육휴가를 사용하기도 했다. 그러나 2000년에는 여성들 중 12%만이 3년 이상 양육휴가를 사용했고, 66%에 이르는 여성들은 3년보다 적은 2~3년의 양육휴가를 사용했다. 또한 2000년 양육휴가를 사용한 구동독 지역 여성의 79%가 양육휴가를 사용한 이후 동일한 직장으로 혹은 더 나은 조건의 직장으로 복귀한 것으로 나타났다. 이는 양육휴가를 사용한 구서독 지역 여성의 69%보다 높은 수치이다(이미화, 2016: 202).

그럼에도 불구하고 이는 19시간이라는 짧은 시간제 노동 허용과 공적 영역에서 보육서비스의 미비로 여전히 남성은 전일제에 종사하고 여성은 양육을 책임지며 시간제 노동에 종사하는 구조를 변화시키기에는 충분하지 못했다. 양육수당과 양육휴가제도는 남성의 양육 참여를 법적으로 보장하고는 있었지만, 여성의 노동은 남성의 노동에 비해 여전히 부차적인 것으로 여겨졌다. 양육수당이 적어 출산으로 인한 가족의 소득을 대체하는 효과 역시 크지 않았다. 양육휴가제도는 상대적으로 소득이 낮은 여성들이 사용하는 경우가 많았고, 제도를 통해 남성의 양육휴가 참여를 유인해내지 못했다는 점에서 양육휴가제도의 시행만으로 젠더 관계와 사회인식을 변화시키기에는 역부족이었다.

이와 같은 기존의 양육휴가제도의 문제점을 보완하여 2001년 양육휴가제도가 부모시간제(Elternzeit)로 개칭되었다. 부모시간제를 통해 육아에 대한 부모의 공동양육 책임과 일·가정 양립을 위한 부부의 유연한 역할 분담 및 이를 조정할 수 있도록 제반 환경을 구축하는 문제가 중점적으로 논의되었다(Wahl, 2008: 26~27). 아버지의 공동양육 책임이 강화되어 부모 모두가 동시에 자녀 양육을 목적으로 부모시간제를 사용할 수 있게 되었다. 부모시간제를 사용하는 동안 주 30시간으로 시간제 근로시간이 확대되었다. 더 나아가 부모시간제 사용 후 직장 복귀를 법적으로 보장함으로써 제도화하여 일하는 여성의 경력 보장이 이전보다 강화되었다. 그 결과 부모시간제를 사용하면서 시간제 근로를 하는 여성의 비율이 높아졌으며, 여성의 경제활동참가율이 점차 증대했다. 시간제 근로 비율은 1996년과 2002년을 비교 시 자녀가 3세 미만인 여성의 종일제 비율은 13.6%에서 19.7%로 큰 변화가 없으나, 3~6세는 18.9%에서 40.8%, 6~10세는 33.7%에서 46.0%로 나타나 3세부터 10세 사이의 자녀를 둔 여성들이 시간제 근로에 종사하는 비율이 크게 상승했다(이미화, 2016: 206).

부모시간제를 통해 출산율이 점차 증가하기 시작함에 따라 독일 정부는 출산을 장려하는 목적으로 2007년 부모휴직수당제도, 즉 '부모수당 및 자녀 양육시간에 관한 연방법률'을 확대 시행했다. 부모시간제가 이전 아동수당이나 양육수당과는 달리 남성의 부모휴직 참여율을 증대시키는 성과를 거두었다. 그러나 남성의 육아휴직 참여가 부의 자녀 양육에 대한 권리 측면으로 강조되어 강제성이 부족하다는 점과 육아휴직을 자발적으로 선택할 경우 인센티브로 휴직 기간을 연장해주는 형식을 취하고 있었다는 점에서 한계가 드러났다. 그럼에도 불구하고 좀 더 강한 출산 장려정책이 필요하다는 점에서 부모휴직수당제도는 돌봄노동에 대한 부모권을 강조하고 젊은 아버지들의 가족과 자녀 양육에 대한 인식을 변화시키는 데 크게 기여했다.

부모휴직수당제도는 가부장적인 독일 사회에서 자녀의 출산 및 양육에 대한 인식을 전환시키는 데 긍정적으로 작용하고 있다. 비록 아버지가 돌봄노동을 분담하는 효과는 적지만, 부성애에 대한 새로운 접근과 상징으로서 보다 큰 의미를 갖는다. 더 나아가 부모휴직수당제도는 아버지의 공동육아 참여를 통해 아버지의 양육 책임과 남녀 모두 생계부양자라는 이인소득자 모델을 강화시켜 남녀의 동등한 노동권을 보장하는 젠더 평등에 대한 새로운 정책적 지향점을 제시하여 실질적인 젠더 관계의 변화를 가져오는 데 기여했다.

독일의 가족정책이 일·가정 양립정책의 지원을 확대하고 가족의 다양성에 대한 정책을 수용하는 방향으로 발전한 것은 기존 남성생계부양자 모델에 기반한 가족지원정책의 한계를 인식한 것으로 볼 수 있다. 출산과 자녀 양육의 부담을 완화하기 위한 정책인 아동수당 및 양육수당제도만으로는 출산율을 높이지 못하게 됨에 따라 부모휴직수당제도는 단순히 출산을 장려하기 위한 정책이 아니라 남녀의 동등한 노동권의 보장과 이에 근거한 이인소득자 모델로의 전환을 통한 가족정책 패러다임의 변화를 가져왔다는 점에서 의미가 크다(Tivig et al., 2011).

4. 독일 가족정책의 현황 및 내용[1]

1) 아동수당 및 양육수당제도

독일은 아동의 양육 및 교육에 대한 사회적 책임을 강조하고 지속적인 가족정책을 추진하고 있다. 아동수당과 양육수당은 대표적인 정책의 예라 할 수 있다.

아동을 위한 직접적인 현금지급수당은 아동수당, 아동수당보조금(Kinderzuschlag), 아동세금공제로 구분할 수 있다. 아동수당은 자녀를 둔 가정의 재정적 부담을 완화하기 위한 소득지원정책으로 자녀가 18세가 될 때까지 지급되는데 부모의 소득수준에 따라 25세까지 연장지급이 가능하다. 경제적 지원을 목적으로 현금으로 자녀 양육비를 지원하는 아동수당은 아동에 대한 양육 및 교육을 강조하여 부모의 소득과 무관하게

---

[1] 독일 가족정책의 현황 및 내용은 ≪통합유럽연구≫, 9권 1호(2018)에 개제된 「독일의 출산지원정책의 젠더적 함의」의 내용을 재구성했다(박채복, 2018: 200~208).

모두에게 지급되고 있다.

반면 아동수당보조금은 아동수당 외 저소득층과 빈곤층에 총 3년간 지급되는 보조금 형식의 지원금이다. 아동수당과는 달리 소득이 너무 높거나 낮아도 청구권이 없으며, 지급 여부는 복잡한 절차를 통해 결정된다. 2005년 1월 1일부터 아동수당보조금은 저소득층이나 빈곤층은 아니지만 양육으로 재정적 어려움과 생활에 곤란을 겪고 있는 가정 중 실업급여II에 의존하지 않는 가족에게도 지급되고 있다. 또한 아동세금공제는 부모의 소득이 일정 정도보다 높은 경우 아동수당을 지급하는 대신 아동세금공제 형식으로 세금공제 혜택을 주는 방식이다.

양육수당은 사적 영역으로 여기던 자녀 양육에 대한 국가의 개입과 사회적 책임이 강화되면서 도입된 수당이다. 양육수당은 자녀를 직접 양육하고 있는 부모에게 소득에 따라 차등 지급되며, 주당 30시간 미만의 취업 참여가 허용된다. 양육수당은 가족의 소득대체효과는 미비하지만, 양육휴가의 기간이 3년으로 확대되면서 자녀 양육을 위한 부모의 양육휴가가 제도화되었다. 이를 통해 여성의 노동시장 진입, 출산과 자녀 양육을 위한 양육휴가 사용, 직장 복귀 및 재취업이 선순환적으로 이루어질 수 있게 되었으며, 여성의 경제활동참가율이 높아졌다. 2007년 1월 이후 출생한 자녀의 부모는 양육수당이 아닌 부모휴직수당을 지원받는다(Schmidt, 2002).

2) 모성보호제도

독일은 '기본법' 제6조와 기본법 외 1952년에 제정된 '모성보호법'에 모성에 대한 보호를 규정하고 있다. 임신한 여성은 임신 사실을 고지해야 할 의무가 있다. 임신 사실을 고지한 임산부는 임신 기간 동안 그리고 출산 후 4개월까지 해고가 제한되고, 위험한 작업에서의 취업이 금지된다. 또한 야간근로 및 휴일근로뿐 아니라 연장근로도 금지된다(Leitner, Ostner and Schimitt, 2008: 197).

임산부는 '모성보호법'에 입각하여 모성수당(Mutterschaftsgeld) 지급을 요청할 수 있으며, 산전후휴가와 육아휴직을 요청할 수 있다. 먼저 산전후휴가는 출산 전후 각각 6주와 8주로 이루어지며, 조산이나 쌍생아의 경우는 12주의 모성보호 기간이 보장된다. 육아휴직제도는 2001년 이후 출생한 자녀를 양육하는 부모의 경우 자녀가 3세에 도달할 때까지 부모시간제도를 사용할 수 있다. 부모시간 동안 부모는 주당 30시간까지 시간제 근로를 할 수 있다. 모성보호정책의 일환으로 소득에 따라 출산비가 지급되고, 이사비용 및 교육지원, 세금면세 해택도 주어진다. 2007년부터 부모시간제도는 부모휴직수당제도로 대체되었다.

모성보호정책 외 세금공제와 주거비지원으로 출산을 지원하고 있다. 세금공제는 자녀 양육공제와 가족세금공제 형식으로 소득을 지원해주고 있으나, 아동수당 및 양육수당으로 실질적인 경제적 지원이 이루어지기 때문에 세금공제정책은 큰 의미를 찾기 어렵다. 세금공제 외 주거비지원정책을 통해 주거 안정을 도모하고 있다. 소득수준에 따라 차별적으로 주거비지원이 이루어짐에 따라 아동수당과 같은 현금 급여 방식은 아니지만, 가족의 소득을 간접적으로 지원해줌으로써 주거비가 차지하는 부담을 경감시켜주는 정책을 소득지원정책의 일환으로 시행하고 있다.

3) 육아휴직제도: 부모휴직수당제도

부모휴직수당제도는 자녀 양육을 위해 육아휴직을 보장하고 휴직하는 부모에게 수당을 지급하는 제도로, 여성의 일과 가정 양립을 지원하기 위한 조치이다. 앞서 논의한 바와 같이 독일의 육아휴직제도는 양육휴가제도에서 부모시간제, 그리고 부모휴직수당제도로 개혁되면서 남녀모두 소득자인 이인소득자 모델로 전환되고 있다.

부모휴직수당제도는 성평등정책을 근간으로 자녀의 양육을 부모 공동책임으로 하여 아버지의 육아휴직을 적극적으로 권장하도록 하고, 가족의 소득을 보장하여 출산과 양육에 대한 사회적 인식 및 고정관념을 바꾸는 데 기여했다. 또한 육아와 노동의 조화 및 양립을 통해 출산 과정에서도 여성이 일을 계속할 수 있는 시스템을 마련하고 출산 후 빠른 시간 내에 직장 복귀가 가능하도록 지원하여 경력단절을 완화하고 여성의 일과 가족 양립을 가능하게 하여 출산율을 높이려는 정책이라 할 수 있다(Wahl, 2008).

부모휴가수당제도는 12개월 이외에 2개월이 추가되는 12+2개월 방식으로 운영된다(Erler, 2009: 128~129). 부모휴직수당은 자녀 출산 후 최대 14개월까지 지급된다('부모휴직수당법' 제4조). 부모 중 일방은 통상적으로 12개월까지만 부모휴직수당을 지급받을 수 있으며, 지난 1년간 평균 순임금소득의 67% 수준의 수당이 지급되는데, 소득에 따라 최소 월 300유로에서 최대 월 1800유로까지 지급된다('부모휴직수당법' 제2조 제1항). 평균임금이 400유로 이하인 경우 지급률은 67% 대신 97%가 적용된다. 또한 쌍생아의 경우는 둘째 아이에 대해 300유로가 더 지급된다. 추가되는 2개월은 아버지 할당제(daddy months)로 아버지가 사용하지 않으면 소멸되는 방식을 취하고 있다. 14개월 동안 부모휴직수당을 사용하고자 하는 경우는 부모가 교대로 자녀를 양육해야 한다. 부모 중 한 사람이 자녀 양육 시 24개월까지, 부모 공동양육의 경우는 28개월까지 부모휴직수당의 반액을 지급받을 수 있다.

이러한 노력의 결과 2006년에 3.3%에 불과했던 아버지 부모휴가 사

표 3-1

남녀의 부모휴직수당제도 활용

단위: 명(%)

	2009	2010	2011	2012	2013
남성	153,141(19.5)	167,659(20.7)	176,719(22.1)	194,275(23.3)	217,545(24.6)
여성	630,906(80.5)	642,572(79.3)	623,454(77.9)	640,084(76.7)	657,033(75.4)
전체	784,047	810,231	800,173	834,359	874,578

자료: BMFSFJ(2015: 8).

용률이 2009년에는 19.5%로 증가했으며, 2013년에는 24.6%로 증가했다(표 3-1 참조). 남성의 부모휴직수당제도 참여는 평균 28%, 3개월 3일이고, 2012년 기준 1140유로의 수당을 지급받았으며, 10명 중 9명은 전일제 노동에 종사하는 것으로 나타났다. 자녀 양육에 남성의 참여를 독려한 결과 47%의 남성은 가사노동에 대한 분업과 동등한 파트너십을 찬성했고, 58%의 남성은 아버지의 자녀 양육 공동책임에 찬성했으며, 79%의 남성은 더 많은 시간을 가족과 보내기를 원했다. 특히 부모휴직수당제도는 젊은 부모의 출산 형태에 긍정적인 영향을 미치고 있다(BMFSFJ, 2015: 7~9).

경제위기를 거치면서 가족의 중요성이 부각되고 자녀들의 육아에 참여하여 일상을 함께하고자 하는 남성들이 증가하여 부모휴직수당제도가 시작된 이래 남성들의 참여가 늘었다는 점은 주목할 만하다. 남성들은 자녀 양육에 참여하여 일과 가족의 조화와 양립을 가능하게 하고, 자녀의 공동양육을 통해 아이들과 더 많은 시간을 함께 보내는 것을 중요하게 생각하고 있으며, 부모 중 79%는 일과 가족의 양립성을 가족정책의 가장 중요한 과제라 보고 있다. 남성 61%는 가족정책이 부모 모두가 동등하게 경제활동을 할 수 있도록 맞벌이 가구를 적극적으로 지원해야 한다고 생각하고 있는 것으로 나타났다(BMFSFJ, 2015: 8).

제도의 시행 과정에서 무엇보다 대학교육종사자, 나이 많은 부모, 한 명의 자녀를 둔 부모가 이 제도를 통해 수혜를 받은 것으로 나타났으며, 2007년 부모휴직수당제도 시행 후 대학졸업자들의 첫 아이의 수가 30% 증가한 것으로 나타났다. 그러나 결혼을 안 한 미혼모, 어린 나이에 아이를 가진 여성의 경우 성과가 높게 나타나지 않았다. 또한 직업이 없는 전업주부의 경우 월 300유로씩 총 3600유로를 받을 수 있어 이전 육아휴직수당보다 적게 수당을 지급받은 것으로 나타났다(BMFSFJ, 2015: 33).

부모휴직수당과 함께 부모휴직제도가 운영되고 있는데, 부모휴직제도는 자녀를 양육하기 위한 목적으로 남녀 모두가 신청할 수 있는 무급휴가청구권이다. 부모가 자녀와 함께 동거하면서 직접 양육하는 경우 청구할 수 있다. 부모휴직제도는 일부 기간만 혹은 전 기간을 선택하여 유연하게 사용할 수 있다. 즉, 부모 중 한 사람만 사용하기도 하고, 동시에 사용하기도 하며, 부모가 교대로 사용할 수도 있다. 이와 같은 부모휴직은 자녀가 3세가 되는 날까지만 부여되며, 산전후휴가 역시 부모휴직에 삽입되어 적용된다. 또한 다자녀의 경우 매 자녀에 대해 부모휴직을 청구할 수 있다.

부모휴직수당제도는 부모휴직수당플러스(ElterngeldPlus)와 가족근로시간제(Familienarbeitzeit)로 확대되었다. 부모수당플러스는 2015년부터 시행된 제도로, 양쪽 부모가 육아휴직에 공동으로 참여하며 주당 25~30시간 시간제 근무에 종사하는 경우 부모수당플러스를 신청할 수 있으며, 이 경우 4개월의 보너스 기간이 추가로 제공된다. 이와 함께 가족근로시간제도가 운영되고 있다. 이 제도는 아버지의 육아휴직 참여를 독려하기 위해 특정 기간 동안 근로시간을 줄이고 자녀 성장에 따라 근로시간을 점차 전일제로 늘려나갈 수 있도록 근로시간의 유연성을 보장하는 것이다.

4) 보육서비스

여성의 경제활동참가율을 높이고 출산을 장려하기 위해 독일 정부는 3세 이상 아동에 대해 공적 영역에서 보육서비스를 확대하고, 일하는 여성을 위한 반일제·전일제 운영을 추진하여 아동보육서비스 확대정책을 추진하고 있다. 그 결과 여성의 경제활동참가율이 증가했다. 부모휴직수당제도가 실시되기 이전인 2006년과 비교해볼 때, 2세 아이를 둔 여성의 경우는 32%에서 43%로, 3세 아이를 둔 여성의 경우는 41%에서 58%로 여성의 경제활동참가율이 증대했다. 반면에 2세 이하의 아이를 둔 여성의 경제활동참가율은 11%를 나타내 여성의 시간제 근무가 늘어났지만, 아이의 나이가 어릴수록 일과 육아를 병행하는 일은 여전히 어려웠다(BMFSFJ, 2017: 66~67).

공공 보육에 대한 서비스 및 인프라 확대를 통해 2030년까지 여성의 경제활동참가율을 78%까지 끌어올리고 여성의 일·가정 양립정책을 적극적으로 지원하는 가족정책은 독일 경제성장의 동력으로 지속되고 있다. 표 3-2를 보면, 여성의 노동권 확대와 출산을 장려하는 정책의 일환으로 공공 보육에 대한 보육서비스의 확대를 추진한 결과 3세 미만 아동의 보육서비스 이용 비율이 2009년 24.8%에서 2015년 38%로 꾸준히 증가했음을 알 수 있다. 특히 이주 배경을 가진 가족의 경우 1~3세 아이의 21%만 탁아시설을 이용하는데, 독일인 가족이 38%인 것에 비해 절반 수준이다. 3~6세의 경우 독일인 가족의 경우 거의 100% 탁아시설을 이용하고 있는 반면, 이주 배경을 가진 경우 88%만 이용하는 것으로 나타났다.

여성의 일·가정 양립을 위해 아동보육서비스를 확충하고자 하는 독일 정부의 노력은 2002년 'Agenda 2010'에서 저출산 및 경제위기의 상황을 개선하기 위해 가족에 대한 재정지원을 약속한 이래 지속되고 있

표 3-2

아동보육서비스 이용 비율(1~6세)

단위: %

	독일인 가족				이주 배경을 가진 가족			
	2009	2011	2013	2015	2009	2011	2013	2015
3세 미만	24.8	30.1	34.6	38	10.5	14.0	17.1	21
3~6세	95.6	96.6	97.7	96	83.6	84.9	84.7	88

자료: BMFSFJ(2017: 68).

다. 특히 기혼 여성의 노동권과 긴밀하게 연계되어 지원되어야 한다는 인식하에 0~3세 영유아동에 대한 공적 보육시설의 확대는 2005년부터 매년 15억 유로가 투입되었다(박채복, 2015: 155~156). 더 나아가 3세 미만의 영유아동에 대한 보육시설 확충을 목적으로 하는 보육법의 제정은 교육·돌봄·사회화라는 3개의 큰 주제가 조화를 이루며 통합되어 시행될 수 있는 기반을 마련했다.

2005년 기민련/기사련과 사민당의 대연정하에 '3세 미만 아동의 보육시설 확충에 대한 법률'에 따라 2013년까지 0~3세 아동의 35%인 약 75만 명이 이용할 수 있는 보육시설을 제공한다는 것을 목표로 세웠는데, 이는 2005년 보육시설의 3배에 해당되는 것으로 보육 및 육아에 대한 국가의 지원을 획기적으로 확대하고자 한 것이다(Erler, 2009: 210). 보육법 시행 결과 2002년 8.6%였던 공적 아동보육시설 사용 비율이 2005년에는 13.7%로 증가했으며, 2007년에는 15.5%로, 그리고 2015년에는 33%로 증가하여 여성의 일·가정 양립정책을 지원하기 위한 공적 영역에서 아동보육서비스 확대가 이루어졌음을 알 수 있다(Kompetenzbüro Wirksame Familienpolitik, 2016: 17~18).

5. 맺음말: 독일 출산지원정책의 젠더적 함의

이상에서 살펴본 바와 같이 독일은 출산과 자녀 양육에 대한 국가의 책임과 적극적인 정책적 개입을 강조하고 여성의 일·가정 양립을 위한 공공영역에서의 보육시설 및 서비스를 확대하고 있다. 출산과 양육에 대한 국가적인 적극적 개입과 함께 공공영역에서의 보육시설 및 서비스의 확충, 부모의 양육에 대한 공동책임 강화는 돌봄의 사회화와 부모권의 강화라는 측면에서 매우 중요하다. 여성의 노동시장으로의 진입 이후 임신에서 출산 그리고 양육, 노동시장으로의 재진입이라는 과정이 선순환적으로 작동하기 위해서는 여성과 가족의 일·가정 양립문제가 해결되어야 한다. 그렇지 않으면 노동시장에서 일하는 여성의 경력단절은 계속될 것이다. 자녀 양육과 돌봄에 대한 책임이 여성에게 있고, 여성이 일과 출산 중 하나를 선택해야 하는 상황이 계속된다면 출산을 선택하는 여성의 수는 증가하지 않을 것이기 때문이다.

이와 같은 맥락에서 2007년에 시행된 독일의 부모휴직수당제도는 국가의 공공정책이 여성의 실질적인 삶의 변화에 지대한 영향을 주며, 출산율, 여성경제활동참가율, 국가의 경제성장과의 상관관계가 존재한다는 점을 분명하게 보여준다. 독일의 지속가능한 가족정책 패러다임은 여성들이 아이를 낳아 잘 키우고 일·가정 양립문제의 해결을 위해 돌봄의 사회화와 부모권의 보장이 가족정책에서 우선순위가 되도록 변화했음을 알 수 있다. 국가와 사회가 적극적으로 개입하여 여성친화적인 공적 서비스와 인프라를 확충하고 지속가능한 성장 동력을 마련하는 정책을 시행함으로써 독일의 낮은 출산율을 높이는 데 일정 정도 성공할 수 있었다는 점에서 여성들이 출산을 선택할 수 있도록 여성들의 일과 가정의 양립 과정에서 발생하는 다양한 문제에 대한 젠더적 접근이 필요하다.

특히 독일의 출산지원정책에 대한 논의에서 보면 일·가정 양립정책을 근간으로 하는 여성의 노동권과 부모의 사회권의 확대를 통한 가족의 재생산기능 강화정책이 실질적인 출산율의 변화를 가져온다는 점에서 독일의 사례는 젠더적 함의와 시사점을 갖는다. 기존의 가족 중심적 가족복지정책에서 탈피하여 인구통계상 변화와 가족 유형의 다양성을 반영하는 정책으로 전환되었다는 점 또한 강조되어야 한다. 이와 같은 변화의 배경에는 독일 사회의 저출산 및 고령화라는 인구통계학적 상황의 변화가 주요한 원인을 제공했다. 따라서 출산을 장려하는 정책은 사회적 권리로서 여성의 노동권과 부모권이 어떻게 구성되며, 돌봄노동을 둘러싼 책임이 국가, 시장, 가족 중 누가 무엇을 어떻게 분담하고 있는지에 따라 변화되고 있음을 알 수 있다.

독일의 가족정책에서 중요한 변화는 남성생계부양자 모델에서 이인소득자 모델로 전환되는 과정에서 독일의 특수성이 반영되었다는 점이다. 가족을 중시하는 전통적인 가족정책에서 벗어나 여성들의 요구와 이해관계를 수용하고 가족의 차이와 다양성을 인정하는 지속가능한 가족정책으로 전환되는 과정을 경험하면서 여성을 돌봄노동자로서, 임금노동자로서 인식하는 이인소득자 모델이 정립될 수 있었다. 이 과정에서 이전의 가족정책과는 달리 출산과 관련된 다양한 이슈들에 국가 차원의 적극적인 개입이 이루어질 수 있었다. 일·가정 양립정책을 통한 여성의 실질적인 삶의 변화는 출산장려정책과 연계하여 중요한 젠더 이슈로 논의되었고 사회적인 인식의 변화와 합의를 만들어냈다는 점에서 중요한 젠더적 함의를 갖는다.

독일의 출산지원정책은 자녀 양육에 대한 남성의 역할 및 책임의 강화와 이에 대한 적극적인 보상과 다양한 인센티브 제공이라는 가족복지정책의 사회적 개입을 강화하여 부부 모두를 지원하는 방향으로 진행되었다. 이 과정에서 독일 사회 내에 존재하는 전통적인 성별분업원칙이나 남성생계부양자 모델의 성격 변화가 함께 수반되었으며, 국가 주도적인 출산지원정책의 필요성이 강조되었던 것이다. 이 과정에서 돌봄에 대한 사회적 인식이 여성 책임에서 남녀 공동양육 책임으로 변화되었으며, 가족 내 여성의 역할과 지위가 향상되었으며, 젠더 평등한 가족정책으로 변화된 점을 지적할 수 있다.

가족에 대한 지원정책만으로는 독일의 인구통계학적 문제를 해결할 수 없다는 사회적인 공감대가 인식론적 틀을 바꾸고 제도를 만들어내고 제도화되었다. 출산을 장려하고 이를 지원하는 가족정책을 국가가 주도적으로 수행하는 과정에서 여성의 노동에 대한 사회적 인식과 노동자로서 여성에 대한 인식론적 전환이 이루어질 수 있었다. 출산을 장려하는 독일의 가족정책은 가족 유형과 형태가 다양해짐에 따른 가족의 개별적인 복지욕구를 충족하는 방향으로 변화되었다. 변화된 가족정책은 가족 내에서의 여성과 남성의 역할과 지위에 대해 평등하게 접근함으로써 지속가능한 성장과 복지를 지향하는 국가의 정책에 긍정적으로 작용했다. 일·가정 양립정책은 지속가능한 경제성장과 복지시스템을 유지하고 젠더 평등을 실현하는 과정에서 새로운 사회적 이슈로, 단순한 정책의 변화를 넘어 젠더정책의 방향과 성격, 더 나아가 독일 사회의 젠더 관계에 변화를 가져오는 데 기여했다는 점에서 중요한 젠더적 함의와 시사점을 찾을 수 있다.

참고문헌

박채복. 2013. 「EU 젠더레짐의 형성 및 정책결정과정」. ≪정치·정보연구≫, 제16권 1호, 33~58쪽.

_____. 2015. 「시민권에 따른 독일 젠더평등정책의 변화」. ≪유럽연구≫, 제33권 2호, 143~167쪽.

_____. 2017. 「여성의 일과 가족양립정책: 역사적 경로추적 및 새로운 젠더평등」. ≪평화학 연구≫, 제18권 4호, 323~345쪽.

_____. 2018. 「독일 출산지원정책의 젠더적 함의」. ≪통합유럽연구≫, 제9권 1호, 189~216 쪽.

이미화. 2016. 「남성생계부양자모델에서 이인소득자모델로의 이행-독일의 양육휴가정책」. ≪한국정책학회보≫, 제25권 1호, 195~219쪽.

정재훈·박은정. 2012. 「가족정책 유형에 따른 독일 가족정책 변화 분석」. ≪가족과 문화≫, 제24권 1호, 1~30쪽.

Bundesminsterium für Familien, Senioren, Fraun und Jugend(BMFSFJ). 2015. "Dossier. Väter und Familie-Erste Bilanz einer neuen Dynamic." https://www.bmfsfj.de/blob/95454/54a00f4dd26664aae799f76fcee1fd4e/vaeter-und-familie-dossier-data.pdf(검색일: 2018.1.31).

_____. 2017. "Familenreport 2017-Leistungen, Wirkungen und Trends." https://www.bmfsfj.de/blob/119524/f51728a14e3c91c3d8ea657bb01bbab0/familienreport-2017-data.pdf(검색일: 2018.1.31).

Eckstein, Christiane. 2009. *Geschlechtergerechte Familienpolitik. Wahlfreiheit als Leitbild für die Arbeitsteilung in der Familie.* Stuttgart: Verlag W. Kohlammer.

Erler, Daniel. 2009. "Germany: Taking a Nordic Turn?" in Sheila B. Kamerman and Peter Moss(eds.). *The Politics of Parental Leave Policies - Children, Parenting, Gender and the Labour Market.* Bristol: The Policy Press.

Gornick, J. C., and M. K. Meyers. 2001. "Lesson-Drawing in Family Policy: Media Reports and Empirical Evidence about European Developments." *Journal of Comparative Policy Analysis: Research and Practice*, Vol. 3, pp. 31~57.

Guerrina, R. 2005. *Mothering the Union: Gender Politics in the EU.* Manchester: Manchester University Press.

Hantrais, L. 2000. *Gendered Policies in Europe: Reconciling Employment and Family Life.* London: Macmillan.

Kompetenzbüro Wirksame Familienpolitik. 2016. "Zukunftsreport Familie 2030." https://

www.prognos.com/uploads/tx_atwpubdb/160928_Langfassung_Zukunftsreport_
Familie_2030_final.pdf(검색일: 2018.1.31).

Leira, A. 2002. *Working Parents and the Welfare State-Family Change and Policy
Reform in Scandinavia*. Cambridge: Cambridge University Press.

Leitner, Sigrid, Illona Ostner and Christoph Schimitt.2008. "Family Policies in Germany."
in Illona Ostner and Christoph Schimitt(eds.). *Family Policies in the Context of
Family Change: The Nordic Countries in Comparative Perspective*. Wiesbaden:
VS Verlag für Sozialwissenschaften.

Lewis, J. 1992. "Gender and the development of welfare regime?" *Journal of European
Social Policy*, Vol. 2, No. 3, pp. 159~173.

_____. 2010. *Work-Family Balance, Gender and Policy*. Cheltenham: Edward Elgar
Publishing.

Pfau-Effinger, B. and T. Rostgaard. 2011. *Care Between Work and Welfare in European
Societies*. London: Palgrave Macmillan.

Schmidt, Axel. 2002. "Innere Entwicklung der Bundesrepublik bis 1989." http://www.
bpb.de/izpb/9744/innere-entwicklung-der-bundesrepublik-bis-1989(검색일:
2018.1.31).

Seeleib-Kaiser, Martin. 2002. "A Dual Transformation of German Welfare State?" *West
European Politics*, Vol. 25, No. 4, pp. 25~48.

Statistisches Bundesamt. 2017. "Statistisches Jahrbuch 2017." https://www.destatis.de/
DE/Publikationen/StatistischesJahrbuch/Bevoelkerung.pdf?__blob=publicationFil
e(검색일: 2018.1.31).

Stratigaki, M. 2004. "The Cooptation of Gender Concepts in EU Policies: The Case of
Reconciliation of Work and Family." *Social Politics*, Vol. 11, No. 1, pp. 30~56.

Tivig, Thusnelda, Golo Henseke and Matthias Czechl. 2011. *Wohlstand ohne Kinder?:
Sozioökonomische Rahmenbedingungen und Geburtenentwicklung im inter-
nationalen Vergleich*. Berlin/ Heidelberg: Springer.

Wahl, Angelika von. 2008. "From Family to Reconciliation Policy: How the Grand
Coalition Reforms the German Welfare State." *German Politics and Society*, Vol.
26, No. 13, pp. 25~49.

제4장

프랑스
'일하는 어머니'의 이중적 부담

김민정

1. 머리말

인구의 감소는 국가의 큰 문제이다. 인구는 국가경제발전을 위한 노동력 공급과 국가 안보를 위한 군대 공급에 매우 중요한 것으로 간주된다. 인구 감소의 가장 직접적인 원인은 출산율의 저하이다. 결국 출산율이 떨어지면 인구는 줄어들고, 인구가 줄어들면 국가경제발전, 안보에 치명적인 영향을 미친다. 1990년대에 들어 인구 감소 문제는 사회복지제도에도 영향을 미친다는 점에 국가 및 연구자들은 관심을 집중했다. 인구 감소는 노동 공급의 감소를, 그리고 노동 공급의 감소는 연금 부담 증가를 가져와서 사회복지제도의 유지를 어렵게 만드는 요인이 되고 있다는 것이다. 특히 이 시기 인구 감소와 더불어 노령인구가 증가하며 노령인구의 의료비 및 돌봄 비용과 연금 부담이 증가하게 되는 것이 맞물리면서 인구 감소는 사회에 심각한 문제로 인식되었다. 유럽의 많은 국가들은 이렇게 중요한 인구 감소 혹은 저출산 문제를 해결하기 위해 이미 오래전부터 출산장려정책을 추구해왔다. 그 가운데에서도 프랑스는 저출산 문제 해결에 있어서 관심을 가질 만한 국가이다.

프랑스가 관심을 끄는 이유는 첫째, 유럽 국가 대부분은 출산율이 대체수준을 밑도는데 프랑스는 출산율이 상대적으로 높은 국가로서 여성 1인당 출산율이 2.07(2017년)[1]명으로 유럽 국가들 가운데 가장 높다. 유럽연합의 평균 출산율은 1.6명(2017년)이며 아일랜드가 1.97, 영국과 스웨덴이 1.88명으로 그 뒤를 따르고 있다. 유럽연합 평균에 비해서도

※   이 글은 ≪유럽연구≫ 36권 1호(2018)에 게재된 김민정, 「프랑스 출산장려를 위한 가족정책의 젠더적 함의」를 수정·보완했음을 밝힌다.

1   출산율 통계는 CIA(2018) 참조.

월등히 높으며 최근 몇 년 사이에 오히려 상승세를 보이고 있는 것이 프랑스 출산율의 특징이다.

둘째, 여성의 경제활동 비율이 상당히 높다는 점이다. 일반적으로 출산율이 높은 국가에서는 여성들의 경제활동참가율이 낮은데 프랑스는 출산율도 높으면서 여성의 경제활동참가율도 높은 구조를 가지고 있다. 여성이 자녀를 많이 출산하면 그만큼 임금노동에 참여할 시간적 여유가 적어지고 자기 계발을 통해서 직업적으로 성장할 수 있는 기회가 적어진다. 그러나 프랑스의 경우 농업을 제외한 전 분야에서 여성이 임금노동에 참여하는 비율은 50.5%로서 남성보다 조금 더 높다(UNDP, 2016). 유럽 대부분의 국가에서 임금노동에서 여성이 차지하는 비율이 48~50%인 것에 비하면 프랑스는 그 비율이 비교적 높은 편에 속한다. 여성경제활동인구(15~64세) 가운데 75%가 경제활동에 참여하고 있는데 이것은 유로존 19개국 평균이 78.1%임을 감안하면 프랑스의 경우 역시 상당히 높은 편이다. 실업 비율을 보더라도 프랑스 여성의 실업률은 유로존 19개국의 10.7%와 거의 유사한 10.8%로 대부분의 경제활동연령에 놓인 여성들은 구직활동 중이거나 경제활동을 하고 있는 셈이다(Ministère de familles, de l'enfance et des droits des femmes, 2017).

한편 경제활동에 적극적으로 참여하는 여성들도 가사에 남성보다 훨씬 많은 시간을 쓰고 있는 것으로 나타났다. 프랑스 여성들은 남성이 가사에 사용하는 시간보다 2배 많은 시간을 가사에 사용하고 있고, 전일제 직업을 가진 남성이 자녀를 돌보는 시간은 하루에 13분인 것으로 나타났다(La République française, 2007).[2] 다른 통계에 따르면 18세 이상 인구 가운데 자신의 자녀나 손주 혹은 노인이나 장애인을 매일 돌보는 여

---

2   스웨덴 남성은 16분, 노르웨이 남성은 17분, 벨기에 남성은 19분을 사용하고 있다.

성은 전체 여성 가운데 45.6%에 이르며 남성은 29.4%에 그치고 있다. 유럽연합 전체 평균은 여성 중 37.5%가, 남성 중 24.7%가 매일 돌봄일을 한다고 응답하여 프랑스 공히 남녀가 모두 유럽연합 평균보다는 더 많이 돌봄일을 하고 있다. 매일 요리와 가사를 하는 여성들도 전체 프랑스 여성 가운데 79.2%(유럽연합 평균 78.7%)에 이르는 반면 남성은 35.6%(유럽연합 평균 33.7%)에 그친다(European Institute for Gender Equality, 2015). 이렇게 볼 때 전체적으로 프랑스는 가사 영역의 활동, 즉 돌봄과 요리 및 가사노동에 유럽연합 전체평균보다 더 많은 남녀가 참여하고 있으며 그 가운데에서도 특히 여성이 훨씬 많이 가사 영역의 활동을 하고 있는 셈이다.

한편 남녀의 임금 차이를 보면 2015년 통계에 따르면 여성 임금은 남성 임금의 70.8%이다. 스웨덴이 77%, 노르웨이가 79%인 것에 비하면 다소 낮은 편이다. 이렇게 볼 때 프랑스 여성들은 유럽의 다른 국가의 여성들보다 더 많은 자녀를 두고 있고 더 많은 시간을 가사에 쓰고 있으며 직장생활은 더 하고 있지만 임금은 다소 적게 받고 있다(UNDP, 2016).[3]

셋째, 출산장려정책을 이미 오래전부터 사용해왔다는 점이다. 프랑스의 가족정책은 일반적으로 1870년 보불전쟁 이후부터 시작되었고 이 가족정책의 핵심은 출산장려정책이다. 국력 약화에 대한 두려움으로 인해 인구 감소에 대한 대비책을 마련하게 되었고 그 근간에 놓여 있던 것이 가족정책이었다.

넷째, 프랑스는 젠더개발지수가 인간개발지수보다 높은 몇 안 되는 국가 가운데 하나이다. 프랑스는 유럽의 여느 나라보다 격렬한 제2기 여성운동을 거쳤고 여성의 사회참여가 활발한 국가로 인식되고 있다. 2016

---

3   핀란드는 69.8%, 영국은 52.7%, 이탈리아는 51%, 독일은 65%를 받고 있다.

년 「인간개발보고서(Human development report)」에 따르면 프랑스의 인간개발지수(HDI)는 21위인 데 비해서 젠더개발지수(GDI)는 0.988로 프랑스보다 젠더개발지수가 높은 국가가 7개국 정도 있다.[4] 또한 여성의 정치참여(국회의원 비율)는 25.7%이지만 고위 공무원 및 기업의 고위 간부 비율은 높고(39.4%), 전문직 여성의 비율도 상당히 높다. 또한 교육의 경우에도 고등교육을 받은 여성의 비율이 남성보다 높다.[5] 이렇게 볼 때 다른 한편으로 여성의 사회참여 의식이 높고 교육에서 오히려 남성보다도 앞서고 있다고 할 수 있다.

일반적으로 여성의 교육수준이 낮고 사회참여에 대한 의지가 적은 경우, 여성들은 경제활동에 종사하지 않고 가정에서 양육 및 가사를 담당한다고 알려졌다. 그러나 교육수준이 높고 젠더개발지수가 높음에도 불구하고 여성들의 출산율이 높고 경제활동과 가사활동을 병행하는 비율이 높은 것은 프랑스적인 특징이다. 이러한 프랑스적인 특징 가운데에는 프랑스의 출산장려정책이 있을 것으로 예상된다. 즉, 일반적으로 교육을 많이 받고 경제활동 참여가 높으면 사회활동을 하는 대신 자녀 출산은 미루거나 적게 할 가능성이 높지만, 정부의 적극적인 정책 개입이 그럼에도 불구하고 자녀를 출산할 동인을 부여하는 것이 아닌지 생각된다. 그렇다면 여성들은 직장생활도 하면서 자녀도 많이 출산해야 하는

4　UNDP에서 최근에는 GDI의 순위를 표시하지 않아 순위를 정확히 알 수는 없다. 다만 GDI값은 표시하고 있는데 프랑스의 0.988보다 높은 국가에는 리투아니아, 폴란드, 핀란드, 카타르, 노르웨이, 미국, 스웨덴이 있다. 이 GDI값은 HDI값을 남녀를 나누어 계산하여 여성의 HDI값을 남성의 HDI값으로 나눈 값이다. 즉, 인간개발지수에서 여성의 인간개발지숫값이 남성의 인간개발지숫값에 비해서 큰 값이 GDI값이 큰 순위이다.

5　중등교육기관에서도 남학생 100명당 여학생의 수는 111명이며, 여성의 총교육연한 평균은 16.6년이지만 남성의 그것은 15.9년이다.

이중 부담을 겪는 것이 아닌지 의심이 든다. 여성이 자신도 모르는 사이에 정부의 가족정책에 따른 출산 지원으로 인해서 자녀를 출산하게 되지만 그럼에도 불구하고 경제활동에도 참여하게 된다면 여성은 과도한 부담을 지게 되는 것이다.

이런 점에서 여성의 관점에서 프랑스의 가족정책을 살펴볼 필요가 있다. 특히 출산장려정책을 중심으로 살펴보면서 혹시 이 정책이 여성에게 과도한 부담을 주는 것이 아닌지 알아보고자 한다. 우선 프랑스 가족정책의 변천사를 보면서 오늘날 높은 출산율을 유지하게 하는 가족정책에는 어떤 내용이 있는지 살펴볼 것이다. 이어서 오늘날의 프랑스 가족정책이 출산을 장려하는 것에는 성공했지만 여성의 관점에서는 어떠한 한계가 있는지 알아보고 프랑스의 출산장려를 위한 가족정책이 가지는 젠더적 의미를 알아보는 것으로 마무리하고자 한다.

2. 프랑스의 출산율 변화와 가족정책의 변화

1) 프랑스 가족정책의 역사

(1) 가족정책의 시작(1932~1965)

프랑스의 가족정책은 1932년에 시작되었다. 1932년 '랑드리 법'을 통해서 최소한 두 자녀를 가진 산업체 봉급자에 대해서 가족수당을 지급하는 원칙을 세웠고 이것이 프랑스 최초의 가족정책이라고 할 수 있다. 물론 이전에도 사적 제도와 공적 제도가 있었지만 독자적으로 제정되었던 것이고, 국가에서 가족수당의 지급원칙을 분명히 한 것은 아니었다. 프랑스는 이미 19세기 중엽 인구 증가가 주춤해지면서 인구 증가를 위한 대책 마련을 촉구하게 되었다(신행선, 2007: 157). 1870년 보불전쟁에서 패배하면서 프랑스는 더욱 인구 증가에 관심을 가지게 되었고 이에 대한 관심은 주변의 경쟁국들과의 전쟁에서 승리하기 위한 기본 정책으로 간주되었다. 더욱이 제1차 세계대전을 겪으면서 막대한 인명피해를 당한 프랑스는 제2차 세계대전 전까지도 계속해서 인구문제를 국가의 가장 심각하면서도 중요한 문제로 인식하게 되었다. 양차대전 사이에 산아제한을 주장하는 네오 맬서스주의자들과 출산증진주의자들의 격렬한 논쟁이 활발히 전개되었다(Muel-Dreyfus, 1996: 83). 이런 배경하에서 프랑스의 국력을 신장시키기 위해서는 지속적으로 인구가 증가되어야 하고 인구 증가를 위해 출산은 적극 장려되어야 하며 출산의 장려를 위해 가족은 모든 정책의 기본이 되어야 하며 또한 가족 중에서도 어머니에게는 모성역할에 대한 인정과 보상을 해주어야 한다는 논의가 전개되었다. 이것이 가족수당 원칙천명의 배경이 되었던 것이다. 결국 가족수당은 여성은 집에서 출산과 양육의 역할을 담당하고 그 역할을 담당하는 데 대해 국가가 보상해준다는 의미를 가지고 있다. 이러한 국가의 여성관이 어느 정도 변화하기 시작하는 것은 1960년대 중반 이후이다.

(2) 일하는 어머니 모델의 가족(1965~1981)

1960년대에 들어오면서 일하는 여성들이 등장하기 시작했고 2기 여성운동의 전개와 더불어 여성의 자기결정권 주장이 활발해지면서 가족정책은 변화하기 시작했다. 1970년대에 들어오면서 양육 책임으로 인해 기혼 여성들이 노동시장에서 불이익을 당하는 문제에 직면하면서 여성의 경제적 독립성을 증가시키기 위한 노동연관적 프로그램으로서 보육지원정책이 활성화되었다. 또한 획일적으로 지급되는 가족수당은 이것 없이도 살 수 있는 중산층 이상의 가족에게는 별 의미가 없는 것이었지만 빈곤층 가족에게는 중요한 수입원이었다. 그러나 이들에게 돌아가는 가족수당은 소액에 불과했기 때문에 형평성 논란이 발생하면서 수직적 보상이라는 소득재분배적 성격을 가진 수당으로 전화하기에 이르렀다. 게다가 1974년 '베이유 법'으로 여성의 낙태권이 인정되면서 국가의 인구 증진책의 일환으로 여성에게 인정되지 않았던 신체의 자기결정권을 인정하게 된 것이다. 이로써 인구 증가 중심의 가족정책이 여성 개인의 인권과 절충을 시도하기 시작했다고 볼 수 있다.

이 시기의 프랑스 가족정책은 기본적으로 여성을 '노동하는 어머니(Mère travaillante)'로 정의하고 여성의 노동권을 보장하기 위한 다양한 정책을 추진했다. 이러한 배경에는 첫째, 상당히 긴 기간 동안 여성들이 경제활동을 해온 역사적 전통, 둘째, 1960년대 말부터 1980년대 초까지 여성 노동력에 대한 수요의 증대, 셋째, 여성의 평균 교육수준의 지속적인 향상과 같은 사회적 조건 그리고 페미니즘의 영향이 있었다. 여성고용에 대한 광범위한 사회적 합의가 존재했고 어린 자녀가 있는 여성들의 취업에 대해서도 어느 정도 관대한 분위기가 형성되었다고 할 수 있다. 1965년 부부 간에 자신의 이름으로 각각 은행계좌를 개설할 수 있는 권한이 인정되었고, 가족수당 역시 먼저 가족의 소득을 고려한 다음 수당액의 혜택이 여성의 취업 여부에 관계없이 수당의 혜택을 받는 가족수당제도로 바뀌었다. 1972년 법에 따라 어머니가 유급 노동시장에서 취업을 하면 자녀가 한 명이라도 있는 가족을 위한 보육비수당(allocation pour frais de garde)을 지급하게 되었다. 그러나 1980년대 중반 이래 세계화의 확산과 청년층의 실업이 증가하면서 정책이 다시 바뀌기 시작한다.

(3) 노동하는 어머니, 자녀를 돌보는 가족(1981~1995)

1981년 미테랑의 사회당 정권이 5공화국 최초의 좌파 정권으로 등장하면서 프랑스의 가족정책 모델은 다시 한번 바뀌게 되었다. 가장 큰 이유 중 하나는 프랑스의 인구 증가가 다시 어느 정도 주춤하기 시작했기 때문이다. 이를 해결하기 위해서 출산을 장려해야 한다는 목소리가 커졌다. 또 다른 이유는 1970년대 말부터 사회문제가 되기 시작한 청년층의 실업으로 인해 청년을 위한 일자리 마련이 시급한 문제로 나타났기 때문이다. 이러한 두 가지 사회문제를 해결하기 위해서 여성노동에 대해 우호적이었던 이제까지의 정책으로부터 출산한 여성들이 가정에 있도록 하기 위한 정책을 추구했다. 하나는 가정에서 개별적으로 고용하는 보육인의 임금 중 일정 비용을 국가가 지원하는 정책이며 다른 하나는 출산한 여성이 육아휴직을 할 경우 국가에서 임금의 일부를 지원하는 제도이다.

후자의 정책은 이미 1970년대에 마련되어 있었으나 당시에는 2년의 육아휴직 이후 직장으로의 복귀에 대한 보장이 이루어지지 않았고 육아휴직에 대한 사회보장의 권리가 인정되지 않았다. 1985년에 마련된 양육부모수당은 세 자녀 이상의 양육으로 말미암아 유급 노동시장에서의 경제활동을 포기하는 부모에게는 소득상실액의 일부를 보전하는 것으로 사회보장의 권리도 인정하면서 출산한 여성에게는 유상의 육아휴직의 가능성을 보장하는 제도라고 할 수 있다. 전자의 제도, 즉 자택 보육수당제는 고용정책과 가족정책을 연계한 방식으로 3세 미만의 자녀를 자택에서 돌보는 보육자를 고용할 경우 국가가 지원하는 방식이다. 이 방식에 의해서 국가는 자택보육자라는 새로운 직업군을 탄생시켜 고용 효과를 창출할 수 있었으며, 이는 또한 공적인 시설보육의 지원보다는 개별적인 가정보육 지원을 강화하려는 일종의 가족정책의 일환이었다고 할 수 있다.

이러한 두 가지 제도는 오늘날 프랑스 가족정책의 특징을 잘 보여준다. 한편으로 일하는 여성의 상을 인정하면서 다른 한편으로 보육에서의 가족의 역할을 강조하는 이중적인 정책이라고 할 수 있다. 이것은 여성을 양육자로 보고 가족정책을 추진하는 독일의 정책과는 노동하는 여성 상을 인정한다는 점에서 차이가 있으며 개인주의적 접근 방식을 보여주는 스웨덴 모델과는 양육의 책임이 일차적으로 가족에 있다는 것을 강조한다는 점에서 차이가 있는 독특한 모델이라고 할 수 있다.

(4) 가족의 중심은 자녀(1995~현재)

1990년대 중반 프랑스의 가족정책은 1980년대에 마련된 기본 모델로부터 크게 변화하지 않았다. 여러 개로 나뉘어 있던 출산장려제도를 하나로 합하여 유아환영정책이라는 제도로 통합했다. 이 제도는 세 가지로 분류될 수 있는데, 첫째, 자녀를 낳은 모든 가족에게 기본지원금을 제공하고, 둘째, 소득별, 계층별, 선택적 추가 지원제도로 지원하고, 셋째 양육시스템을 개선하는 것 등으로 이루어진 정책이다. 1995년 이후에 가장 큰 변화라고 할 수 있는 것은 가족에게 초점을 맞추었던 국가의 지원이 자녀에게 초점을 맞춰서 여러 개로 나뉘어 있던 정책을 유아환영정책이라는 하나의 틀로 통합한 것이다.

이러한 변화와 더불어 프랑스에서의 가족의 개념 자체도 큰 변화를 겪었다. 프랑스의 가족정책에서 두 번째로 관심을 끄는 부분은 프랑스 법에서 인정하는 가족의 정의이다(김민정, 2011: 74~96). 프랑스 가족정책은 1970년대까지는 공식적이고 형식적인 부부에게만 적용되는 법이었다. 1980년대 사회당 정부가 들어서면서 미테랑 대통령은 좌파 대통령으로서 가족의 다양성을 고려하여 결혼, 가족 형태, 출산, 여성 취업에 대해서 국가 불간섭 입장을 채택했다. 곧 혼전 동거보다 법적 결혼에 의한 가족 형성이나 한부모 가정보다는 양 부모 가정을 정책적으로 장려하던 기존의 정부 입장에서 벗어나 국가가 가족의 형태에 대해서 언급하는 일을 자제했다. 1987년 '말루레 법(Loi Malhuret)'에 의해서 양 부모에게 인정되던 부모의 권리에 관한 행사를 결혼하지 않은 동거 형태의 커플, 이혼한 커플에게도 인정하는 것으로 바뀌었다. 이후의 각종 가족관계법에서는 가족이라 함을 지칭할 때 결합에 의해서 맺어진 관계로 지칭함으로써 공식적인 결혼에 의한 커플만을 가족이라고 정의하지는 않았고 동거 및 한부모 가정 등 다양한 형태를 포함해서 법의 대상으로 정해두었다

두 번째 큰 변화는 1990년대 말에 발생했다. 그것은 동성 커플에 대한 법의 인정이다. 1999년 프랑스는 '팍세 법(Loi PACSER)'(프랑스의 연대시민계약과 사실혼에 관한 법)을 통과시키면서 가족의 형태에 대해서 또 한 번 큰 변화를 가져왔다. 이제까지의 가족은 이성 간의 결합을 전제로 한다면 '팍세 법'에서 인정한 가족은 모든 연대시민계약에 바탕을 둔 동성 간의 결합까지도 의미하게 된 것이다. 연대시민계약은 공동생활을 영위할 목적으로 이성 또는 동성의 성년 자연인 사이에서 체결되는 계약으로 못박고 동성 간의 결합에서도 이성 간의 결합에서와 같은 권리가 발생하는 것으로 정의한다. 이로써 프랑스는 이성 간의 결합만을 고집하던 기존의 정책을 포기하고 동성 간의 결합에도 같은 권리를 부여한 것이다.

이러한 가족 형태의 다양화는 기존의 가족 모델에서 가지고 있던 남녀 성역할에 대한 전통적인 구분이 더 이상 적용되지 않음을 보여준다. 프랑스는 기본적으로 전통적인 성역할을 가족 내에서 인정하는 정책을 취하고 있지만 새로운 가족 형태 속에서는 이러한 성역할이라는 것이 무의미하게 되었다. 남성-남성의 가족 형태 속에서 여성이라는 성은 존재하지만 전통적인 가족에서 행하던 여성의 역할을 남성인 누군가가 행함으로써 사실상의 전통적인 남녀 간의 성역할 구분이라는 것은 의미가 없어졌다.

2) 가족정책 유형에 따른 출산율

프랑스의 출산율은 1960년대보다는 낮아졌지만 1980년대 이후만을 놓고 본다면 약간의 상승을 보일 정도로 전 세계적으로 저출산시대임에도 불구하고 안정적인 출산율을 보여주고 있다. 프랑스 가족정책의 유형은 성별역할분리형으로서 남녀 간에 성별 역할의 분리가 분명히 존재하지만 각 역할별로 국가의 지원을 받을 수 있는 유형이다. 즉, 여성에 대한 어머니로서의 사회적 성역할이 부여되지만 남성생계부양자형과는 달리 어머니로서의 역할에 따른 사회보장 및 국가의 지원을 받을 수 있다. 성별분업해체형에서는 스웨덴의 경우를, 성별역할분리형에서는 프랑스의 경우를, 남성생계부양자형에서는 네덜란드의 경우를 살펴보면 성별역할분리형에서 출산율이 가장 안정되게 증가되고 있다.

성별분업해체 유형인 스웨덴의 경우 출산율은 1975년에서 1990년까지 0.36명이 증가하여 상당히 높았지만 그 이후 1990~2000년 10년간은 오히려 0.19명이 감소했다가 2000년대가 지나면서 다시 증가 추세에 놓이고 있다. 반면 성별역할분리형인 프랑스의 경우에는 1975년~1990년 사이에는 감소했지만 그 이후 2000년에 이르러 0.18명이 증가했고 2006년 이후에는 1.98명에 이르고 난 이후 2.01명으로 지속되고 있다. 반면 네덜란드는 남성생계부양자형에서는 1980년대까지 급속한 출산율의 하락을 보이다가 이후 하락세는 주춤했으나 세 가지 모델의 가족 패러다임 가운데 출산율은 가장 낮은 편이다. 이렇게 볼 때 가족에 대해서 지원하면서 여성을 돌봄노동자이면서 동시에 임금노동자로 간주하는 프랑스 모델이 출산증가 유지에 유효함을 통계로 알 수 있다.

실제로 프랑스는 19세기 초부터 인구가 급속히 감소했다. 19세기 초 3.3명이었던 합계출산율은 20세기에 들어오면서 1.95명으로 줄어들었다

그림 4-1

국가별 출산율의 변화

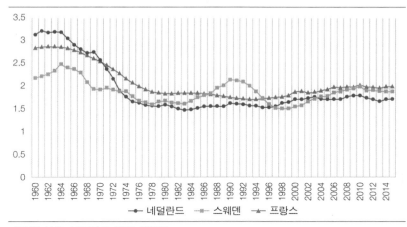

자료: World Bank(2017)의 내용을 재구성함.

(민유기, 2011: 215~255). 외부의 유입이 없다면 부모가 두 자녀를 낳는 것, 즉 합계출산율 2.0명이 인구를 유지하는 자연적 기준인데 프랑스에서는 이미 20세기 초에 2.0명 이하로 떨어지는 인구 감소 현상이 나타났다. 1911년 1.90명이던 합계출산율은 제1차 세계대전의 종전과 더불어 돌아온 젊은 병사들이 결혼하고 자녀를 출산함으로써 1920년 2.14명으로 상승했지만 1928년 이후 다시 감소를 시작하여 1938년에는 1.46명으로 크게 낮아졌다. 이러한 합계출산율의 감소는 총인구의 정체를 가져왔다. 1900년에서 1939년 사이 프랑스 총인구는 3% 증가했지만 같은 시기 독일 인구는 36%, 이탈리아 인구는 33%, 영국 인구는 23% 증가했다. 이 3%의 증가도 출산으로 인한 것이 아니라 이민자의 유입으로 인한 것이었다. 제1차 세계대전 이후 이민이 크게 늘어나면서 1931년 총인구의 7%가 이민자가 되었다. 제2차 세계대전을 겪으면서 출산율 감소는 프랑

스의 안보에 치명적이라는 생각을 하게 되었고 좀 더 적극적인 출산장려 정책이 필요하다는 사회적 합의가 형성되었다.

한편 2기 여성운동과 더불어 여성의 사회적 활동에 대한 요구가 거세지면서 여성들은 더 적극적으로 경제활동 및 사회활동을 하게 되었다. 물론 여성의 경제활동 권리에 대한 주장은 18~19세기에도 있었지만 본격적으로 노동의 권리를 주장하게 된 것은 1960년대 2기 여성운동과 더불어서이다(김민정, 2004: 297~299, 2005: 326~328). 우선 여성들은 가족과 여성노동과의 관계 재정립을 요구했다. 프랑스 사회에서는 기본적으로 여성을 가사 영역에서 활동하는 존재로 보기 때문에 여성이 혹시 임금노동에 종사한다고 하더라도 그 노동이 가족에게 영향을 주지 않는 범위 내에서 이루어져야 한다는 합의가 오래도록 존재해왔다. 이런 배경하에서 여성을 보호한다는 명분으로 여성의 직업활동에 많은 제약을 두었고 그것을 일반적으로 '보호입법'이라고 불렀다. 1874년 보호입법에서는 여성은 광산과 채석장에서 일할 수 없었고 미성년 여성들은 야간노동에 종사할 수 없도록 규정했다. 1892년 야간노동금지가 모든 여성들로 확대되었고 하루에 10시간 이상은 일할 수 없도록 규정했다. 1909년에는 8주간의 무급 모성휴가를 규정했고 1928년이 되어서야 유급휴가로 바뀌었다.

1974~1975년이 되면서 사회가 점차 바뀌어 여성들이 다양한 직업의 영역에 들어갔고 사회활동을 하는 여성들을 죄악시하지 않게 되었는데 이것은 의식의 진보를 의미하는 상징적인 표시가 되었다. 그러나 여론은 그렇게 완전히 바뀌지 않았다. 1979년에는 프랑스인 중 40%는 아이가 아직 어릴 때는 여성은 일하지 말아야 한다고 생각했고 1982년에도 여전히 29%가 이런 의견을 가지고 있었다(Mendras, 1988: 220~224). 이제 여성들은 가족정책의 연장 속에서 여성을 바라보는 것이 아니라 노동할 권리를 가진 여성으로 간주해달라는 주장을 펴게 되었다. 그러면서 동시에

여성들은 임신과 출산, 육아라는 사적 영역에서의 많은 부담을 동시에 지고 있기 때문에 이에 대한 국가의 지원이 필요하다는 입장이었다. 이런 관점에서 페미니스트들은 기존의 출산휴가, 양육, 시간제 노동과 같은 분야의 입법에 대해서 재평가했다. 출산휴가의 경우 1977년 제출된 법안에는 원래 '어머니휴가(congé de mère)'로 되어 있었다. 산모들은 양육을 위해서 2년까지 휴가를 낼 수 있었고 6개월씩 나누어서 이 휴가를 사용할 수 있었다. 페미니스트들은 출산휴가 자체에는 찬성했지만 어머니휴가라는 명칭에 반대했다. 이것은 출산 후 양육을 전적으로 여성의 의무로 여기는 것을 의미하여 아버지가 육아에 참여할 여지를 없앴다고 주장했다. 결국 의회에서 이 법안이 토론에 붙여졌을 때 '어머니휴가'는 '부모휴가(congé de parents)'로 그 명칭이 바뀌어 통과되었다(Stetson, 1987: 138). 이러한 국가정책은 결국 출산장려와 동시에 여성들의 노동권을 인정해나가고 있음을 보여주었다.

두 번째 1936년 마티뇽 합의에서 여성의 임금은 남성 임금의 15% 이내가 되도록 했다. 1946년에 이르러서야 비로소 여성 임금이라는 말이 사라지고 단일한 임금체계를 가지게 되었다. 1946년 4공화국 헌법과 1958년 5공화국 헌법은 성 간의 법적인 평등을 보장했다. 프랑스는 1952년 ILO의 육체노동자의 평등임금협약에 가입했고 1957년 로마조약에도 가입하여 로마조약 119조 남녀노동자의 평등한 임금에 동의한 바 있다. 그러나 문제는 프랑스 국내의 법질서에는 이를 현실화시킬 수 있는 제재조치가 없다는 것이었다(뒤프, 2000: 247). 1970년대 유럽공동체에서 동일임금지침이 나오면서 프랑스의 여성노동자들은 동일임금요구를 거세게 전개했다(김민정, 2003: 245). 1983년 프랑스 정부는 성차별을 없애고 고용에서의 남녀기회평등을 증진하는 포괄적인 입법을 추진했다. 이것은 정부가 여성을 가정에서의 역할과 별도로 노동자로서 간주함을 의미하는 획기적인 변화라고 할 수 있다. 이러한 과정을 거쳐서 프랑스 정부는 출산장려와 더불어 노동하는 여성이라는 이중적인 가족정책의 기반을 마련했다.

이러한 기반하에 이루어진 프랑스의 가족정책은 기본적으로 성별역할분리 유형에 충실하여 엄격한 성별역할분리를 지향하지만 네덜란드와는 달리 여성들에 대한 이중적인 관점, 즉 출산장려를 위해 다양한 혜택을 부여함과 동시에 노동하는 여성상을 굳혀왔다. 이러한 가족정책은 실제로 그 정책목표를 달성하여 가장 안정되게 합계출산율을 증가시켜왔다고 평가된다. 남성생계부양형의 경우 기본적으로 여성의 모성, 주부 역할을 강조하기 때문에 여성이 가정에서 자녀를 양육할 것을 기대한다. 국가는 출산이나 가족에 소극적으로 개입하게 되는 기본적인 가족 복지 수준을 유지하는 정도에 그치는 경향이 있다(이재경 외, 2005: 146). 따라서 적극적인 출산장려정책을 사용하지 않기 때문에 출산율이 저조한 형태를 방치하는 경향이 있다. 이 모델의 경우 어린 자녀를 둔 어머니는 양육에 전념해야 한다고 생각하고 또 사회에서도 그러한 시각으로 어머니의 역할을 기대하고 있기 때문에 직장을 그만두고 양육에 전념할 가능성이 높다. 만약 직장 경력을 유지해야 한다고 생각하는 어머니의 경우에는 출산을 하지 않을 것을 심각하게 고려하게 되어 출산율이 낮아질 수 있다(Sallea, Rossier and Brachet, 2010: 1082~1083). 자녀가 어릴 때는 어머니는 외부활동을 그만두고 자녀 양육에 최선을 다해야 한다고 생각한다. 그래서 어머니에게 자녀를 가진다는 것은 자신의 경제적 활동의 경력을 포기해야 함을 의미하며 동시에 가족으로서도 어머니의 경제활동으로 인한 경제적 이익을 포기함을 의미한다. 게다가 외부의 양육기관에 대한 국가의 지원이 적극적이지 않아 여성들은 더욱 자녀 양육과 직장생활을 병행하기 어렵기 때문에 직장생활을 원하는 여성들은 자녀 출산을 꺼릴 수밖에 없다.

한편 스웨덴의 성별역할해체형의 경우에는 기본적으로 경제활동에서든지, 가족 내에서든지 성적 불평등을 없애려는 경향이 강하기 때문에 적극적인 출산장려보다는 가족 내 역할과 의무 분담에서 평등한 관계 유지를 목적으로 한다(이재경 외, 2005: 144). 따라서 출산장려문제에는 깊이 개입하지 않기 때문에 합계출산율 저하에 별다른 정책을 취하지는 않는다. 스웨덴의 경우 가족수당이 프랑스와 비교해보면 그다지 많지 않다. 다른 사회보장수준은 상당히 높지만 가족수당은 프랑스에 비해서 그다지 높지 않은 이유는 양육비를 전폭적으로 지원할 경우 여성들이 가족 내 육아에 전념하여 오히려 사회활동을 줄일 가능성이 높다고 판단하기 때문이다. 따라서 출산장려 혹은 저출산에 대한 대책이라는 측면에서만 본다면 직접적으로 출산장려에 국가가 개입하려는 의지가 강한 성별역할분리 유형의 가족정책이 가장 효과적이라고 할 수 있다. 이런 점에서 프랑스 출산장려를 위한 가족정책을 살펴보는 것은 큰 의미가 있다.

3. 프랑스 출산장려를 위한 가족정책

1) 출산장려를 위한 프랑스 가족정책의 내용

프랑스의 가족정책은 사실상 프랑스 사회보장정책의 핵심 가운데 하나이다.[6] 프랑스는 GDP의 3.5% 이상을 가족정책에 지출하고 있으며 이것은 OECD 국가 가운데 가장 높은 비율이다. OECD 국가들이 평균

---

6   프랑스 5대 사회보장정책은 첫째, 실업자정책, 둘째, 고령화정책, 셋째, 보건정책, 넷째, 장애인정책, 다섯째, 가족정책이다.

GDP 중 2.3%를 가족정책에 사용하고 있는 데 비해 프랑스는 훨씬 많은 비용을 가족정책에 사용하고 있는데, 현금지원, 현물지원, 세금감면 등의 형태로 다양하게 가족을 지원하고 있다. 이렇게 가족지원에 막대한 국가 재정을 사용한다는 것은 그만큼 국가가 가족을 중요한 사회적 단위로 생각하고 있으며 건강한 가족이 국가 발전에 중요한 기초라는 것에 대한 국민적 합의가 존재하고 있음을 보여주는 좋은 예이다.

프랑스가 가족정책에 사용하는 재정의 원천은 기업의 사회적 기여금과 지자체의 조세, 중앙정부의 지원이다(신윤정, 2000: 97~107). 기업의 사회적 기여는 자영업자와 고용인들이 내는 기여금이다. 이것은 프랑스에서는 앵글로 색슨국가에서와는 달리 세금으로 간주되지 않는다. 세금은 생산수입, 재산수입에 부과되는 데 비해서 사회적 기여(cotisations sociales)는 고용주가 고용인에게 임금을 지불할 때 전체 임금의 일부를 사회보장에 지불하는 것을 의미한다. 프랑스의 사회보장은 국가의 세금에서 지불되는 것이 아니라 고용주가 고용인에게 지불하는 임금의 일부를 내서 모은 사회보장기금으로 주로 운영되며 병자, 산모, 장애인, 사망, 노년, 미망인, 산업재해 등의 명목으로 지불되고 있다. 여기에 2004년 새로운 기여금이 생겼는데 그것은 자율연대기여금으로 공사기업의 고용주가 고용인의 건강보험을 위해서 지불하는 기여금이다. 사회적 기여금은 전체 가족정책에 사용되는 재정의 66%를 차지하고 있다.

두 번째는 지자체의 조세다. 이 조세는 주로 알코올이나 담배에 붙는 관세, 자동차 보험세, 공해세, 임금에 대한 세금, 재산세 등의 일부로 구성된다. 지자체의 조세가 가족정책에서 차지하는 비중은 점차 확대되고 있다. 세 번째의 재정 원천은 중앙정부에서 이관된 재정이다. 중앙정부는 연대 목적을 위한 지출, 즉 최저임금 보장을 위한 지출, 연금 등의 재정적 지원을 한다. 또한 저소득층의 세금 면세 혹은 감면 등에 사용된다.

프랑스 가족지원정책의 목표는 여성들이 취업과 출산 중 하나를 선택하도록 하지 않고 일과 육아를 양립할 수 있도록 지원한다는 것이다. 프랑스는 출산율이 높음과 동시에 여성들의 경제활동 참여도 높은데 이것은 경제활동을 하려는 여성들이 직장과 출산 (혹은 육아) 가운데 하나를 선택할 필요 없이 양자가 양립 가능하도록 국가에서 지원하고 있음을 의미한다.[7] 프랑스의 출산율은 2.07명에 이르고 있고 25~54세 여성들의 노동시장 참여율 역시 유럽 국가 중 상당히 높은 수준인 73.4%에 이른다. 유럽 대부분의 국가에서는 출산율이 높은 국가의 여성들이 취업률 역시 높음을 알 수 있는데 이는 부분적으로 국가정책의 효과라고 할 수 있다. 반면 출산율이 낮은 우리나라나 일본, 그리스, 이탈리아, 스페인, 헝가리 등의 국가에서는 여성들의 취업률 역시 낮아서 60% 이하로 떨어져 있다. 이것은 여성이 일과 육아를 함께하는 것이 가능한 사회에서는 출산율이 높으면서 취업률도 높음을 말한다. 이를 위해서 출산에 따르는 지원과 더불어 보육시설의 확충을 기본으로 하여, 자녀 양육과 관련된 다양한 수당정책을 추진함으로써 여성들에게 출산 및 육아라는 것이 자신들의 사회적 경력을 추구하는 것에 아무런 걸림돌이 되지 않도록 국가가 지원해줘야 한다.

(1) 임신 및 출산 관련 지원

프랑스의 가족정책은 임신 및 출산으로부터 시작된다. 임신 기간에 '출산 및 입양 특별수당(la prime à la naissance ou à l'adoption)'이 지원된다.

---

[7]　0~2세의 자녀를 가진 어머니의 고용률이 프랑스의 경우 60%가 넘는데 이는 OECD 회원국 가운데 비교적 높은 편에 속한다. 가장 높은 국가는 덴마크인데 거의 80%에 육박한다. 그러나 많은 국가들의 경우 0~2세의 자녀를 둔 어머니들의 상당 부분이 육아휴직을 선택할 수도 있기 때문에 0~2세 자녀를 둔 어머니의 고용률이 높다고 반드시 일·가정 양립이 잘되어 있다고 보기는 어렵다(OECD, 2018).

일정 소득 이하 가정에 대해 출산 다음 달에 923.09유로가 지급되며 다
태아를 임신한 경우에는 그 수만큼 배로 지급받는다. 자녀 입양의 경우
에는 일시불로 1846.18유로를 지급받는다. 이 특별수당은 중산층 이하
에만 지원되며 자녀 수에 따라서 수당 수혜기준액에 차이가 있다.

표 4-1

출산 및 입양 특별수당 수혜를 위한 부모 연봉 하한선(2017년)

	홑벌이 부모	한부모 및 맞벌이 부모
자녀 1명	35,872유로	45,575유로
자녀 2명	42,341유로	52,044유로
자녀 3명 이상	48,810유로	58,513유로
추가 자녀당	6,469유로 추가	

자료: 주프랑스대사관(2017).

두 번째 지원금은 자녀 출생 시부터 3세 때까지 지급되는 기초수당
(l'allocation de base)이다. 이 수당 역시 중산층 이하에만 지급되며 그 기준
은 출생 시의 특별수당 기준과 마찬가지이다. 해당되는 가족에게 매월
92.31유로 또는 184.62유로가 지급된다.

표 4-2

기초수당 수혜를 위한 소득 상한표(2017년)

자녀 수(2014년 이후 출생 기준)	184.62유로 지급 대상		92.31유로 지급 대상	
	외벌이	맞벌이	외벌이	맞벌이
1	30,027유로	38,184유로	35,872유로	45,575유로
2	35,442유로	43,563유로	42,341유로	52,044유로
3	40,587유로	48,978유로	48,810유로	58,513유로
추가 자녀당	추가 자녀당 6,469유로			

자료: 주프랑스대사관(2017).

(2) 0~3세 미만

태어나서부터 3세가 될 때까지의 혜택은 크게 두 가지로 나뉘는데 하나는 보육서비스이고 다른 하나는 현금지원이다. 현금지원은 부모가 양육으로 인해 취업을 중단하게 될 경우, 상실하게 되는 임금을 보존해 주기 위한 지원이며 부모가 취업을 계속하게 될 경우 양육에 비용을 지불할 수 있도록 지원하는 현금지원이다. 즉, 부모는 양육으로 인해서 취업을 중단해도 지원을 받게 되고 계속 취업을 해도 지원을 받게 된다. 따라서 양육 때문에 취업을 중단할 필요가 없게 된다. 취업을 중단 혹은 단축할 경우 '경제활동의 자유선택 보조금' 혹은 '활동의 자유선택에 대한 선택적 보조금'이 지불되고 직장생활을 계속할 경우 '보육 방식에 대한 자유선택보조금'이 지급된다.

육아휴직의 경우에는 사회보험 형태로 지급되지 않고 수당 형태로 지원되어 자녀가 3세가 될 때까지 최대 6개월간 지원을 받는다. 다른 국가에 비해서 6개월간의 짧은 기간 동안만 지원을 하는 이유는 여성들이 육아로 인해서 오랫동안 취업을 중단하지 않도록 하기 위해서이다. 취업활동을 계속하면서 자녀 양육을 위해서 제3자를 고용하는 경우에는 '보육 방식에 대한 자유선택보조금'을 지급받는데 이 보조금은 3명 이상의 자녀를 둔 가정에 한해서 지원된다. 이 지원금은 보육기관에 아이를 보내는 비용으로 사용할 수도 있고 사적인 보육서비스를 제공하는 데 사용할 수도 있다. 정부에서는 보육사의 자질과 보육서비스의 질을 향상시키고자 재가보육사를 양성하고 이들의 고용 안정성과 근로조건을 개선하고자 노력하고 있다.

또 다른 지원은 보육서비스로 3세 미만의 영아들을 부모가 직접 돌보거나, 공동 육아시설(crèches, 이하 크레슈)에서 보육하거나, 인가된 재가보육사에 의해서 보육시키는 데에 대한 지원이다. 다양한 보육 방식 중

어느 것을 택하더라도 국가는 선택한 방식에 맞게 지원하고 있다. 공동 육아시설을 선택할 경우 가족정책기금으로부터 지원이 이루어진다. 공동 육아시설은 종일제와 부모의 필요에 맞게 맞춤식으로 서비스가 제공된다. 크레슈의 경우 산전후휴가가 끝나는 4개월부터 등록하여 3세 이전까지 맡길 수 있다. 크레슈의 종류는 지자체에서 운영하는 지역 크레슈, 기업에서 운영하는 기업 크레슈, 부모들이 공동으로 운영하는 부모 크레슈가 있다. 지자체에서 운영하는 지역 크레슈는 특히 저소득층에서 저렴한 비용으로 이용할 수 있도록 마련된 것으로 전국적으로 동일하게 비용이 책정되어 있고 가계 소득에 따라, 자녀 수에 따라 차등으로 비용을 지불한다. 현재 1시간당 0.3유로에서 최대 4유로까지 지불하도록 되어 있고 나머지 비용은 지자체 혹은 가족수당금고에서 부담하도록 되어 있다.

(3) 3~6세 사이의 유아

프랑스 가족정책의 특징 가운데 하나는 유아조기교육이다. 유아조기교육은 여성들이 가정과 직장을 병행하는 데 필수 요소라기보다는 국가의 교육정책의 일환으로 교육부 주관으로 이루어지는 정책이다 (Letablier, 2008). 프랑스 조기교육은 19세기에 창설되어 지속되어오다가 1980년대 이후 빠르게 확산되어 프랑스 전역에서 실시되고 있다. 제2차 세계대전 직후에는 27%의 유아만이 이 조기교육을 받았지만 2005년 현재에는 97%의 유아가 조기교육시설에 다니고 있으며 이 중 70%는 종일반에서 수학하고 있다. 조기교육시설은 완전히 무료이며 점심 식대와 방과후 보육에 대한 보조금을 지불하기만 하면 된다. 사실상 이 조기교육으로부터 의무교육이 시작되며 이러한 의무교육은 고등학교까지 계속된다.

한편 시설에 자녀를 보내지 않고 보육담당 사회복지사 혹은 보육 도우미를 고용하여 자녀를 돌보기를 원하는 가정의 경우에는 그 비용을 지원받을 수 있다. 이러한 지원은 조기교육기관에 다니는 유아들도 방과후나 공휴일에 보육서비스를 제공받을 수 있게 한다. 조기교육시설에 자녀를 보내지 않고 보육사에 의해서 보육을 시킬 경우 국가가 지급하는 보조금은 '보육담당 사회복지사의 고용을 위한 가족보조금'으로서 소득수준에 따라 차등 지급된다. 가장 저소득층에는 월 90유로가 지불된다. 보육도우미를 고용할 경우에는 '재가보육수당'을 지원받는데 본인이 지불해야 하는 비용의 50%를 지원받을 수 있고 3분기당 최대 570유로까지 지원받을 수 있다. 재가보육수당을 지원받기 위해서는 부모가 최소한의 직업활동을 해야 한다.

(2) 취학아동

자녀가 가정 내의 피부양자로 남아 있는 동안에는 국가가 자녀 양육에 대한 수당을 지원하는데 그것은 가족수당과 가족보조금이다. 가족수당과 가족보조금은 둘째 자녀 이상에게만 지급하기 때문에 분명히 출산장려적인 성격을 가진다. 가족수당은 소득수준에 관계없이 보편적으로 두 자녀 이상을 가진 부모에게 지급되며 다른 수당과 중복하여 지급한다. 이 수당은 피부양자인 자녀가 2명 이상이 될 때에만 지급하기 때문에 2명의 자녀가 있는 경우 큰 아이가 피부양자가 아닌 나이에 이르게 되어 피부양자가 작은 아이 하나만 남게 되면 지급은 중단된다. 가족수당[8]은 2명의 자녀가 있는 가정에 월 129.47유로가 지급되고(저소득층 기준) 3명의 자녀가 있는 가정에는 295.35유로(저소득층 기준), 4명이 있는 가정에는

---

8 가족수당은 2015년 이전에는 가계의 소득에 상관없이 지불되었지만 2015년 7월부터 부부 월소득 합계가 5600유로 이상인 경우 현재의 1/2, 7400유로 이상인 경우는 1/4로 감소되었다.

441.48유로, 자녀 1명이 추가될 때마다 158.78유로를 더 지급한다. 이 가족수당은 자녀가 성장하면서 양육비가 증가함을 감안해 아이들이 자라면서 수당액도 증가한다. 가족보조금은 3세 이상 21세 미만의 자녀가 최소 3명 이상인 가정에 지원해주는 수당으로 매월 81.87유로를 지원한다. 이 수당은 중산층 이하에게만 지급되며 3명에서 한 아이가 추가될 때마다 수당을 받을 수 있는 연봉의 기준이 상향조정된다.

(5) 특별지원

이 이외에 특수 계층에 대한 또 다른 지원이 있다. 첫째, 한부모 가정에 지급되는 가족지원수당으로 이는 소득수준에 상관없이 한부모 가정의 자녀에 대해서 출산 이후 4개월 동안 지급되는 긴급보호적인 성격을 가진다. 둘째, 장애아교육수당으로 장애아에 지원되는 수당이다. 이것은 부모의 직업활동 감소 및 중지 여부와 자녀의 건강 상태에 따라서 차등으로 지급되며 적게는 월 90유로에서 많게는 월 1010유로까지 지급되고 자녀연령이 20세가 될 때까지 지급된다. 셋째, 아이가 심하게 아프거나 사고를 당한 경우 혹은 장애자 자녀를 돌보기 위해 지급되는 수당으로 '아이 곁에 있어야 하는 부모의 매일 수당'이다. 매일 수당의 액수는 부부의 경우 월 41유로, 한부모의 경우 월 49유로로 3년의 한도로 310일 동안 지원받을 수 있다. 넷째, 개학수당으로 저소득층의 취학자녀(6~18세)가 학교 개학 준비를 위해서 드는 비용을 보조하는 비용으로 자녀의 나이에 따라 차등 지급된다. 지원 액수는 6~10세의 경우 연 280유로, 11~14세의 경우 연 296유로, 15~18세의 경우 연 306유로가 지급된다.

(6) 출산휴가, 아버지휴가, 육아휴직

여성들에게 출산휴가가 의무적으로 주어져서 모든 직장에서는 최소

표 4-3

자녀 수에 따른 출산휴가 기간

태어날 자녀 수	기존 자녀 수	산전휴가 기간	산후휴가 기간
1	0 또는 1	6주	10주
1	2 이상	8주	18주
2	-	12주	22주
3 이상	-	24주	22주

자료: 주한프랑스대사관(2017).

8주의 혜택을 주도록 의무화하고 있다. 이 가운데 최소 6주는 반드시 산후휴가로 실시하도록 되어 있다. 의학적 진단이 있는 경우에는 산전휴가 최대 2주 및 산후휴가 최대 4주가 추가로 주어질 수 있다. 또한 태어날 자녀의 수에 따라서, 기존 자녀의 수에 따라서 주어지는 출산휴가가 다르다. 출산휴가의 경우 유급휴가로 자신의 급여의 84~100%를 받을 수 있다(평균 98.4%)(Addati, Cassirer and Gilchris, 2015: 14).

이와 더불어 아버지의 출산휴가(부성휴가)도 규정되어 있는데 아내의 출산 후 3일의 법정휴가와 더불어 출산전후 추가 휴가가 최대 11일(공휴일과 주말 포함) 가능하다. 출산 장소(국내외)와 법적 결혼관계 및 육아 담당 여부와 상관없이 주어지는 기간이며 출산 이후 4개월이 지나면 자동으로 소멸된다.

또한 양육 기간 중에 양육을 목적으로 부부는 휴직을 신청할 수 있다. 이 경우 부부가 합산해서 휴직이 가능한 기간은 첫째 자녀의 경우 12개월이고 둘째 자녀부터는 36개월까지 가능하다. 이 기간을 부부 중 한쪽이 모두 사용할 수 없도록 되어 있고 첫째 자녀의 경우 부부는 각각 6개월씩을, 둘째 자녀부터는 부부 중 1인이 12개월, 다른 1인이 24개월까지 사용할 수 있다. 이 경우 부부 한쪽이 첫째 자녀의 경우 6개월을 사용하지 않는다면 그 휴직은 다른 부부 중 한쪽이 사용할 수 없도록 하여 아버지와 어머니가 공히 함께 육아휴직를 사용하도록 하고 있다. 육아휴직을 부분적으로 사용하여 주 16시간 이상 시간제 근무로 일을 계속하는 것도 제도적으로 가능하다.

(7) 가족 소득공제

자녀가 2명 이상인 가정에 대해서는 소득세 및 주거세에 혜택을 주는 것도 가족정책의 일환으로 출산을 장려하는 목적으로 사용되고 있다. 자녀 2명까지는 각 소득공제 1/2명 단위로, 세 번째 자녀부터는 소득공제 1명으로, 네 번째 자녀부터는 각 1/2명으로 공제 혜택을 주며 장애아인 경우에는 여기에 1/2명을 추가하고 있다.

(8) 보육시설의 확충

프랑스의 부모들이 일과 양육을 병행할 수 있도록 프랑스 정부는 각종 보조금 및 가족수당을 통해서 출산과 양육에 따르는 비용을 국가가 어느 정도 지원해주는 것과 더불어 더 많은 보육시설을 확충하는 데 힘쓰고 있다. 프랑스의 보육시설은 크게 집단 보육시설과 가족 보육시설로 구분된다. 집단보육시설은 소속된 보육사가 일정한 시간 동안 영유아를 보육하는 일반적인 유형의 보육시설이고 가족 보육시설은 영유아를 보육하는 개인 보육사 혹은 부모들이 자녀가 다양한 활동을 영위하도록 하루 중 특정 시간을 보육시설에 함께 모여서 영유아를 돌보는 공동 보육시설을 의미한다. 이 가운데 대부분은 공공 보육시설로서 집단 어린이집 가운데는 공공 보육시설이 73.2%, 가족 보육시설 가운데 공공 보육시설은 91.3%에 달한다. 나머지 일부 비영리법인이 운영하는 보육시설이 있고 대부분의 민간 보육시설은 직장에서 운영하는 보육시설이다. 전체적

표 4-4

프랑스 가족지원정책 총괄

	수당 및 보조금	지원 내용	조건
임신 및 출산	출산 및 입양 특별 수당	출산 및 입양 시 한 번	• 중산층 이하에만 지급
	3세까지 기초수당	매월 지급	• 중산층 이하에만 지급
0~3세	경제활동의 자유선택 보조금	취업 중단 혹은 단축 시	
	보육 방식에 대한 자유선택보조금	취업 계속 시	• 세 자녀 이상 가정에만
	보육서비스에 대한 지원		• 부모의 소득수준에 따라 차등 지원
3~6세	유치원(école maternelle) 무상교육		
	보육담당 사회복지사의 고용을 위한 가족보조금	가정에서 보육사를 고용하여 보육할 때	• 부모 소득수준에 따라 차등 지급
	재가보육수당	보육도우미 고용 시 비용의 50% 지원받음	
6~18세	가족수당	월 129.47유로(2명) 월 295.35유로(3명) 월 441.48유로(4명)	• 둘 이상의 자녀 가정 • 자녀 나이 듦에 따라 지원금 증가 • 부부 월소득이 5600유로 이상일 경우 이 금액의 1/2 수령
	가족보조금		• 3명 이상의 자녀 가정 • 중산층 이하에만 지원
특별 지원금	가족지원수당	한부모 가정에 지급	• 소득수준에 관계없이 생후 4개월까지 매월 지원
	장애아교육수당		• 자녀의 장애 정도, 부모의 직업활동 중단 및 감소 여부에 따라 차등 지원 • 자녀 20세까지 지원
	아이 곁에 있어야 하는 부모의 매일 수당	아이가 아프거나 사고를 당한 경우 혹은 장애인 경우 부모가 곁에 있어야 할 때	• 양 부모인지 한부모인지에 따라 차등 지급

	개학수당	자녀의 취학 기간에만 지원	• 저소득층에만 지원 • 자녀의 연령에 따라
세제 혜택	소득세, 주거세 공제		• 두 자녀 이상 가정

**출산 및
양육
휴가
(휴직)**
	출산휴가	어머니 16주
		아버지 11일
			• 자녀 출산 시
			• 기존의 자녀가 있거나
			  태어난 자녀가 다태아일
			  경우 출산 휴가 변함
			• 임금의 평균 98%까지 보존

	양육휴직	3년까지	• 첫 자녀의 경우 1년(한쪽
			  부모가 6개월 이상을
			  할 수는 없음)
			• 두 번째 자녀부터 3년(한쪽
			  부모가 24개월 이상
			  할 수는 없음)
			• 정액으로 수령

으로 프랑스 내의 보육시설은 매년 증가하고 있으며 프랑스의 3세 이하 영유아 가운데 이러한 보육시설에서 보육을 받는 비율은 전체 3세 이하 영유아의 48%에 해당한다. 나머지 과반수 정도의 영유아는 가정에서 보육사에 의해서 돌봄을 받거나 혹은 부모에 의해서 보육을 받고, 가정에서 보육사를 고용할 경우 국가의 지원을 받으며 부모가 직접 보육을 할 경우에도 국가에서 지원한다.

2) 프랑스 출산장려를 위한 가족정책의 젠더적 함의

프랑스 정부가 2015년 가족 부문에 지출한 비용은 총 702억 유로로 프랑스 GDP의 3.1% 수준이다. 이러한 비용은 출산과 관련한 금전적 지원, 자녀 양육과 관련한 지원은 모두 국가가 관리하는 가족수당기금에서 충당하기 때문에 유럽연합 전체의 비율보다도 높은 비율을 보인다. 자녀의 출산·양육과 관련된 국가의 금전적 지원 이외에도 다양한 출산장려 가족정책을 갖추고 있는 프랑스는 이러한 정책의 효과로 유럽연합 회원국 가운데 출산율이 가장 높은 국가이다.

첫째, 모성휴가부터 살펴보면 어머니의 출산휴가가 16주로 규정되어 있고 임금의 평균 98%까지 보존되는 이 휴가는 유럽연합의 기준을 상회하는 기준이다. 출산으로 인해서 직장으로부터 불리한 조치를 당할 수 없도록 한 규정은 여성들의 출산으로 인한 직업 유지의 불안을 어느 정도 해소했다. 둘째, 돌봄에의 아버지 참여 부분은 아버지의 육아휴직 사용 가능성으로 설명할 수 있다. 육아휴직의 경우 이미 1970년대부터 시작되었고 그 명칭이 부모휴가로 되어 있었지만 아버지가 이 휴가를 사용하는 경우는 극히 드물었다. 대부분은 어머니가 이 휴가제도를 사용하여 아이를 양육했고 이러한 육아휴직 방식은 어머니의 사회적 역할을 양육으로 고착화하는 역할을 했다. 그러나 2014년 '진정한 남녀평등법'에 의해서 부모휴가 중 일부를 아버지가 사용하지 않으면 소멸하도록 하는 규정이 만들어졌다. 즉, 육아휴직 1년 가운데 한쪽 부모가 사용할 수 있는 휴직은 6개월이고 나머지 6개월을 다른 한쪽 부모가 사용하지 않으면 소멸되는 것이다. 두 자녀 이상의 경우 36개월까지 육아휴직이 연장되지만 이 경우 한쪽 부모가 사용할 수 있는 기간은 24개월이 최대이고 나머지 12개월은 다른 한쪽 부모가 사용하도록 규정되었다. 이로써 2015년 아버지의 육아휴직 사용 비율이 급증하여 이를 활용할 수 있는 대상이 되는 아버지 가운데 62%가 육아휴직을 선택했다. 이러한 입법의 진전이 프랑스 사회에서 아버지의 육아 참여를 높이고 있다. 그리하여 남성이 자녀돌봄에 참여하는 비율이 유럽연합 평균이 24.7%인 데 비해서 프랑스는 29.4%로 다소 높은 것으로 나타나고 있다(European Institute for

Gender Equality). 물론 여전히 어머니, 할머니의 자녀돌봄 비율이 45.6%로 월등히 높지만 아버지, 할아버지의 참여 비율이 다소 높은 것은 이러한 입법 진전의 결과라고 할 수 있다.

셋째, 보육시설에의 접근인데 프랑스는 자녀의 나이에 따른 다양한 보육시설제도를 갖추고 있다. 집단보육시설뿐 아니라 가족 보육시설, 직장 보육시설, 일시 보육시설 등 다양한 형태가 있다. 이와 더불어 재가보육사제도도 발달하여 가정에서 재가보육사에게 보육을 맡기는 제도가 있고 이 경우에도 국가의 지원을 받을 수 있다. 이렇게 다양한 제도가 있고 보육시설 이용 시에도 국가가 지원하기 때문에 저렴한 비용으로 양육시설을 활용할 수 있다.

넷째, 노동시간의 유연성이다. 양육휴직을 신청하여 집에서 양육을 할 수도 있지만 양육휴직 기간 동안 주당 16시간 내에서 시간제 근무를 신청할 수도 있다. 또한 앞에서 언급한 2014년 '진정한 남녀평등법'에 따라 양육을 이유로 교대근무 및 근무시간의 변경을 요구할 수 있다. 이러한 제도는 프랑스 부모들이 양육을 위해서 유연하게 노동시간을 활용할 수 있음을 의미한다.

마지막으로 육아휴직 혹은 부성출산휴가제도를 신청하는 것이 얼마나 용이한 직장 문화인지, 그리고 휴직 이후 직장으로의 복귀가 쉬운지 하는 문제이다. 프랑스에서는 출산 및 육아휴직 후 복직이 상대적으로 수월하여 24~49세 여성의 83.8%가 경제활동을 할 정도로 출산 및 양육과 직업활동을 병행하고 있음을 알 수 있다.

이러한 긍정적인 점에도 불구하고 프랑스 출산장려와 관련한 가족정책에서 젠더 관계에 부정적인 영향을 미치는 요인들을 찾을 수 있다. 첫째, 여전히 여성들의 시간제 노동 비율이 높고 임금의 젠더갭이 크다. 임금의 젠더갭은 최근 들어 점차 줄고 있고 유럽연합의 다른 회원국들에 비해서 아주 크지는 않지만 여전히 민간 부문에서는 여성 임금이 남성의 72%, 공공 부문에서 82%로 나타나서 아직 가야 할 길이 남아 있음을 의미한다. 이러한 젠더갭의 가장 큰 원인은 여성 근로자가 시간제 노동이 많다는 것이다. 전체 남성 근로자 가운데 8.1%만이 시간제 근로자인 데 비해서 여성 근로자 가운데 30.4%가 시간제 근로자이다. 앞에서 보았듯이 육아휴직 기간 중에 시간제 근로를 신청할 수 있어서 상당히 많은 여성들이 시간제 근로를 신청하면서 여성의 시간제 비율은 좀처럼 줄지 않고 있다. 노동시간의 유연성은 분명히 부모들이 일과 가정생활의 조화를 이루기 위한 좋은 방법이지만 여성들이 주로 활용하게 되면서 임금, 직장 내 승진 등에서 남성에 비해서 불리한 요소가 되고 있다.

둘째, 어머니와 아버지 모두 육아휴직을 신청할 수 있지만 어머니가 신청하는 비율이 월등히 높다. 육아휴직에 대한 수당 지급은 1990년대에 실업률이 높아지면서 이 문제를 해결하기 위해 정부에서 출산한 여성들이 육아휴직을 하고 이에 수당을 지급해 이들을 가정으로 돌려보내 실업률을 낮추려는 목적이 있었다. 이것은 양육수당 확대 이후 둘째 자녀를 가진 여성의 경제활동참가율이 1994년 70%에서 1995년 44%를 기록할 정도로 급속히 감소한 것으로 잘 알 수 있다(Fagnani and Grignon, 1997: 122). 양육휴직과 수당제도는 결국 여성들이 국가로부터 금전적 지원을 받고 집에서 양육을 선택하게 하는 효과를 가져왔다. 이에 더해서 '경제활동의 자유선택 보조금'의 경우 경제활동을 중단하거나 혹은 근무시간을 축소한 부모에게 국가가 지급하는 수당인데 이 수당의 신청자의 96.5%가 여성이라는 점이다(유은경, 2016). 이렇게 볼 때 프랑스가 출산을 장려하기 위해서 마련한 가족정책 가운데에는 여전히 어머니가 양육의 주체이며 어머니가 집에서 자녀를 양육하는 대신 국가가 이에 대해서 금전적 지원을 하는 방식을 택하고 있어서 어머니가 자녀를 양육한다는 고정관념을 깨는 것이 쉽지 않은 분위기이다.

마지막으로 프랑스 국가가 마련한 다양한 출산장려를 위한 가족정책들이 사실상 저소득층 여성들에게 가정에서 자녀를 양육하게 하는 경향이 있고 고소득층 여성들은 직업을 유지하게 하는 경향이 크다는 함의이다. 앞에서도 지적했듯이 경제활동자유선택수당제도는 저소득층 여성이 자녀를 양육하는 것을 택하고 가정에 머무르게 할 가능성이 높으며 자녀가 3세 이후에 직장에 복귀할 때 또다시 시간제 근로나 더 열악한 조건의 근무환경으로 내몰릴 가능성이 있다는 것이다. 자녀를 보육시설에 맡기고 직장에 다니면서 받는 월급보다 경제활동자유선택수당의 혜택을 받는 것이 더 낫다고 판단할 수 있는 저소득층 여성들은 이러한 제도를 택하게 되고, 반면 경제활동자유선택수당보다 훨씬 좋은 조건의 임금체계에 있는 고소득층 여성들은 이 제도를 택하지 않게 되어 결국 저소득층 여성들의 경제활동참가율은 낮아질 가능성이 있다. 이렇게 보면 국가의 이러한 정책은 여성들 사이의 분리를 만들고 고소득층 여성들과 저소득층 여성들이 출산과 양육에 관해 서로 다른 이해관계를 형성할 가능성을 낳고 있다.

4. 맺음말

프랑스는 여성의 경제활동 참여 수준이 높으면서 동시에 출산율도 높은 국가이다. 한국의 경우 여성들의 경제활동 참여 수준이 높아지면서 출산율이 낮아졌는데 프랑스는 어떻게 이 두 가지 면에서 모두 성공을 거두었는지가 이 글의 기본적인 관심이었다. 그 대답은 프랑스의 가족정책에 있었다. 프랑스는 가족정책을 통해서 여성이 직장과 육아 가운데 하나를 선택하지 않아도 되도록 지원해왔고 그래서 직장에 다니더라도 육아에는 아무런 지장이 없는 제도를 구축해왔다. 출산과 양육 과정에서 국가가 재정적 지원을 해주고 있으며 저렴한 보육시설을 제공함으로써 안정된 보육환경을 제공해왔다. 이러한 정책은 프랑스를 안정된 출산율을 유지하는 국가로 만들었고 여성들의 경제활동 참여도 높였다. 다양한 가족수당과 자녀 양육수당은 모두 이러한 출산장려정책에 기반한다.

그러나 다른 한편으로 이러한 제도 속에서 프랑스 여성들은 여전히 이중적인 부담을 지고 있는 것은 아닌지 의문이 든다. 육아는 여전히 여성의 몫으로 남아 있어서 사실상 아픈 아이 곁에 있어야 하는 부모의 매일 수당의 경우 대부분 여성들이 이 수당을 수령하고 있으며, 0~3세 자녀를 둔 부모의 경우 취업 중단에 따르는 지원을 받게 될 때 대부분 여성들이 이 보조금을 수령하고 있다. 그래서 프랑스 정부에서 바라보는 여성상은 '노동하는 어머니, 양육하는 어머니'인데 이런 여성상에 맞게 여성들은 양육도 책임지면서 경제적 활동도 해야 하는 이중적인 부담을 지고 있다고 할 수 있다. 이것은 실제로 가정 내에서의 가사분담 시간을 비교해보았을 때 프랑스 남성들의 가사분담 시간이 매우 적음에서 드러난다. 또한 여성들 사이의 분리를 낳고 있어서 저소득층 여성들의 경우 국가의 지원에 더욱 의존하게 되고 이를 통해서 오히려 경제활동참가율이 낮아지고 있다. 이러한 현실이 여성의 시간제 근로 비율의 증가로 나타나고 있는 것이다.

이렇게 볼 때 실생활에서의 남녀 역할 구분은 어느 정도 남아 있다고 할 수 있다. 2014년 제정된 '진정한 남녀평등법'의 시행을 통해서 이러한 관행이 조금씩 줄어들고 있는 것은 반가운 현상이다. 양육휴직 가운데 아버지의 휴직제도 활용의 빈도가 좀 더 높아지고 이를 통해서 양육의 부담이 공히 부모 모두에게 공유된다는 인식이 사회적으로 더 확대되

면 프랑스의 가족정책은 출산장려뿐만 아니라 사회적 성평등 문화 확산
에도 크게 기여할 것으로 보인다.

참고문헌

김민정. 2003. 「글로벌 가버넌스의 여성정책-유럽연합을 중심으로」. ≪유럽연구≫, 18권(겨울
　　호), 239~268쪽.

_____. 2004. 「18, 19세기 프랑스 위민즈 잇슈의 변천」. ≪한국프랑스학논집≫, 45집,
　　239~318쪽.

_____. 2005. 「잇슈를 통해본 프랑스 2기 여성운동의 성격: 정치와의 관계를 중심으로」. ≪국
　　제정치논총≫, 제45집 3호, 313~335쪽.

_____. 2011. 「인구정책의 현황과 과제: 프랑스 가족정책과 출산장려」. ≪민족연구≫, 48호,
　　74~96쪽.

김혜경. 2003. 「가족정책과 젠더관점의 결합을 위한 연구: 서구 복지국가의 캐어정책 체제를
　　중심으로」. ≪여성연구≫, 65호, 31~56쪽.

뒤프, 조르주(Georges Dupeux). 2000. 『프랑스 사회사』. 박단·신행선 역. 서울: 동문선.

민유기. 2011. 「20세기 전반기 프랑스 가족보호정책과 사회보장개혁의 공론장 형성」. ≪중앙
　　사론≫, 33집, 215~255쪽.

신윤정. 2000. 「프랑스 저출산 정책의 주요 현황」. ≪보건복지포럼≫, 153호, 97~107쪽.

신행선. 2007. 「프랑스 비시정부 시기 가족정책과 여성」. ≪서양사론≫, 제92호, 153~176
　　쪽.

유은경. 2016. 「양육수당제도 개혁을 통해서 본 프랑스 가족정책의 변화」. ≪아시아 여성연
　　구≫, 55권 2호, 149~184쪽.

이미화. 2016. 「남성생계부양자 모델에서 이인소득자 모델로의 이행-독일의 양육휴가정책-」.
　　≪한국정책학회보≫, 25권 1호.

이재경 외. 2005. 「유럽의 저출산 관련 정책에 대한 여성주의적분석」. ≪한국여성학≫, 21권
　　3호, 133~166쪽.

주프랑스대사관. 2017. 4. 12. 「프랑스의 출산장려정책」. http://down.mofa.go.brd/m_
　　9457/down.do?brd_id=8886&seq=1316672&data_tp=A&file_seq=1(검색일:
　　2018.1.10).

Addati, Laura, Naomi Cassirer and Katherine Gilchris. 2015. *Maternity and Paternity at* work: Law and Practice across the world. Geneva: International Labor Organization.

Ahn, Namkee and Pedro Mira. 2002. "A note on the relationship between fertility and female employment rates in developed countries." Journal of Population Economics, Vol. 15, Issue 4, pp. 667~682.

Anderssen, Gunnar, Michaela Kreyenfeld and Tatjana Mike. 2009. "Welfare State Context, Female Earning and Childbearing." Max Plank Institute for Demographic Research, MPIDR Working Paper WP2009-026(2009, October).

CIA. 2018. https://www.cia.gov/library/publications/the-world-factbook/fields/2127.html(검색일: 2018.1.12).

Davaki, Konstantina. 2016. Directorate-General for Internal Policies: Policy Department C: Citizens' Rights and Constitutional Affairs-Demography and Family Policies from a Gender Perspective: Study for the Femm Committee. Brussels: European Parliament.

European Institute for Gender Equality. http://eige.europa.eu/gender-equlity-index-2015/domain-time(검색일: 2018.1.12).

Fagnani, J. and M. Grignon. 1997. "La Politique familiale en France depuis les années 80: des préoccupations natalistes aux politiques de l'emploi." in F. Ronsin, H. Le Bras and E. Zucker-Rouvillois(eds.). Démographie et politique. Dijon: Ed. Universitaires de Dijon.

Fernandez-Crehuet, José Maria, J. Ignacio Gimenez-Nadal and Luisa Eugenia Reyes Recio. 2016. "The National Work-Life Balance Index©: The European Case." Social Indicators Research: An International and Interdisciplinary Journal for Quality-of-Life Measurement, Vol. 128, No. 1, pp. 341~359.

Gauthier, Anne H. 2007. "The Impact of family policies on fertility in industrialized countries: a review of the literature." Population Research Policy Review, Vol. 26, pp. 323~346.

Kalwij, Adriaan. 2010. "The impact of family policy expenditure on fertility in Western Europe." Demography, Vol. 47, No. 2, pp. 503~519.

La République française. 2007. "La politique des droits des femmes et l'égalité en France."

Letablier, Marie-Thérèse. 2008. "Why France has high fertility: The impact of policies supporting parents." The Japanese Journal of Social Security Policy, Vol. 7, No. 2, pp. 41~56.

Mendras, Henri. 1988. La Seconde Révolution française. Paris: Gaillimard.

Ministère des familles, de l'enfance et des droits des femmes. 2017. *Chiffre-Clés-Edition 2017. Vers l'égalité réelle entre les femmes et les hommes.*

Muel-Dreyfus, Francine. 1996. *Vichy et l'éternel féminin: contribution à une sociologie politique de l'ordre des corps.* Paris: Seuil.

OECD. 2018. www.oecd.org/els/family/database.htm(검색일: 2018.1.12).

Sainsbury, Diane. 1999. "Introduction." in Diane Sainsbury(ed.). *Gender and Welfare State Regimes.* Oxford: Oxford University Press.

Salles, Anne, Clémentine Rossier and Sara Brachet. 2010. "Understanding the long term effects of family policies on fertility: The diffusion of different family models in France and Germany." *Demographic Research.* Vol. 22, pp. 1057~1096.

Stetson, Dorothy M. 1987. *Women's right in France.* Westport, Conn.: Greenwood Press.

UNDP. 2016. "Human development Report."

World Bank. 2017. "Fertility rate by country."

제5장

폴란드

저출산과 프로그램 '가족 500 플러스'

김경미

1. 머리말

최근 수십 년 동안 세계 대부분의 지역에서 출산율이 지속적으로 하락하고 있지만, 특히 폴란드는 합계출산율(TFR: Total Fertility Rate)이 매우 낮은 국가군에 속하며 그와 함께 인구 감소에 직면하고 있다. 폴란드에서 출산율의 하락은 현실사회주의 체제하인 1960년대부터 이미 시작되었지만, 무엇보다도 1989년에 현실사회주의 체제가 붕괴되고 자유시장 경쟁을 기반으로 하는 자본주의 체제로의 체제 전환이 폴란드의 출산율 하락에 결정적인 역할을 했다. 체제 전환을 겪으면서 폴란드는 역사상 처음으로 합계출산율이 인구대체수준(인구현상유지가 가능한 출산율 수준)인 2.1명보다 낮은 2.08명을 기록했다. 그 이래 폴란드의 출산율은 지속적으로 하락했고, 1998년 이후 출산율은 1.5명 이하가 되어 이른바 '저출산의 덫(a low fertility trap)'에 빠지게 된다(Mishtal, 2009: 602). 저출산의 덫은 출산율이 일단 1.5명 밑으로 떨어지는 경우 그것을 다시 그 이상으로 회복하는 것이 매우 어려움을 의미하는 개념이다.

폴란드의 낮은 출산율은 경제활동인구와 경제활동에서 은퇴하는 인구 간의 비율에서 심각한 문제를 발생시킬 수 있다. 현재 폴란드에서는 2명의 경제활동인구가 1명의 은퇴자를 먹여 살리고 있는 형국인데, 현 상황이 불변이라는 전제하에 2060년에는 1명의 경제활동인구가 1명의 은퇴자를 부양해야 하는 것으로 나타났다(Kulczyk, 2016: 5). 이러한 저출산 문제 이외에도 2004년에 폴란드가 유럽연합(EU)에 가입함에 따라 그동안 폴란드인의 유럽 내 이주를 차단했던 공식적인 장벽이 무너졌으며, 2006년에는 영국과 아일랜드가 노동시장을 개방함에 따라 많은 폴란드인들, 특히 젊은 폴란드인들이 꾸준히 서유럽으로 (단기)이주했다. 그 결과, 폴란드는 더욱더 인구와 노동력 감소 문제에 직면하게 되었다.

이러한 상황에서 극히 보수적인 정당인 '법과정의당(PiS: Prawo I Sprawiedliwość)'은 2015년 10월의 총선에서 '프로그램 가족 500 플러스 (Program Rodzina 500 Plus, 이하 500+프로그램)'와 '프로그램 가정 플러스 (Program Mieszkanie Plus, 이하 가정+프로그램)'를 주요 선거공약으로 제시했고, 이는 절대 다수 국민의 지지를 얻었다. 그 결과 법과정의당은 하원 전체 의석 460석 중 과반 이상인 242석을 차지하면서 정권을 잡게 되었다. 법과정의당 정부는 가족정책과 관련하여 '가족주류화(family mainstreaming)'를 원칙으로 선언했다(Druciarek, 2018: 3). 이 가족주류화 정책에서 여성은 일차적으로 어머니와 아내로 상정되고 있다. 그리고 여기에서의 가족은 결혼한 부부와 그 자녀로 구성되며, 동거 가족이나 동성애 가족 등은 불완전한 가족으로 치부되어 정부의 가족정책에서 거의 고려되지 않는다.

폴란드의 여론조사연구소 CBOS가 2016년 초에 실시한 설문조사에 따르면, 500+프로그램을 지지한다는 비율이 주민의 80%(이 중 강력 지지는 47%)에 달했다(CBOS, 2016: 4). 500+프로그램은 2016년 4월부터 시행되었는데, 정책 시행 2년 후인 2018년에 CBOS가 정책만족도를 조사한 바에 따르면 국가의 현재 가족정책에 대해 만족한다는 주민의 비율은 84%(이 중 49%가 매우 만족)로 정책지지도만큼이나 정책만족도도 매우 높았다(CBOS, 2018: 2). 500+프로그램이 출산율에 미친 효과를 평가하기에는 아직은 시기상조라는 주장이 있지만 어쨌든 폴란드에서 2016년과 2017년의 출생아 수와 합계출산율은 전년도에 비해 증가 추세를 보였다.

다음에서는 폴란드의 출산율 현황을 살펴보고, 특히 500+프로그램을 중심으로 폴란드 가족정책의 전반적인 내용과 실태를 고찰한 뒤 이를 젠더적 관점에서 평가해보고자 한다. 폴란드는 보수적 가족관과 여성관, 세계에서 가장 낮은 출산율을 가진 국가군에 속한다는 점, 조부모가 손자 양육에서 중요한 돌보미 역할을 하고 있다는 점 등 우리나라와 비슷한 점이 많다. 따라서 출산율을 높이려는 폴란드 가족정책에 대한 분석과 이것이 갖는 젠더적 함의에 관한 연구는 우리나라에 많은 시사점을 줄 수 있을 것이다.

2. 폴란드의 출산율 현황

폴란드의 출산율 현황 및 출산에 영향을 미치는 요인으로서 혼인과 관련된 몇 가지 통계자료를 살펴보고자 한다.[1] 1950년에 3.71명 그리고 1960년에 2.98명이었던 폴란드의 출산율은 계속 하락해 1970년에는 2.20명까지 낮아졌다. 그래도 1989년의 체제 전환 전까지는 인구대체수준(2.1명) 위에 있었다. 현실사회주의 체제가 붕괴되고 시장경쟁 체제로 체제 전환이 시작된 1989년에 출산율은 2.08명으로 인구대체수준 이하로 떨어졌고, 1992년에는 1.95명으로 2.0명 아래가 되었다(표 5-1 참조). 이 기간에 출산율이 급락한 이유는 무엇보다도 IMF의 권고에 따라 충격요법(shock therapy)과 긴축정책을 강력히 추진하면서 생긴 사회보장제도의 대규모 축소와 대량 실업의 확대 등에서 찾아볼 수 있다. 예를 들어, 지금까지 4~6개월간 제공되었던 유급모성휴가는 사회보장예산의 삭감으로 극빈층에게만 허용되었다.

현실사회주의 시대에 어느 정도 안정적으로 향유되었던 고용보장, 저렴한 비용의 보육서비스 등이 상당 부분 폐기되는 상황에서 사람들은 출산과 결혼을 기피하거나 늦추는 경향이 커졌다. 이 당시 학자들 중 일

---

1   이 절에서 제시되는 통계와 설명 내용은 주로 Statistics Poland(2018)를 참조했음.

표 5-1

폴란드의 합계출산율과 출생아 수 추이(1950~2017)

단위: 명

	합계출산율	출생아 수
1950	3.71	763,100
1955	3.61	793,800
1960	2.98	669,500
1965	2.52	547,400
1970	2.20	547,800
1975	2.27	646,400
1980	2.28	695,800
1985	2.33	680,100
1990	2.06	547,700
1995	1.55	433,100
2000	1.37	378,300
2005	1.24	364,400
2010	1.38	413,300
2015	1.29	369,300
2016	1.36	382,300
2017	1.45	402,200

자료: Statistics Poland(2018: 91).

부는 출산율 하락이 전례 없는 사회적 대전환에 따른 충격의 당연한 결과로 일시적 현상이며, 체제 전환이 어느 정도 일단락되고 사회가 안정되면 출산율은 다시 상승할 것이라는 낙관적인 견해를 피력했다(Mishtal, 2009: 601). 그러나 출산율은 2000년대에도 계속 하락하여 2003년에는 1.22명으로 최저점에 도달했고, 2017년 현재까지도 1.45명으로 저출산의 덫에서 빠져나오지 못하고 있다. 국제적인 비교에서도 2016년의 경우

OECD 국가 중 대한민국(1.25명), 스페인(1.33명), 이탈리아(1.34명) 다음으로 폴란드(1.36명)의 합계출산율이 낮았다(OECD, n.d.). 이러한 심각한 인구적 위기 상황이 지속적으로 연출됨에 따라 폴란드 정부는 출산을 장려하는 획기적이고 포괄적인 가족정책을 수립할 긴급성을 느끼게 되었다.

폴란드의 출산 유형을 살펴보면, 혼외출산이 점차 증가하는 경향을 보이고는 있지만 혼외출산율은 유럽에서 가장 낮은 수준에 속한다. 따라서 폴란드에서 출산은 여전히 혼인과 밀접한 관계가 있으며, 혼인의 증가는 곧바로 출산의 증가와 연계된다고 볼 수 있다. 통계적으로 볼 때도 출생아의 절반 이상이 부모가 결혼한 날로부터 3년 안에 태어나고 있다(Statistics Poland, 2018: 36). 폴란드에서 혼인 건수는 1990년의 25만 5700건에서 계속 감소해 2004년에는 19만 1800건으로 체제 전환이 시작된 후 가장 낮은 수치를 보였다. 그 이후 혼인 건수는 2008년(25만 7700건)까지 증가세를 보였으나 다시 감소세를 보이면서 2017년에는 19만 2600건이었다. 반면에 이혼 건수는 1990년(4만 2400건) 이래 계속 증가하고 있어, 2017년에는 6만 5300건에 달했다(Statistics Poland, 2018: 35).

여성과 남성 모두의 초혼연령은 계속 높아지는 경향을 보인다. 1990년대 초반에는 여성의 73%가 25세 이하의 나이에 결혼했으나, 2013년에 그 비율은 34%로 하락했다. 이와 병행하여 여성의 자녀 출산연령도 체제 전환 이전에는 주로 20~24세였다면, 체제 전환 이후에는 25~29세로 바뀌었으며, 최근에는 30~34세의 출산도 크게 늘어나고 있다(그림 5-1 참조)(Statistics Poland, 2018: 31). 이는 부부들이 자녀를 늦게 가지려는 데에서 오는 결과로서, 2017년 현재 폴란드 여성의 평균출산연령은 30.1세이며 평균초산연령은 27.8세이다. 1990년에 평균출산연령이 25.8세, 평균초산연령이 23.0세였다는 점을 감안하면 40년 조금 못 미치는 기간 동안에 전체적으로 출산연령이 5년 정도 늦춰졌다.

그림 5-1

폴란드의 여성 연령대별 출산

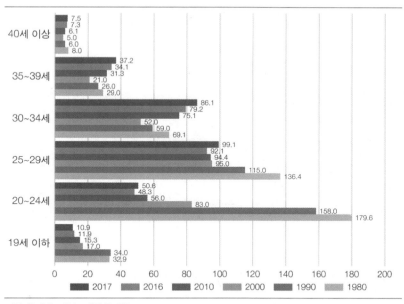

자료: Statistics Poland(2018: 91).

이처럼 여성들의 출산연령이 높아진 데에는 여성들의 교육수준 향상이 한몫했다. 여성의 교육수준 향상은 여성이 교육받는 기간이 늘어남으로써 여성의 초혼연령이 높아짐을 의미한다. 2017년의 경우 아이를 출산한 여성의 52%가 고등교육을 받았는데, 이는 1990년대 초와 비교해서 거의 9배에 달하는 수치이다(그림 5-2 참조). 젊은 여성층이 출산에 앞서 경제적 안정을 추구하고 교육수준을 높이는 경향이 두드러지면서 30세가 넘어 가정을 이루거나 출산을 계획하는 비율이 증가하고 있다. 1990년까지 고등교육을 받은 산모의 비율은 6% 미만이었으며, 가임기 여성의 평균연령은 26세 미만이었고 첫째 아이를 출산한 평균연령은 23세 미만이었다. 현재에는 출산하는 여성의 절반 이상이 고등교육을 받았다.

그림 5-2

폴란드에서 어머니의 교육수준에 따른 출산 구조

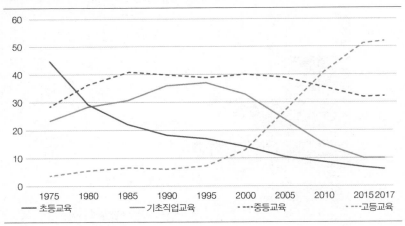

자료: Statistics Poland(2018: 63).

폴란드의 평균출산연령인 28~30세는 대학을 졸업하고 직장에 들어간 직
장 초년생의 나이에 해당한다.

전체적인 출산은 감소하는 추세에 있는 반면, 혼인 외 출생 및 혼전
임신은 증가 추세에 있다. 1990년에 혼외출산은 전체 출산의 6%를 넘었
으며 2000년에는 12%로 10년 동안 2배가 되었고, 2010년에는 거의 21%
에 육박했다. 2017년 현재 4명의 아이 중 1명이 혼외출산으로 태어나고
있다(Statistics Poland, 2018: 31). 혼외출산율이 높아지는 것은 동거 형태의
가족이 증가한 결과이다. 혼전임신으로 결혼식을 생략하고 임시로 가정
을 꾸리거나 엄마 혼자서 아이를 양육하는 추세가 확대되고 있다. 혼인
을 통해 태어나는 아이의 경우 어머니의 절대다수(2016년의 경우 59.7%)가
고등교육 이상의 교육수준을 보이는 반면에, 혼외출산은 중등교육을 받
은 여성들의 비율(38.0%)이 높았으며, 그다음으로 고등교육을 받은 여성
(29.1%)이었다.

2010년대 초에 폴란드에서 실시된 설문조사에 따르면, 자녀 출산을 미루는 이유로는 어려운 생활환경(44%), 불확실한 미래(33%), 높은 양육비(23%), 열악한 주택환경(20%), 일과 양육의 조화의 어려움(19%), 너무 낮은 육아수당(9%), 너무 짧은 출산휴가(4%) 등이 지적되었다(Czapiński and Panek eds., 2014: 160). 이를 성별로 살펴보면, 여성들은 어려운 생활환경(45%), 불확실한 미래(31%)에 이어 일과 양육의 조화의 어려움(23%)을 열악한 주택환경(23%)과 함께 세 번째 요인으로 꼽고 있다. 반면에 일과 양육의 조화의 어려움을 꼽은 남성은 15%로 여성에 비해 8%p 낮았다. 따라서 폴란드의 낮은 출산율을 높이기 위해서는 무엇보다도 경제적 안정과 주거 환경 개선 및 일과 양육의 조화를 위한 정책이 필요하다.

3. 폴란드의 가족정책

1) 가족정책 패러다임의 변화

폴란드는 전통적으로 가족주의가 강한 국가로 인식되어왔으며, 폴란드인들은 건강 다음으로 가족의 행복을 자신의 삶에서 가장 중요한 가치로 꼽고 있다(Kulczyk, 2016: 3). 가족주의는 사회의 기본 구성단위는 개인이 아니라 가족집단이라는 가족 중심적 가치체계를 뜻한다(조혜정, 1985: 8). 폴란드의 가족주의는 폴란드가 전통적으로 농업국가였기 때문에 가족이 경제적 생산단위로서 핵심적인 역할을 했다는 사실 외에도 유럽의 약소국으로서 폴란드의 슬픈 역사에도 그 기원을 두고 있다. 폴란드는 18세기에 세 차례에 걸쳐 러시아, 프로이센, 오스트리아에 의해 나라가 분할되는 사건(삼국분할)을 겪었는데, 여기에서 '폴란드 어머니(Matka

Polski)'라는 폴란드 여성성에 대한 하나의 상징이 만들어졌다.

남성들이 나라를 되찾기 위한 독립투쟁에 뛰어들어 가정을 비운 동안 가정에서 아이들에 대한 양육은 온전히 여성들, 즉 어머니에게 맡겨졌다. 어머니는 자녀들에게 애국주의의 영혼을 불어넣고, 폴란드어와 폴란드 문화를 계속 전승시켰을 뿐만 아니라 자녀들을 독립투쟁에 내보내는 과업을 맡았다. 따라서 여성성의 한 유형으로서 폴란드 어머니는 자기 자신이 아니라 가족, 그리고 마침내는 국가를 위해 엄청난 희생을 기꺼이 감내하는 영웅적인 여성의 이미지를 담고 있다(Imbierowicz, 2012: 141). 이러한 모성에 대한 강조는 여성의 일차적 역할을 어머니에 두는 보수적 여성관과 연결되어 한편으로는 '남성생계부양자' 가족 또는 일인소득자 모델을 가장 이상적인 가족 형태로 생각하며, 다른 한편으로는 낙태에 반대하고 태아의 생명권을 옹호하는 논리로 이어진다.

폴란드가 공산화된 초기단계(1944~1955년)는 전후 재건과 산업화를 추진하던 시기로 당시에는 전쟁의 후유증으로 남성 노동력이 매우 부족한 상황이었다. 정부는 막대한 수의 어린이집과 유치원 등 공공 보육시설을 건립하여 여성 노동력을 동원하고자 했다. 가족정책의 패러다임이 이전의 일인소득자 모델에서 이인소득자 모델로 바뀌었다고 볼 수 있다. 그러나 1950년대 후반, 특히 1960년대에 들어서 경제가 침체되고 중공업 우선 정책의 실시로 주로 경공업에 종사하던 여성들 사이에 실업이 나타나자 양육과 가사 담당자로서의 여성의 역할이 강조되었다. 실제로 1961년 '협동조합법(Act respecting cooperative societies and cooperative unions)'은 여성을 산업예비군으로 규정했다. 그와 함께 이후 폴란드 여성은 어머니의 역할을 기본으로 하면서 국가경제의 노동력 수요에 따라 노동시장에 진출과 퇴거를 반복한다.

이러한 상태는 여성해방의 기본조건으로 여성의 경제활동 참여와 이를 위한 공공 보육을 주창하는 마르크스주의를 신봉하던 현실사회주의 체제에서도 여성을 자녀 양육의 주 전담자로 보는 시각이 전혀 변하지 않았음을 입증한다. 실제로 폴란드의 공공 보육 실태는 시설 부족과 과밀 수용 등으로 동유럽 현실사회주의국가들 중 최악에 속했다(Heinen and Wator, 2006: 192). 더 나아가 폴란드 정부는 어린이 보육 문제를 해결하는 하나의 방안으로 여성의 조기 은퇴를 수용하는 법을 1975년에 제정하여 나이든 여성들이 통상 손자들을 돌볼 수 있도록 조처했다. 다시 말하면, 여성의 경제활동 참여를 여성해방의 척도로 삼는 사회주의 이데올로기가 폴란드를 지배했던 시기에조차 가족 내에서의 불평등한 성별 노동 분업과 어머니로서 여성의 역할이 의문시된 적은 결코 없었다.

1989년에 체제 전환이 시작되면서 자유경쟁과 정부의 관여 배제를 신조로 삼는 신자유주의적 사고가 경제뿐만 아니라 사회의 모든 영역에서 지배적 이념이 됨에 따라 가족정책의 영역에서도 가족의 복지는 개별 가족이 책임져야 한다는 신자유주의적 가족정책 패러다임이 지배했고, 이와 함께 정부 당국은 가족 관련 정책을 방기했다고 해도 과언이 아니다. 불안정한 경제 상황 속에서 산업구조조정에 따른 대량실업, 하이퍼인플레이션, 공공 재정의 위기, 강력한 긴축정책 등으로 많은 폴란드 가족의 복지와 삶의 질은 급격히 악화되었다.

2000년대를 지나면서 가족정책에 대한 폴란드인들의 생각이 근본적으로 바뀌었다. 한 설문조사에 따르면, 2000년에는 응답자의 61%가 '국가는 어려운 물질적 상황에 있는 가정만 지원해야' 한다는 데에, 그리고 36%만이 '자녀를 키우는 모든 가정에 지원을 해야' 한다는 데에 찬성한 반면에 2016년에는 응답자의 60%가 '국가는 어린이가 있는 모든 가정을 지원해야' 한다고 생각하며, 38%가 '생활이 어려운 가정에 대해서만 지원을 해야' 한다는 데에 찬성했다(Druciarek, 2016: 3). 이 설문조사는 폴란드 가족정책의 패러다임이 잔여적 지원에서 보편적 지원으로 바뀌어야 함을 보여준다.

2) 가족정책의 내용과 특징

(1) 출산수당과 출산·양육휴가정책

출산은 그 나라의 인구수와 인구구조에 영향을 미치는 핵심요소로서 국가의 안정적인 인구성장을 견인하는 밑바탕이다. 출산과 관련한 폴란드의 정책으로는 출산수당, 출산휴가, 부성휴가, 육아휴가 등이 있다. 우선 출산수당의 경우 자산 검증을 거쳐 가족 내 1인당 순(net)가계소득이 1922즈워티(1즈워티는 약 300원) 미만인 폴란드 여성은 아이의 출생일에서 12개월 안에 1000즈워티의 출산수당을 1회 일괄하여 받는다. 폴란드 정부는 2016년에 출산수당으로 총 3억 470만 즈워티를 국가예산에서 지불했다(ZUS, 2017: 119).

사회보장보험에 가입되어 있는 모든 폴란드 여성 근로자와 자영업자는 출산을 전후해서 20주(140일)의 출산휴가(maternity leave)를 가질 수 있다. 이는 2010년에 유럽의회에서 통과시킨 출산휴가 지침의 내용을 수용한 것이다. 동시에 출산휴가 기간은 1회 출산에서 태어나는 아이의 수에 따라 달라진다. 쌍둥이를 출산한 경우 출산휴가 기간은 31주이며 세쌍둥이는 33주, 네쌍둥이는 35주, 다섯쌍둥이 및 그 이상은 37주로 출산휴가 기간이 늘어난다. 2009년까지는 노동법이 20주의 출산휴가 중 2주를 출산 전에 사용하도록 권고사항으로 두었으나 현실에서 그다지 활용되지 않은 탓에 현재는 폐지되었고, 다만 출산예정일 이전에 6주 이상의 출산휴가를 사용하지 못하도록 규정하고 있다.

출산휴가 동안의 급여는 두 가지 방식 중에 하나를 선택할 수 있는

데, 하나는 출산휴가의 첫 6주 동안 임금의 100% 그리고 휴가의 나머지 기간에는 60%를 지급받는 방식이며, 또 다른 하나는 출산휴가 기간 내내 임금의 80%를 지급받는 방식이다(European Parliament, 2016: 2). 남성도 아이가 24개월(2016년 1월 2일까지는 12개월)이 되기 전까지 2주간의 부성휴가(paternity leave)를 가질 수 있으며, 이 기간 동안 임금의 100%를 지급받을 수 있다.

육아휴가(parental leave)는 2013년 7월에 유럽연합지침을 수용하여 제정되었으며 같은 해 10월부터 시행되고 있다. 부모는 출산휴가가 종료된 직후부터 또는 아이가 6세가 될 때까지 32주의 육아휴가를 가질 수 있다. 육아휴가 급여는 출산휴가 급여처럼 6주 동안 임금의 100% 그리고 그 이후 26주 동안 임금의 60%를 지급받든지, 32주 내내 임금의 80%를 지급받든지 둘 중의 하나를 선택할 수 있다. 부모 모두 동시에 육아휴가를 갖는 것이 가능하며, 또는 육아휴가를 시간제 근무로 전환해 사용할 수 있다. 폴란드의 유급출산휴가 기간(20주)은 OECD 국가 평균(18주)을 웃돌고 있으며, 반면 유급육아휴가 기간(32주)은 OECD 국가 평균(37.2주)보다 낮다.

(2) 아동급여: 프로그램 '가족 500 플러스'

'가족 500+' 프로그램은 앞서 언급했듯이 집권 여당인 법과정의당 정부가 폴란드의 극히 낮은 작금의 출산율을 높이기 위해 야심차게 기획한 출산 증진 목적의 대표적인 가족정책이다. 이 정책은 어린이 양육에 관한 국가보조 관련법(2016년 2월 채택)에 의거해 2016년 4월 1일부터 시행되고 있다. 가족 500+프로그램의 목적은 어린이를 국가의 공공재로 인식하고 어린이를 위한 지출은 단순비용이 아니라 경제적 관점에서 전체 사회에 이득을 가져오는 투자라는 생각을 바탕으로 가정의 육아 비용을 국가가 지원함으로써 어린이들을 빈곤으로부터 보호하고, 자녀를 가진 가정의 일반 복지를 개선하며 그럼으로써 어린이들이 훌륭한 인적 자본으로 성장할 수 있도록 도움을 주려는 데에 있다. 실제로 이 프로그램을 설계함에 있어 폴란드 재정부는 500+프로그램이 내수경기 활성화 등을 촉진시켜 폴란드의 경제발전 속도에 긍정적 영향을 미쳐서 0.5%의 GDP 성장을 가져올 것이라고 예측했다(Kulczyk, 2016: 13). 또한 정부는 500+프로그램으로 인해 향후 10년 동안 27만 8000명의 어린이가 더 출생할 것이라고 예측했다(CBOS, 2016: 4).

500+프로그램의 내용을 살펴보면, 그 명칭이 말해주듯이 2명 이상의 자녀를 가진 가족에게 가족의 수입 규모와는 관계없이 보편적으로 모든 둘째 아이부터 이 아이가 만 18세에 달할 때까지 매달 500즈워티의 급여를 지급하는 것이 골자이다. 따라서 만 18세 미만의 세 자녀를 가진 가족은 매달 1000즈워티를 받을 수 있다. 이 프로그램이 도입되었던 2016년에 폴란드의 월 최저임금이 1850즈워티라는 점을 고려하면 500 즈워티는 상대적으로 높은 가치를 갖는 금액이다. 부부의 월 합산소득이 800즈워티에 못 미치는 가족 그리고 장애아가 있으면서 부부 월 합산소득이 1200즈워티 이하인 가족은 첫째 아이부터 500즈워티를 받는다. 급여는 현금으로 지급되며 사용되는 용처에 대해서는 거의 간섭하지 않는다. 이는 가족들의 소비자율성을 존중한다는 의미로 만약 수급한 급여를 본래의 목적과는 너무도 맞지 않는 곳에 사용한다는 것이 입증되는 경우에만 현물급여 ―음식, 옷, 의약품 및 기타 서비스티켓 등― 로 지급한다(Kulczyk, 2016: 12). 또한 500+프로그램의 아동급여를 받는다고 해서 기존의 다른 수당이나 급여, 부조 등을 받는 데에서 하등의 불리함을 받지 않는다.

500+프로그램은 급여를 받을 수 있는 자격 조건이 매우 보편적일 뿐

만 아니라 모든 유형의 가정(예를 들면, 결혼 가정, 한부모 가정, 입양 가정 등)에 급여 신청을 개방하고 있기 때문에 수혜의 폭이 매우 넓다. 가족·노동·사회정책부 장관인 엘즈비에트 라팔스카(Elżbiet Rafalska)의 2016년 7월 13일 발표에 따르면 프로그램이 시작된 이래 260만 개의 신청서가 접수되었고 이 중 220만 개가 검토·통과되었다. 이는 320만 명 이상의 어린이들이 수혜를 받게 되었음을 의미하며, 이 수치는 만 18세 이하 전체 어린이의 약 47%에 해당한다고 한다(Kulczyk, 2016: 13). 2016년의 경우 이 프로그램의 급여로 174억 즈워티, 운영비로 3억 1530만 즈워티가 소요되었다(ZUS, 2017: 118). 2017년의 급여액은 210억 즈워티(약 50억 유로)를 넘었다. 이러한 급여액은 500+프로그램이 시행되기 이전인 2014년에 지출된 가족급여 70억 즈워티의 2배 이상으로, 야당은 국가예산 적자를 우려하고 있다. 일부 전문가들은 어린이 양육지원 비용이 상대적으로 적게 들면서 일과 양육을 조화시킬 수 있는 방안들, 예를 들면 보육시설의 확충과 보육서비스의 개선, 아버지의 자녀 양육 참여 고취, 어린 자녀를 가진 젊은 부모를 위한 유연노동시간과 유연고용의 확대 등을 제안하고 있다.

2016년 4월부터 시행된 이 프로그램이 출산율에 미친 효과를 평가하기에는 아직은 시기상조라는 주장이 있지만, 어쨌든 폴란드에서 2016년과 2017년에 출생아 수와 합계출산율은 그 이전에 비해 증가 추세를 보이고 있으며, 2017년의 합계출산율은 2000년대 들어 최고치인 1.45명을 기록했다(표 5-1 참조). 특히 2016년 11월과 12월에 출생한 아이의 수는 전년도 같은 기간 대비 20% 증가했다고 한다(이병탁, 2017). 폴란드 중앙통계청에 따르면 늘어난 출생아들은 주로 둘째, 셋째 및 넷째 아이 등으로 첫째 아이의 출생이 줄어든 몫을 상쇄하고도 남았다고 한다(Statistics Poland, 2018: 31)(그림 5-3 참조). 이러한 현상의 주요 원인으로 500+프로그램이 지목된다.

그림 5-3

폴란드에서 자녀 순서에 따른 출산

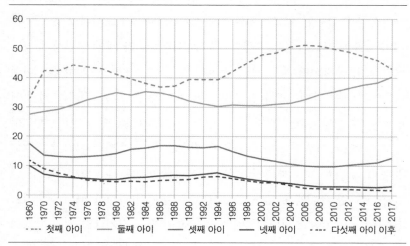

자료: Statistics Poland(2018: 58).

(3) 공공 보육시설과 보육서비스

폴란드는 전통적으로 보수적 여성관에 기반해 여성의 역할을 무엇보다도 모성으로 인식하는 사회이기 때문에 어린 자녀에 대한 돌봄과 교육은 일차적으로 어머니, 즉 여성의 책임이라는 인식을 갖고 있다. 여성의 경제활동 참여를 여성해방의 기본 전제로 파악하고 이를 위한 요건으로 아이들을 돌보고 교육하는 일은 공적 업무라는 이데올로기를 추종했던 현실사회주의 체제의 초기에는 공공 보육시설에 대한 투자가 어느 정도 있었다. 그래서 1939년에는 거의 없었던 어린이집(0~3세)의 수용 가능한 자리는 1954년에는 5만 개 정도로 늘어났으며, 유치원(4~6세)의 경우에는 1939년의 거의 5배에 해당하는 40만 개 정도가 되었다(Heinen and Wator, 2006: 193). 그럼에도 불구하고 현실사회주의 체제가 지배하던 시기조차 폴란드의 공공 보육시설과 실태는 전체적으로 매우 부족하고 열악한 상황으로 앞에서도 언급한 바와 같이 동유럽 현실사회주의 국가들 중에서 최악의 상태에 속했다.

이러한 상황은 1989년의 체제 전환 이후에 신자유주의적 이념에 따른 급진적 체제 개혁 속에서 사회보장제도의 민영화가 추진되면서 더욱 악화되었다. 1989년에서 2003년의 기간에 어린이집의 3/4이 문을 닫았고, 유치원의 수는 1/3 정도(지방에서는 1/2 정도) 감소했다(Heinen and Wator, 2006: 201). 동시에 폴란드는 1990년대 초에 행정의 탈중앙집권화라는 제도개혁을 추진하는 과정에서 공공 보육서비스와 보육시설에 대한 책임을 지방정부(gmina)로 이전시켰다. 그에 따라 보육시설의 95%, 유치원의 85%가 지방정부에 의해 운영되었다. 지방정부는 아무래도 중앙정부에 비해 공공 보육시설과 서비스에 대한 투자나 관리 여력이 더 낮을 뿐만 아니라 보육시설이 비영리사업임에도 불구하고 이윤이 나지 않는 시설들을 폐쇄하는 경향이 있었다(Heinen and Wator, 2006: 201).

폴란드 공공 보육서비스에 관한 유럽 통계청(Eurostat)의 2005~2016년 자료에 따르면, 3세 미만, 즉 0~2세가 다니는 어린이집의 경우 2005년에서 2011년까지 해당 연령대 전체 어린이의 97% 이상이 공공 보육시설을 이용하지 않았다(그림 5-4 참조). 2012년부터 공공 보육시설 이용 어린이가 조금씩 상승 추세를 보였는데, 가장 최근으로 2016년에는 0~2세 어린이의 7.9%가 공공 보육시설에 다니는 것으로 나타났다. 유럽연합 28개 회원국의 2016년도 0~2세의 공공 보육시설 평균이용률이 32.9%였다는 점을 고려하면, 폴란드는 유럽연합 평균보다 25%p나 낮은 이용률로서 0~2세 어린이들에 대한 폴란드의 공공 보육서비스가 매우 미흡한 수준임을 알 수 있다. 유럽연합 회원국 중에서 해당 연령대 어린이의 공공 보육시설 이용률이 높은 국가는 덴마크(70.0%), 아이슬란드(64.7%) 등

그림 5-4

폴란드에서 3세 미만 어린이의 공공 보육서비스 방문 실태 (2005~2016)

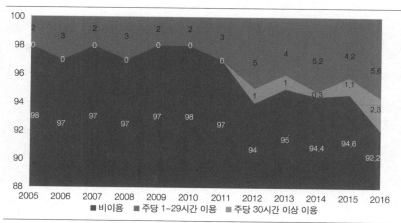

자료: Eurostat(2018).

이었다(Eurostat, 2018).

폴란드에서 3세에서 초등학교 입학 전 어린이를 위한 공공 보육서비스 상황은 0~2세 어린이의 상황보다 훨씬 낫다. 2005년의 경우 해당 연령대 전체 어린이의 30%가 공공 보육서비스를 이용하고 있었으며, 그 비율은 지속적으로 증가하여 2016년에는 61%로 처음으로 이용률이 절반을 넘어섰다(그림 5-5 참조). 2016년에 유럽연합 28개 회원국의 3세에서 초등학교 입학 전까지 연령대 어린이의 공공 보육시설 평균이용률은 86%로 폴란드는 이보다 25%p가 낮은 수준을 보이고 있다. 유럽연합 회원국 중에서 해당 연령대 어린이의 공공 보육시설 이용률이 높은 국가는 아이슬란드(99.0%), 벨기에(98.6%), 스웨덴(96.7%), 덴마크(95.9%) 등이었다(Eurostat, 2018).

그림 5-5

폴란드에서 3세~의무교육연령 어린이의 공공 보육서비스 방문 실태
(2005~2016)

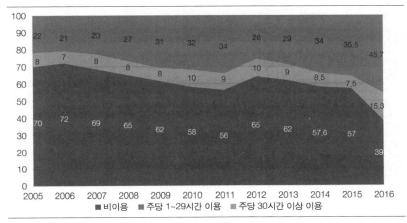

자료: Eurostat(2018).

(4) 아동 관련 조세제도

많은 다른 국가들처럼 폴란드도 자녀가 있는 가정에 대해 조세 혜택
을 주고 있다. 일단 이 자녀는 ① 18세 이하이거나 또는 ② 나이와는 무
관하게 폴란드 법규가 정한 바에 따라 양육수당을 받을 자격이 있거나
또는 ③ 25세 이하의 학생이거나 등의 조건을 충족해야 하며, 동시에 이
자녀는 납세의무가 생기는 소득원이 없어야 한다(accace, 2018: 13). 이러
한 조건하에서 만약 연(年)종합과세대상소득이 11만 2000즈워티 이하인
1자녀를 가진 가정(입양 가정 포함)은 자녀에 대해 1112즈워티를 감세받는
다. 2자녀 가정의 경우에는 납세자의 소득과는 무관하게 각 자녀당 1112
즈워티를, 3자녀 이상의 가정은 납세자의 소득과는 무관하게 첫째와 둘
째 아이에 대해서는 1112즈워티, 셋째 아이에 대해서는 2000즈워티 그

근로소득자의 순평균세율(NPATR)(2017)

단위: %

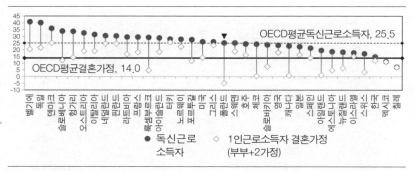

자료: OECD(2018).

리고 넷째 아이와 그 밑의 아이들에 대해서는 각각 2700즈워티의 감면을
받는다(PWC, 2018).

　　근로자가 부담하는 소득세와 사회보장기여금을 합한 것에서 보조금
을 뺀 값을 총급여액으로 나눈 값인 근로소득자의 순평균세율(NPATR)을
살펴보면(그림 5-6 참조), 2017년에 폴란드의 평균 독신근로자의 순평균세
율은 25.1%였다. 이는 폴란드에서 평균 독신근로자가 세금과 기여금을
제하고 집으로 가져가는 금액은 총임금의 74.9%임을 의미한다. OECD
평균 순평균세율은 25.5%였으며, 한국은 15% 미만이었다. 다른 한편,
아이가 2명인 1인 근로소득자의 순평균세율은 OECD 평균이 14.0%인
반면에 폴란드에서는 −4.8%였다. OECD 국가 중에서 마이너스를 기록
한 국가는 폴란드가 유일한데 순평균세율이 마이너스라는 것은 현금수
당이 전체 개인소득세와 사회보장기여금을 초과한다는 것을 의미한다.
다시 말하면 아이가 2명인 가정의 평균 근로소득자는 세금과 기여금을
제외한 후에 자신의 총임금의 104.8%를 집으로 가져간다. 이는 폴란드

그림 5-7

독신근로소득자의 조세격차(2017)

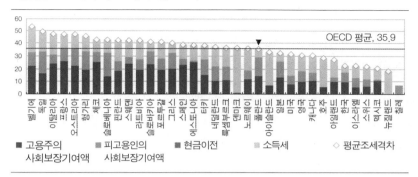

■ 고용주의　　　　■ 피고용인의　　　　■ 현금이전　　　　■ 소득세　　　　◇ 평균조세격차
　사회보장기여액　　　사회보장기여액

자료: OECD(2018).

가 아이를 키우는 가정에 대해 많은 면세와 수당 혜택을 주고 있음을 의미한다. 그 밖에 순평균세율이 낮은 국가로는 체코(0.7%), 캐나다(1.2%), 아일랜드(1.2%) 등이 있다.

　　인건비 중에서 근로소득 관련 소득세와 사회보장기여금(기업 부담금 포함)이 차지하는 비율을 조세격차(tax wedge)라고 하는데, 조세격차가 낮을수록 근로자의 조세부담도 낮다. 조세격차 관련 OECD 자료에 따르면, 폴란드의 일반 독신근로자의 조세격차는 35.6%로 OECD 35개국 중에서 22번째로 낮은 조세격차를 보였다(OECD 평균은 35.9%)(그림 5-7 참조). 대부분의 국가가 현금이전과 조세특혜규정을 통해 아이가 있는 가정에 수당을 제공하고 있기 때문에, 통상 아이를 가진 근로자의 조세격차가 수입이 같은 독신근로자의 조세격차보다 더 낮다. 폴란드 역시 그러한데, 2명의 아이를 가진 1인 근로소득자의 조세격차는 10.0%로 독신근로자의 조세격차보다 25.6%p가 낮았다(그림 5-8 참조). 2명의 아이를 가진 1인 근로소득자의 OECD 평균 조세격차는 26.1%로 독신근로자와 2명의 아이를 가진 1인 근로소득자의 조세격차의 차이는 9.8%p였다. 폴란드의 경우

그림 5-8
두 자녀 1인 근로소득자의 조세격차(2017)

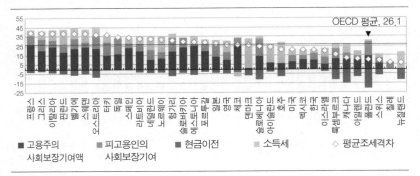

■ 고용주의 사회보장기여액　■ 피고용인의 사회보장기여　■ 현금이전　■ 소득세　◇ 평균조세격차

자료: OECD(2018).

그 차이는 OECD 평균보다 큰데, 이는 폴란드가 자녀가 있는 가정에 대해 세제상 많은 특혜를 주고 있음을 의미한다.

3) 출산율 제고를 위한 기타 정책: '가정 플러스' 프로그램

500+프로그램이 어린이에 대한 직접적 재정지원을 통해 출산율을 높이려는 데에 목적을 두고 있다면, 가정+프로그램은 어린이를 양육하는 환경을 개선하고 생활수준을 높여줌으로써 부부들의 출산 의욕을 증대시키려는 데에 목적이 있다. 아이를 키울 만한 적절한 거주 공간이 부족하거나 일과 양육을 일치시키는 것이 어려운 경우도 부부가 아이를 갖지 않으려는 주요 원인이 된다. 폴란드의 한 설문조사에 따르면, 가족 형성을 고취하기 위해 가장 먼저 시행되어야 할 국가정책으로는 젊은 부부들에 대한 주택 지원(40%), 저렴한 비용으로 이용할 수 있는 어린이집과 유치원(32%), 보조금의 직접 현금이전(32%) 등이었다(CBOS, 2018: 4).

이러한 문제인식에서 가정+프로그램은 주택문제의 해결에 중점을 둔다. 2016년 7월 3일에 베아타 시드워(Beata Szydło) 총리는 "제대로 된 임금과 가족에 대한 지원 그리고 나의 아파트, 이 세 가지가 현재 폴란드 인들이 바라는 것이며 또 필요로 하는 것"이라고 강조했다(Kulczyk, 2016: 14). 총리의 이러한 언급은 보편적 주택정책으로 인식되면서 폴란드 전역의 국민들에게, 특히 중산층에게 커다란 호응을 얻었다. 주택임대에서는 명백히 대가족이 우선시되는데, 자녀 수, 소득 등이 고려된다.

가정+프로그램은 국가주택기금(Narodowy Fundusz Mieszkaniowy), 사회임대주택에 대한 지원, 개인주택청약(Indywidualne Konta Mieszkaniowe) 저금 지원이 중추이며, 이 중에서도 특히 국가주택기금이 핵심이다. 국가주택기금의 경우 중앙 재무부와 지방정부가 소유하고 있는 토지를 주택프로그램에 사용해 프로그램의 재정을 확보한다. 가정+프로그램의 시행을 위해 총리를 위원장으로 하는 '가정+주택위원회(Housing Council Home Plus, 이하 주택위원회)'가 구성되어 2018년 1월 30일에 첫 번째 회의를 가졌다. 주택위원회는 가정+프로그램을 추진하기 위해 필요한 법 개정, 예를 들면 행정절차의 간소화, 주택건설을 위해 토지공급규제를 푸는 것 등 관련 권고안을 만드는 업무를 맡고 있다(The Chancellery of the Prime Minister, 2018).

4. 폴란드의 가족정책과 젠더적 함의

현재 폴란드의 가장 대표적 가족정책인 500+프로그램은 출산을 높이고 물질적으로 아동빈곤을 줄이겠다는 목적에 유용한 정책임을 입증했다는 평가가 일반적이다. 이 프로그램으로 인해 폴란드는 가족을 위한 현금이전 부문에서 유럽연합 내 최고 수준을 보이고 있으며, 가족에 대한 재정지원은 OECD 평균인 3%를 넘어서고 있다(Magda, Kiełczewska and Brandt, 2018: 4).

페미니스트들이 500+프로그램에서 가장 주목하는 부분은 이 프로그램이 여성의 경제활동에 미치는 영향이다. 대부분의 전문가들은 이 프로그램이 여성의 경제활동 참여 의욕을 저하시킬 것이며 장기적으로 여성뿐만 아니라 폴란드 경제의 노동력 확보에 불리하게 작용할 것으로 예상한다. 통계적으로 폴란드의 실업률은 2013년 이래 지속적으로 하락하고 있는데, 여성 실업률도 실제로 줄어들고 있다. 2013년에 11.1%였던 여성 실업률은 500+프로그램이 처음 실시된 해인 2016년에는 6.2%, 2017년에는 4.9% 그리고 2018년 8월 현재 3.2%에 이르고 있다(Eurostat, n.d.). 여성 고용률을 보면 2013년에 57.6%였고, 2016년 62.2%, 2017년 63.6%로 500+프로그램 실시 이후 여성의 실업률은 하락하고 고용률은 상승했다.

언뜻 이런 현상은 500+프로그램이 여성들의 경제활동을 저하시킬 것이라는 예측이 틀린 것처럼 보이게 한다. 그러나 이처럼 여성 실업률이 하락하고 고용률이 상승한 주요 요인으로는 경기 활성화와 최저임금 상승 요인 이외에 많은 여성들이 아예 노동시장에서 철수해 비경제활동인구가 되었기 때문이다. 예를 들어, 2016년 후반기에 4만~5만 5000명의 여성들이 노동시장에서 물러났다.

18세 미만의 자녀 수에 따른 20~49세 여성의 노동시장 참여율을 살펴보면, 2013~2015년에는 주로 3명 이상의 아이를 가진 여성들에게서 노동시장 참여율 하락이 나타났으나 2016년에는 자녀 수와 관계없이 아이를 가진 모든 여성들의 노동시장 참여율이 하락했다. 반면에 아이가 없는 여성의 노동시장 참여율은 상승했다(그림 5-9 참조). 이는 500+프로그램의 영향이 미친 것으로 생각되는데, 특히 자녀를 많이 가진 가정이

그림 5-9

자녀 수에 따른 여성의 노동시장 참여율(20~49세)

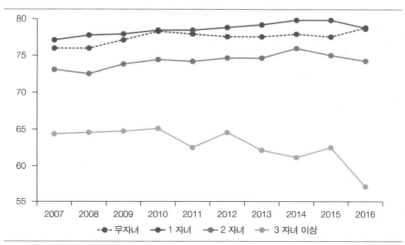

자료: Magda, Kiełczewska and Brandt(2018: 9).

나 저소득층 여성의 경우 어린이집에 비용을 지불하면서 아이를 맡기고 경제활동을 하려는 인센티브가 적어진다.

2명의 아이를 가진 경우 1000즈워티의 비과세소득은 아이를 돌봐줄 어린이집이나 유치원을 찾거나 일일육아도우미에게 비용을 지불하면서 일을 하는 것보다 차라리 전업주부로 전환하는 것을 더 매력적인 대안으로 여기게 만든다. 또한 자녀가 하나만 있는 저소득층의 경우, 이 아이가 국가지원을 받을 수 있는 소득한계선인 800즈워티를 넘지 않도록 어머니가 일을 그만두는 경우가 발생할 수 있다. 실제로 세탁, 주방보조, 판매직과 같은 가장 열악한 보수를 받는 직업에서 이미 그러한 현상이 나타나고 있다. 그림 5-10에서 보듯이, 2016년의 경우 교육을 적게 받은 여성들의 경제활동참가율이 중등교육이나 고등교육을 받은 여성들의 경제활동참가율에 비해 상대적으로 크게 낮아졌다.

그림 5-10

교육수준에 따른 여성과 남성의 노동시장 참여율(20~49세)

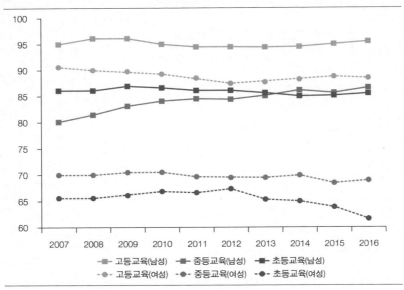

자료: Magda, Kiełczewska and Brandt(2018: 8).

요컨대, 500+프로그램은 전통적 가족모델, 즉 생계부양자로서의 남성과 가사와 자녀 돌봄의 담당자, 즉 전업주부로서 여성의 역할을 전제하는 남성생계부양자 모델을 특히 저소득층 가정에서 강화시키는 경향이 있다. 저소득층 가정의 여성들이 저임금의 경제활동보다는 관대한 아동급여를 받고 출산과 양육에 전념하는 것을 더 선호할 수 있다는 점은 현실적인 상황을 고려했을 때 충분히 이해될 수 있으며, 정부는 그러한 정책 효과를 노리고 500+프로그램을 시행한 것으로 보인다.

그러나 문제는 자녀들이 모두 성장(18세 이후)하여 더 이상 아동급여가 제공되지 않는 상황이 도래했을 때이다. 그 여성들은 그동안 경제활동을 하지 않았기 때문에 연금수급에서 불리한 상황에 처할 수 있으며,

또한 경력단절로 인해 새로 노동시장에 진입하는 데에서 커다란 어려움을 겪게 됨에 따라 노년빈곤에 처할 위험성이 크다. 폴란드의 법과정의당 정부는 이러한 문제점을 인식하고 2019년부터 '엄마 플러스 프로젝트(Mama Plus Project, 이하 엄마+프로젝트)'를 계획하고 있다.

이 프로젝트에 대한 구체적인 내용은 아직 알려져 있지 않으나, 주요 내용의 하나는 경제활동을 한 적이 전혀 없는 여성이더라도 최소한 4명의 자녀를 양육한 경우 최소 연금을 받게 하는 것이다. 그 밖에 엄마+프로젝트는 임산부에 대한 무료 진료, 학업 중인 어머니에 대한 지원, 첫째 아이를 출산한 뒤 24개월 안에 둘째 아이를 출산하는 경우 보너스 지급 등을 담고 있다(Chatham, 2018.5.9). 엄마+프로젝트가 시행된다면 아마도 자녀를 3명 갖기보다는 4명 갖는 것을 더 선호하는 가정이 증가할 것으로 예상된다.

폴란드의 현재 가족정책은 정책 목적을 인구 증가 내지 출산증가에 두고 남성은 제외한 채 여성만을 정책대상으로 삼고 출산과 육아의 도구로 만들고 있다는 느낌을 지울 수 없다. 500+프로그램이나 엄마+프로젝트나 남성에게 특별히 요구하는 것은 없으며 여성만을 겨냥하여 당근을 제시하면서 출산으로 유인하고 있다. 여성을 양육과 묶어두려는 정책은 법과정의당의 연금개혁정책에서도 나타난다. 지금까지 남녀 공히 67세였던 은퇴 연령을 정부는 2017년 10월부터 여성은 60세, 남성은 65세로 대폭 낮췄다. 여성의 은퇴 연령을 크게 낮춘 것은 장·노년의 여성들(babcia)을 돌봄의 자원과 수단으로 보고 빨리 은퇴하여 보육시설에서 자리를 얻지 못한 손자들을 돌보라는 의도가 깔려 있는 정책으로 인식되고 있다(Druciarek, 2018: 4).

페미니스트들은 젠더 평등을 위한 효과적인 가족정책으로 일과 가정의 균형정책을 요구해왔다. 여성이 경제활동을 지속하면서도 자녀를 효과적으로 출산·양육할 수 있는 정책이 바로 일과 가정의 균형을 위한 정책이며, 이를 위한 방안으로 제안되는 것이 한편으로는 공적 보육시설의 확충과 투자이며, 다른 한편으로는 아버지의 육아 및 가사 참여이다.

일반적으로 알려진 바와는 달리, 경제활동을 활발히 하는 여성들이 그렇지 않은 여성들에 비해 아이를 더 많이 출산하는 경향이 있는데, 이는 경제적 안정을 바탕으로 여성들은 정서적 안정감을 갖고 자녀 양육에 대한 자신감을 갖게 되기 때문이다(Druciarek, 2016: 6). 유럽연합 국가들의 경우만 보더라도 일과 가정의 양립정책을 적극적으로 시행하고 있는 국가들에서 출산율이 높다. 현재 폴란드의 가족정책은 이러한 흐름과는 다른 방향으로 진행하고 있다. 500+프로그램이 시행된 직후인 현재까지는 일단 폴란드의 출산율이 상승한 것으로 나타나고 있지만 이 프로그램이 폴란드의 출산율과 여성의 상황에 미치는 영향은 좀 더 시간이 흐른 뒤에 정확히 평가될 수 있을 것이다.

참고문헌

이병탁. 2017. "[무역관 르포] 폴란드 복지정책 500+ 프로그램, 지난 1년 평가는?" https://news.kotra.or.kr/user/globalBbs/kotranews/8/globalBbsDataView.do?setIdx=246&dataIdx=159226(검색일: 2018.5.8).
조혜정. 1985. "한국의 사회변동과 가족주의". ≪한국문화인류학≫, 17권, 79~96쪽.

accace. 2018. "Tax Guideline. Poland." https://accace.com/wp-content/uploads/2016/12/2018 -04-Tax-Guideline-Poland-EN-compressed.pdf(검색일: 2018.5.8).
CBOS. 2016. "Polish Public Opinion." https://www.cbos.pl/PL/publikacje/public_opinion/2016/02_2016.pdf(검색일: 2018.5.8).
_____. 2018. "State policy toward families: evaluation and expectations." https://www.cbos.pl/EN/publications/reports/2018/083_18.pdf(검색일: 2018.5.8).

Chatham, Anna. 2018.5.9. "Government encourages Poles to have more babies." *THE first NEWS*.

Czapiński, Janusz and Tomasz Panek(eds.). 2014. *Social Diagnosis 2013. The Objective and Subjective Quality of Life in Poland*. Warsaw: The Council for Social Monitoring.

Druciarek, Małgorzata. 2016. "'Familie 500 plus'-für Frauen ein Minus: Die Familienpolitik der Regierung und ihre möglichen Folgen aus der Perspektive der Geschlechtergleichheit." *Polen-Analysen*, Vol. 186, pp. 2~6.

_____. 2018. "Frauenrechte in Zeiten des Populismus." *Polen-Analysen*, Vol. 212, pp. 2~7.

European Parliament. 2016. "Maternity and paternity leave in the EU." http://www.europarl.europa.eu/RegData/etudes/ATAG/2016/593543/EPRS_ATA(2016)593543_EN.pdf(검색일: 2018.5.8).

Eurostat. 2018. "Formal child care by duration and age group." https://ec.europa.eu/eurostat/tgm/refreshTableAction.do?tab=table&plugin=1&pcode=tps00185&language=en(검색일: 2018.5.8).

_____. n. d. "Statistics Explained." https://ec.europa.eu/eurostat/statistics-explained/index.php?title=Unemployment_statistics#Male_and_female_unemployment(검색일: 2018.5.8).

Heinen, Jacqueline and Monika Wator. 2006. "Child Care in Poland before, during, and after the Transition: Still a Women's Business." *Social Politics: International Studies in Gender, State & Society*, Vol. 13, No. 2, pp. 189~216.

Imbierowicz, Agnieszka. 2012. "The Polish Mother on the Defensive? The Transformation of the Myth and its Impact on the Motherhood of Polish Women." *Journal of Education Culture and Society*, Vol. 1, pp. 140~153.

Kulczyk, Marcin. 2016. "Family rights and family policy in Poland." European Centre for Law & Justice(ECLJ). September.

Magda, Iga, Aneta Kiełczewska and Nicola Brandt. 2018. "The 'Family 500+' Child allowance and Female Labour Supply in Poland." IBS Working Paper 01. March.

Mishtal, Joanna Z. 2009. "Understanding low fertility in Poland: Demographic consequences of gendered discrimination in employment and postsocialist neoliberal restructuring." *Demographic Research*, Vol. 21, No. 20, pp. 599~626.

OECD. n.d. OECD Family Database. http://www.oecd.org/els/family/database.htm

_____. 2018. "Taxing Wages-Poland." http://www.oecd.org/tax/tax-policy/taxing-wages-poland.pdf(검색일: 2018.5.8).

PWC. 2018. "Poland Individual-Other tax credits and incentives." 29. May. http://taxsu
mmaries.pwc.com/ID/Poland-Individual-Other-tax-credits-and-incentives(검색일:
2018.5.8).

Statistics Poland. 2018. *Demographic situation in Poland up to 2017. Birth and fertility
[Sytuacja demograficzna Polski do 2017 r. Urodzenia i dzietność].* Warsaw.

The Chancellery of the Prime Minister. 2018. "Home Plus is the priority for the
government. The Housing Council was established under the auspices of the
Prime Minister." https://www.premier.gov.pl/mobile/en/news/news/home-plus-
is-the-priority-for-the-government-the-housing-council-was-established-under-
the.html(검색일: 2018.5.8).

ZUS(Zakład Ubezpieczeń Społecznych). 2017. *Social Security in Poland.* Warsaw.

제6장

스웨덴

일·가정 균형정책의 젠더적 함의

장선화

1. 머리말

전 세계적으로 산업구조 재편과 노동시장 재조정이 진행 중이다. 특히 선진 산업국가에서는 이미 오래전부터 저출산 및 고령화로 인한 노동력 부족 현상을 극복하기 위해 이주노동을 활용하거나 여성의 경제활동을 장려하는 등 정책적 시도를 해왔다. 하지만 국가적 차원에서 여성의 노동시장 진출을 장려하고 경력 유지의 필요성을 강조하는 캠페인들은 사회정책적 뒷받침 없이는 저임, 시간제 근무, 질 낮은 여성노동의 양산을 부추긴다는 비판이 적지 않다. 그뿐만 아니라 출산 및 육아에 대한 적절한 사회적 지원이나 노동자로서 여성의 역할과 가정에서의 역할에 대한 사회적 관점의 변화 없이 출산을 독려하는 많은 정책적 시도들이 일과 가정을 양립해야 하는 여성에게는 이중의 부담으로 작용하는 아이러니를 극복하지 못하는 한계를 나타내고 있다.

스웨덴은 노동력 확대의 필요성을 일찍부터 인지하고 지속가능한 발전을 위해 여성의 노동시장 참여를 적극적으로 장려함과 동시에 육아에 대한 국가적 차원의 보조를 시행하고 있는 복지국가로서 잘 알려져 왔다. 더 나아가 보다 최근에는 인간 수명의 증가, 결혼 적정 연령대 상승, 출산에 대한 인식의 변화 등 현대 사회적 트렌드와 일과 가정을 양립해야 하는 여성의 이중 부담으로 출산율이 저하되는 사회 고령화 문제에 성공적으로 대응한 사례로도 주목받고 있다.

이 글은 스웨덴이 여성의 일·가정 균형정책을 통해 여성 고용의 지속성을 보장함으로써 저출산 극복뿐 아니라 젠더적 평등을 고려한 지속

※ 이 글은 ≪유럽연구≫ 제36권 2호(2018년 여름)에 게재된 논문 「일-가정 균형정책과 지속가능한 발전: 스웨덴 사례를 중심으로」를 전면 수정, 편집한 것이다.

가능한 사회 발전 모형을 창출했다고 보고 이를 가능하게 한 요인을 분석하고 정책적 효과를 평가한다.

여성의 일·가정 균형을 가능하게 하는 요인은 제도적 요인(고용, 보육환경, 사회보장법과 일련의 제도들)과 사회·문화적 요인(여성노동과 가정에서의 역할에 대한 사회적 관점의 변화)으로 크게 나눌 수 있다. 제도적 요인은 고용, 보육환경, 사회보장정책의 형성과 제도적 작동을 통해 분석한다. 사회·문화적 요인에 해당하는 사회적 관점의 변화는 점진적으로 진행되기 때문에 즉각적인 영향력을 확인할 수 없으므로 독립적으로 젠더 평등에 영향을 미쳤다기보다는 사회정책적 수단에 의한 결과이자 정책적 효과가 나타나 젠더 평등이 현실화되는 요인으로서 스웨덴의 사회변화에 대한 1차 자료, 보고서, 문헌 연구 등을 통해 살펴볼 것이다. 2절에서는 스웨덴의 여성 고용 현황을 유럽 주요국과 비교적 관점에서 살피고 이 글의 핵심 개념과 연구방법을 제시한다. 3절은 제도적 요인으로서 스웨덴의 일·가정 균형정책들을 검토하고, 해당 정책들이 형성, 도입, 시행된 역사적 과정에서 사회적 관점의 변화 양상을 살펴본다. 4절에서는 일·가정 균형을 위한 정책의 효과와 한계를 제시하고 맺음말에서 젠더적 관점에서 바라본 스웨덴의 일·가정 균형정책의 성공 요건과 한계 및 지속가능한 발전을 위한 필요성을 밝힐 것이다.

2. 스웨덴의 여성 고용과 일·가정 균형 개념

1) 스웨덴의 여성 고용 현황 및 일·가정 균형

스웨덴의 여성 고용과 일·가정 균형이 주목받게 된 것은 여성 고용

그림 6-1

유럽 주요국 여성 고용률 비교(15~64세): 2000~2016년

단위: %

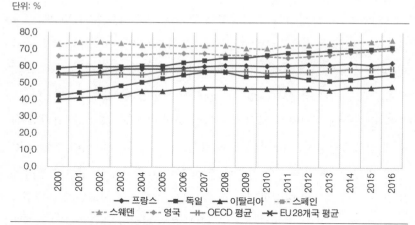

자료: OECD. Stat.(2018)를 참조하여 필자가 작성함.

통계 수치들이 최근까지도 비교적 관점에서 최고 수준에 이를 뿐 아니라 출산율 위기를 잘 극복한 보기 드문 사례이기 때문이다. 스웨덴의 여성 고용률은 유럽연합 주요국 가운데 1위이다(2016년 OECD 통계 기준). 2000~ 2016년 유럽 주요국의 고용률을 비교해보면 스웨덴 74.8%, 독일 70.8%, 프랑스 61.4%, 이탈리아 48.1%로 스웨덴의 여성 고용률은 유럽연합 28개국 평균보다 10% 이상 높게 유지되고 있다(그림 6-1 참조).

비경제활동인구수를 포함해서 계산한 고용률 면에서도 남녀 고용률 격차는 다른 유럽연합 국가들에 비해 현저히 낮은 편이다. ILO는 인구 대비 성별 고용률 수치가 국가 비교에 유용하나, 각국의 제도적 차이를 고려해 비교에 참조해야 한다고 권고한다. 2018년 5월 ILO 고용률 통계 모델 추정치(ILO modelled estimates)(ILO, 2018)를 기준으로 할 때, 스웨덴 전체 고용률은 60.1%, 남성 63.3%, 여성 56.9%이다. 그뿐만 아니라 자

그림 6-2

자녀를 가진 여성 고용률: 2014년 혹은 최근 연도* 0~14세** 자녀 1명 이상을 둔 15~64세*** 여성 고용률

단위: %

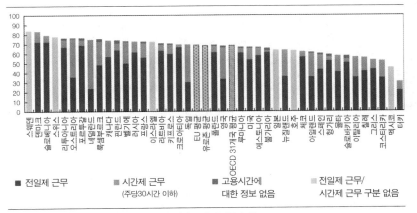

■ 전일제 근무   ■ 시간제 근무   ■ 고용시간에   ■ 전일제 근무/
　　　　　　　　　　(주당30시간 이하)   　　대한 정보 없음   　시간제 근무 구분 없음

주: * 덴마크, 핀란드는 2012년도, 칠레, 독일, 터키는 2013년도 수치,
　** 일본은 전 연령, 스웨덴은 15~74세 여성
　*** 캐나다는 1~15세, 스웨덴은 0~18세, 미국은 0~17세 아동.
자료: OECD Family Database(2016).

녀를 가진 여성의 고용률 또한 최고 수준으로 확인된다(그림 6-2 참조).

그림 6-3은 1970년부터 2017년까지 스웨덴의 출산율을 나타낸 것이다. 출산율은 합계출산율 ―가임 여성 1명당 평생 낳는 자녀 비율― 수치이다. SCB(스웨덴 통계청)에서는 2003년까지 5년 단위로 산정하던 합계출산율(total fertility rate)을 2004년부터 1년 단위로 발표한다. 이 그림에서는 2010년 이전까지는 10년 단위, 2010년부터 1년 단위로 최근의 변화를 표시했다.

스웨덴은 뒤늦은 산업화와 도시화를 경험한 19세기 말부터 20세기 초 농지와 도시 일자리 부족으로 인한 이민 유출과 출산율 저하로 인구 감소 위기를 겪은 바 있다(Åkerman, 1975: 167~179). 일자리 창출과 인구문

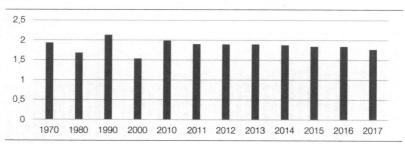

그림 6-3

스웨덴의 출산율: 1970~2017년

단위: %

자료: SCB(2018)를 참조하여 필자가 작성함.

제는 스웨덴에서는 20세기 전반에 걸쳐 주요 정책 어젠다였다. 1930년 대에 군나르 뮈르달과 알바 뮈르달(Gunnar Myrdal and Alva Myrdal)의 보고서 「인구문제에서의 위기(Kris i befolkningsfragan)」에서 제시된 인구 감소에 대한 대책과 사회혁신 정책의 일환으로 주거, 교육, 보육 등과 관련된 사회보장제도가 일찍이 만들어졌다(장선화, 2015: 179; 최성은, 2016: 153~154). 보고서에서 뮈르달 부부는 스웨덴의 인구 부족 현상이 해소될 필요성이 있다는 점에서는 의견을 같이 했으나 해법에서는 달랐다. 군나르 뮈르달은 결혼과 자녀 증가가 필요하다고 주장했으나 알바 뮈르달은 여성 경력 유지, 보육기관 확대 등이 결혼 증대보다 필요하다는 입장이었다. 보고서는 두 학자의 해법을 포괄하여 작성되었다(Carson, 2001: 64). 하지만 스웨덴 역시 다른 국가들과 마찬가지로 남성 부양자 중심의 고용 및 사회보장정책으로 출발했다.

제2차 세계대전을 거치면서 스웨덴 경제는 급격히 성장했다. 전쟁 기간 동안 중립국인 스웨덴으로 다수의 망명자들이 건너왔고, 전후 경제는 호황을 맞았다. 하지만 1970년대 오일쇼크로 인한 경제위기로 민간 부문의 일자리 창출에 어려움을 겪게 되면서 스웨덴 정부는 공공 부문 일자리를 확대했고, 일자리의 대부분은 주로 여성을 대상으로 한 공공 서비스 일자리 창출로 이어졌다. 하지만 여성 노동의 증대는 점차 출산율의 경향적 저하와 결부되어 사회적 문제로 부상했다.

여성의 경제활동을 뒷받침하기 위한 가족정책 개혁이 본격화된 것도 이때부터였다. 1960년대 중반부터 1970년대 중반까지 스웨덴 인구는 약 0.8명 감소했으며 2000년대에 스웨덴 내에 일·가정 양립정책의 중요성이 부각되었다. 여성이 가정이라는 사적 영역에서 벗어나 공적 영역으로 보다 활발히 진출하고 노동시장에서 젠더 역할이 점차 약화되면서 자녀를 가진 직업여성이 일과 가정생활을 양립하는 것에 대한 어려움이 해소될 필요성에 사회적 관심이 커졌다.

탈산업화가 가속화된 2000년대에는 더 나아가, 출산과 육아 부담이 여성에게만 지워짐으로써 사회경제적으로 부정적인 결과(결혼 기피, 저출산, 노동력 부족, 고령화 사회)를 낳는다는 인식하에 OECD와 ILO와 같은 국제기구의 노동시장 및 가족정책 리포트에서 부모 모두 일과 가정생활의 균형을 필요로 한다는 권고가 지배적이 되었다. 페르난데즈-크레슈, 지메네즈-나달, 레시오(Fernandez-Crehuet, Gimenez-Nadal and Recio, 2016: 341~359)는 일·삶 균형 지수(Work-Life Balance Index©)를 시간/스케줄, 일, 가족, 건강, 정책 등 5가지 차원의 23개 변인들을 조작정의한 지표들의 조합으로 정량화하여 국가별로 비교한 바 있다. 국가별 일·가정 균형 지수(The National Work-Life Balance Index©)를 기준으로 유럽 국가들을 비교했을 때 스웨덴의 일·가정 균형 순위는 덴마크에 이어 2위에 올라 있다. 이에 따라 일·가정 양립 혹은 균형에 대한 관심이 커지면서 스웨덴 사례 및 국가 간 비교연구가 활발하게 진행되었다.

유럽 선진 민주주의국가의 가족정책과 여성노동시장 참여에 관한 연구는 스트라이커 외(Stryker et al., 2011: 33~57), 스웨덴의 가족정책과 여성 고용, 일·가정 양립 효과에 대한 사례 연구 및 비교 연구로는 뒤반데르, 하스, 탈베르이(Duvander, Hass and Thalberg, 2017: 125~145) 등의 연구가 참고할 만하다. 한국에서도 1990년대부터 스웨덴의 여성 대표성, 여성 고용, 가족정책 등으로 연구 관심이 점차 다양해졌다. 스웨덴의 여성 대표성 및 여성 고용에 대한 한국 학자의 연구로는 김영순(2004: 399~420), 이헌근(2007: 129~146), 한혜경(1990: 45~59), 가족정책에 대해서는 김주숙(2000: 237~274), 신정완(2017: 51~96)의 연구가 있다. 특히 스웨덴의 일·가정 양립을 주제로 한 최성은(2016)의 연구는 스웨덴 여성의 일·가정 양립을 가능하게 한 요인으로 복지 관련 요인, 정치적 요인, 산업·노동시장 관련 요인 등을 제시한 바 있다. 더 구체적으로는 국가 차원의 돌봄서비스 확대, 강력한 노동운동과 코포라티즘적 정책결정 기제, 노동운동과 결합된 여성운동의 조직화된 권력자원 등이 이에 해당한다(최성은, 2016: 139~190).

스웨덴의 여성 대표성에 대한 관심부터 일·가정 양립 경로 추적에 이르기까지 스웨덴 사례에 대한 국내의 학문적 관심이 특정 정책 분야와 제도 형성과 작동에 관심이 머물러 있었다면 이 글에서는 스웨덴의 일·가정 균형을 위한 정책들의 효과와 한계를 규명함으로써 여성 고용의 지속과 적정 출산율 유지 등과 같은 지속가능한 발전의 필수조건을 충족할 수 있는지 여부를 살펴보고자 한다.

2) 일·가정 균형정책: 주요 개념

이 글에서 일·가정 균형정책은 여성이 출산과 양육을 담당함으로써 장기간 경력이 단절되는 등 경제활동 참여에 부정적 영향을 미치는 것을 최소화하도록 국가가 지원하는 것을 목표로 수립된 노동시장, 보육 및 가족, 사회보장 정책 등을 통칭한다. '일·가정 균형'은 OECD에서 정의한 "balancing work and family life" 개념을 국문으로 옮긴 것으로, '일과 가정 양립(the reconciliation between work and family)'과 유사한 개념이다. 이 글에서 사용된 '일과 가정 양립'이 '여성의 경제활동 참여가 자녀의 출산과 양육으로 인해 긴 경력단절을 겪지 않는 것'으로 정의되고 '양립'이 유자녀 여성이 경제활동과 출산을 포함한 가족 돌봄 영역을 동시에 수행할 수 있는지 여부로 판단되는 등 일하는 여성 중심적 관점에서 쓰인 용어인 데 반해 '균형'은 상대적으로 젠더 중립적이며 포괄적인 개념이라 할 수 있다.

선진 산업 민주주의 국가에서 출산율 저하와 이에 따른 노동 가능인구의 경향적 감소는 국가경제의 발전과 사회 유지에 구조적인 위험요소이다. 하지만 대부분의 국가에서 여성이 경제활동과 가정에서 보육의 책임을 동시에 담당하는 관행이 여성의 부담을 가중시켜 결혼 및 출산을 기피하는 현상으로 나타난다. 따라서 일하는 여성을 남성과 차별하지 않는 사회문화적 태도와 노동자들의 일·가정 양립이 가능한 제도를 수립하는 국가의 정책적 노력이 뒷받침되어야 한다는 인식이 확산되었다.

일·가정 균형정책은 고용, 보육 및 가족, 사회보장법 및 일련의 제도들을 통해 구성된다. 이 글의 목표는 첫째, 일·가정 균형정책의 효과를 양적·질적으로 분석하는 것이다. 정량적 연구는 지표들을 정량적으로 측정한 종합 지수로 국가들을 비교함으로써 상대적으로 객관적인 위치를 알 수 있는 장점이 있다. 하지만 이 글은 스웨덴 단일사례 연구로서 여성 고용 유지와 가정의 균형을 위한 제도 및 실질적 효과를 규명하는 데 중점을 두고자 한다. 양적 효과는 여성의 노동시장 참여율, 출산율, 남성의 육아휴직 참여율 등을 통해 측정한다. 질적 효과로 여성과 남성의 전통적 젠더 역할에 대한 사회적 관점의 변화, 여성 일자리 유형 및 질적 측면에서에서 젠더 평등의 실질적 효과가 나타나는지 분석한다.

둘째, 일과 가정의 균형을 가능하게 하는 요인으로 이러한 일·가정 균형정책의 효과(제도적 요인)와 가정에서의 젠더 역할에 대한 사회적 관점의 변화(사회·문화적 요인)를 살펴본다. 사회·문화적 요인은 스웨덴에서 직장 및 가정에서의 젠더 역할에 대해 만연해 있는 관점을 의미한다. 독립적인 요인이라기보다는 장기적인 흐름의 변화로서 젠더 평등적 고용, 보육, 사회보장법 등의 마련과 정비 등 일·가정 균형을 위한 정책 개혁 이후 사회적 변화에 대한 맥락적 해석을 통해 제시될 것이다.

3. 스웨덴의 일·가정 균형정책

1) 일·가정 균형정책의 제도적 구성

(1) 노동시장제도

스웨덴의 여성 고용은 정부의 노동시장정책과 긴밀히 연관된다. 1960년대 이후 노동시장 내 여성 고용 비중이 눈에 띄게 증가했는데, 제2차 세계대전 이후 노동력 부족 현상이 지속되자 스웨덴 정부가 여성의 노동시장 진출을 장려한 데 이어 1970년대 공공 부문 고용, 특히 사회서비스 일자리를 대폭 늘린 것이 그 배경이 되었다. 한편으로 일하는 여성의 증가는 1960년대 성평등주의 운동에서 비롯된 것이기도 했다. 여성의 노동시장 진출은 따라서 복지국가, 사회정책, 젠더 불평등에 대한 국가별 비교 연구의 주요 전제조건이기도 하다(Stryker et al., 2011: 33).

1959년 도입된 기초연금 및 고용 기간과 소득에 비례한 부가연금제

(ATP)는 여성이 가정에 머무르기보다는 경제활동을 하도록 유인하는 효과가 있었다. 스웨덴에서도 20세기 전반기에 걸쳐 여성 임금이 남성 임금에 미치지 못하는 관행이 이어져 왔다. 1960년 스웨덴노동조합총연맹(LO)과 사용자연합(SAF)은 여성 임금을 별도로 책정하는 관행이었던 여성 임금률(pay rate) 철폐에 대한 협정을 체결했다.

1970년대부터 공공 부문 여성 일자리가 증가했고 출산과 보육을 여성이 전담하는 가족 내 젠더 역할 분담의 전통적 방식이 변화할 수 있는 계기가 마련되었다. 1970년대 초부터 주요 가족정책이 개혁되면서 부모가 경제활동을 통한 가계 부양과 자녀 돌봄을 공동으로 부담하는 '생계부양자-양육자 모델(earner-carer model)'(Duvander and Ferrarini, 2013: 3~4) 혹은 '성별분업해체형'(김민정, 2018: 122)으로 전환되었다.

1972년 사민당 정부는 남녀평등에 관한 총리자문위원회(the Advisory Council to the Prime Minister on Equality Between Men and Women)를 설치해 공공 부문 여성일자리를 확대하고 여성 고용할당제를 장려하며 여성에 대한 일자리 안내와 비전통적 직종에 대한 직업 훈련 프로그램을 운영했다. 또한 한 기업체에 고용된 근로자 중 '어떠한 성이 60%를 넘어서는 안 된다'는 할당 기준을 마련했고, 기준을 충족하는 기업에 보조금을 지급했다(최성은, 2016: 163). 1980년에는 평등옴부즈맨(JÄMO: Equality Ombudsman) 제도를 신설해 각 분야에서 법적으로 보장된 젠더 평등이 실제로 지켜지는지의 여부를 엄격히 감독했다.

(2) 복지 및 보육 제도, 가족정책

제2차 세계대전 후 본격화된 스웨덴의 가족정책은 아동과 출산 여성에 대한 복지 혜택을 부여하는 데에서 시작해서 일하는 부모가 노동과 육아를 공동으로 담당함으로써 노동시장에서의 젠더 평등을 장려하는 방

향에 맞춰 확대되어왔다. 1947년에 보편적 아동수당 지급이 실시된 것에
이어 1955년에는 일하는 여성에 대한 3개월 유급산후휴가제도가 실시되
었다.[1] 1974년에 여성산후휴가(maternal leave)가 부모육아휴가(parental
leave)로 확대 재편되어 제도적으로 출산 후 14주간의 유급산후휴가가 부
모육아휴가에 포괄되었다(김영순, 2004: 401; Earles, 2011: 183). 1974년에 소
득에 연동된 부모보험수당이 도입되어 출산 후 6개월 동안 부모가 나눠
서 유급육아휴가를 사용할 수 있게 되었다. 1980년에 육아휴가권이 1년
으로 확대되었고 3개월 추가 휴가(단 기본 정액 급여)가 가능하도록 변경되
었다(Duvander and Ferrarini, 2013: 4). 특히 1974년에 도입된 소득을 보장
한 부모나눔육아휴가제도는 양육은 여성이 전담하는 것을 당연시하는
전통적 젠더 접근 방식에서 벗어나는 흐름을 보여준다. 아픈 자녀를 돌
보기 위한 자녀상병수당제 또한 도입되었는데, 10세 미만 자녀가 아플
때 간병을 위해 휴직할 경우 연 10일에 대해 소득의 90%를 지급한다는
내용이었다.

늘어나는 보육서비스 수요에 미치지 못하는 보육서비스 확충을 위
해 스웨덴 정부는 1973년에 '취학 전 법(Preschool law)'을 제정했다. 뒤이
어 지방정부의 보육서비스 확충을 의무화하기 위해 1977년에 '아동법
(Child Act)'이 제정되었고, 1982년에는 아동법이 사회복지 관련 법률과
함께 '사회복지법(Social Service Act)'으로 통합되었다. 원칙적으로 일하는
모든 여성들은 취학 전 연령의 자녀들을 국영 아동센터에 맡기도록 되어
있다. 하지만 아동센터에 자리가 별로 없어 주간가정탁아소(family day
homes)에 맡기는 경우가 대부분이었다. 사회복지법 개정으로 지자체가
보육 제공의 의무를 지게 되었고 1995년에는 '아동돌봄법(Child Care Act)'

---

1   스웨덴 국가 공식 홈페이지 참조.

을 통해 지방자치단체에 아동의 취학 전 활동과 보육 공급을 수요에 맞게 제공할 수 있도록 의무를 강화하는 내용으로 사회복지법이 개정되었다(Earles, 2011: 183; 최성은, 2016: 170~171; 한혜경, 1990: 47).

육아휴직제도는 국가별로 제도적 구성이 상이하고 복잡해 단순 비교가 어렵다. 표 6-1은 아픈 아이를 돌보기 위한 일시적 휴가 등을 제외하고, 고용을 유지하면서 사용할 수 있는 법정 어머니휴가(출산휴가 포함), 아버지휴가, 부모휴가(스웨덴은 어머니휴가가 따로 없이 부모휴가제도에 포함됨) 만을 간략히 비교한 것이다. 유럽연합 주요국과 비교적 관점에서 스웨덴의 육아휴직제도를 살펴보면 스웨덴뿐 아니라 다른 국가들 역시 일과 가정의 균형을 고려하는 방향으로 보육제도를 정비한 것을 확인할 수 있다. 중요한 것은 제도의 효과이다.

독일의 육아휴직제도(parental leave, elternzeit) 역시 성평등적이지만 2014년 조사에 따르면 6세 이하 자녀를 둔 20~55세 아버지(친부와 양부 포함) 가운데 38%만 육아휴직을 사용했고, 이 중 80%는 자녀 출생 직후 2달 동안만 휴직했다(Evans and Foley, 2014.1.13). 영국의 경우 부모나눔육아휴직제도가 2014년 12월부터 실시되었으나, 최근 조사에 따르면 2017년 3월부터 9월까지 6개월 동안 2~3%의 부모만 이 제도를 이용했다(Gordon, 2017.9.18). 가장 큰 원인으로는 100% 임금 보장이 되지 않는 데 따른 포기, 여성의 출산 및 육아 휴가 선호로 인한 남성의 포기, 육아휴직제도 신청 및 활용에 대한 사용자의 홍보 부족과 근로자의 인식 부족 등으로 정책의 취지와 현실적 적용 간에 괴리가 큰 한계가 드러났다(Ndzi, 2017: 1333~1334).

아버지의 경우 100% 급여가 보장되지 않는 육아휴직을 선택하는 경우는 매우 드물었으며 부모 각각이 아닌 나눔휴직 기간은 아버지의 육아휴직 활용에 유인을 제공하지 못함을 알 수 있다. 2016년 육아휴직을 사

표 6-1

국가별 육아휴직제도 비교: 2017년 기준

국가	기간 및 종류	급여수준
스웨덴	• 14주 출산휴가(부모육아휴직에 포함) • 자녀가 8세가 될 때까지 16개월간 육아휴직 사용 가능(아버지 육아휴직 2개월 의무), 자녀가 12세가 될 때까지 매년 2개월 유급휴가(2017년 기준)	• 유급: 임금의 80%, 상한 있음
독일	• 2주 어머니 출산휴가 • 부모 3년간 육아휴직 가능(2017년 기준)	• 출산휴가: 유급(100%) • 2년만 정액
영국	• 2주 어머니 출산휴가 후 50주간 부모선택나눔육아휴직 가능(2017년 기준)	• 6주: 임금의 90% • 33주: 상한 있음(아버지의 경우 37주간 법정 급여 가능)
프랑스	• 최소 8주 여성 출산휴가 의무, 최대 2주 아버지 출산휴가(3일 법정휴가 포함) 가능 • 부모나눔육아휴직: 첫째 자녀 1년, 둘째 자녀부터 3년 가능	• 출산휴가: 유급(84~100%) • 육아휴가: 첫째 자녀 무급, 둘째부터 2년 정액
미국	• 연방정부 법정 출산·육아휴직 조항 없음(캘리포니아주 3개월 출산휴가 가능)	• 무급
한국	• 부모 각각 자녀 1명당 1년 육아휴직 가능 • 아빠육아휴직보너스제: 2019년 1월 1일부터 상한금액 250만 원으로 증액(전년도 대비 50만 원 증액)	• 3개월: 통상임금의 80%(상한 50만 원) • 4개월부터 종료일까지: 40%

자료: 육아휴직 기간 및 급여수준은 OECD Family database(2017) 참조; 스웨덴은 국가 공식 홈페이지 참조; 독일은 Evans and Poley(2014) 참조; 영국은 Ndzi(2017) 참조; 프랑스는 김민정(2018: 139~140) 참조; 한국은 여성가족부 홈페이지 참조.

용한 아버지 비율은 스웨덴 45%, 독일 24.9%로 보장되는 급여에 따른 차이가 매우 크다. 이와 같은 조사 결과는 제도가 모든 것을 해결해주지는 않으며, 동일한 제도가 시행되더라도 경제적 상황이나 부모의 가정에서의 역할에 대한 사회적 관점에 따라 결과는 다르게 나타날 수 있음을 시사한다.

2) 사회개혁정책 형성 및 확대 과정: 사회민주주의적 사회개혁정책과 현대적 가족정책 개혁

(1) 1950년대 이전: 사민주의 정부 주도 사회개혁정책

1919년 지방선거에 여성 투표권이 보장되고 1921년 의회선거에 여성 투표권이 보장되면서 남녀평등 보통선거가 도입되었다. 1920년대까지도 스웨덴에서 기혼 여성의 경제활동은 낮은 수준에 머물러 있었다. 1920년대까지 여성 고용률은 29%에 머물렀다.

1930년대에 사민당 정부 주도 사회개혁이 시작되었다. 뮈르달 부부의 여성정책 및 아동정책 개혁에도 불구하고 전통적인 성역할에 대한 관점은 유지되었다. 1930년대 사민당 정부가 주창한 '인민의 가정 혹은 국민의 집(folkhemmet)'으로서의 사회 이미지에 성평등적 관점은 포함되어 있지 않았다. 하지만 사회개혁자이자 경제학자인 알바 뮈르달은 가사노동과 자녀 육아가 사회화되어야 한다고 주장했다(Carson, 2001: 64).

알바 뮈르달의 "남성과 여성이 모두 노동시장에 참여하고 가사를 분담하는 것이 국민의 집"이라는 당시로서는 획기적인 젠더 평등적 사회상 뒤에는 인구문제에 대한 고려가 있었다. 스웨덴은 19세기 말부터 20세기 초 출산율 저하로 인구가 감소했고, 특히 제1차 세계대전과 제2차 세계대전 사이의 전간기에는 세계 최저 수준의 출산율을 기록했음에도 사회민주주의자들에게는 출산장려정책에 대한 거부감이 있었다. 하지만 뮈르달 부부가 「인구문제에서의 위기」를 발간하고 의료서비스, 보육, 교육, 주거 등과 관련한 종합적인 사회정책 대안을 제시하면서 사민당 정부에 의한 여성정책과 아동정책 개혁이 시작되었다(신정완, 2017: 52~91; 장선화, 2011: 126). 1939년에는 종업원 3인 이상 기업에서 결혼, 임신, 출산을 이유로 여성노동자를 해고하거나 감봉할 수 없도록 금지하고 12주간 육아휴가를 인정했다.

하지만 제도가 도입된 이후로도 자녀를 가진 여성이 직장 때문에 아동을 집에서 돌보지 못한다는 데 대해 적절치 못하다는 시각이 지배적이었다. 탁아소가 정부지원을 받게 된 1943년에도 대부분의 국회의원이 보육기관을 확장하는 정부 계획에 반대했다(최성은, 2016: 156). 이후로 30여년이 지나 여성의 경제활동 참여가 대폭 증가하면서 1970년대에 일과 가정의 양립을 고려하는 방향으로 근로자 복지 및 가족정책이 개혁되었으며 사회적 관점의 변화가 진행되었다.

(2) 제2차 세계대전 이후(1950년대~): 정부 주도 일자리 창출, 여성 취업 증대 및 사회보장제도 확충, 사회적 관점 변화

제2차 세계대전 후 여성 노동력 수요가 증가함에 따라 공립 보육서비스 확충 필요성이 증가했고 정부의 보육시설 지원에 대한 긍정적 여론이 형성되었다. 공립 보육시설이 여성 취업을 가능하게 할 것이라는 기대감이 커졌다. 1960년대에 걸쳐 여성의 노동시장 참여율(labour force participation rate)이 50% 이상으로 증가했고 1970년에 63%, 1980년에는 81%로 증가했다.

앞서 살펴보았던 것과 같이 기초연금 및 부가연금(1959)과 같은 근로자 복지정책이 도입되었고 1970년대에는 부모보험제도 및 질병수당(sickness benefit)(1974)이 실시되는 등 주요 가족정책 개혁을 통해 일과 가정의 양립을 위한 제도적 고려가 본격화되었다.

1960년대까지 여성은 대체로 가사를 돌보는 아내이자 자녀를 양육하는 어머니로서 인식되었고 국가의 가족정책도 이에 맞춰져 있었다(Earles, 2011: 181). 1930년대부터 진행된 사회개혁 조치들에도 불구하고 남성이 생계를 부양하고 여성이 양육을 담당하는 성별 생계부양자-양육자 분리형에 가까웠다고 할 수 있다.

하지만 앞서 언급한 바와 같이 1970년대를 거쳐 스웨덴의 가족정책은 일하는 부모가 생계부양과 자녀 양육을 공동으로 담당하는 '생계부양자-양육자 모델'(Duvander and Ferrarini, 2013: 3~4) 혹은 '성별분업해체형'(김민정, 2018: 122)으로 전환되었다. 제2차 세계대전 후 완전고용에 가까웠던 노동시장은 1970년대 오일쇼크로 인한 경제위기 상황에서 유지되기 어려웠고, 민간 부문에서 고용이 창출되기 어렵게 되자 스웨덴 정부는 공공 부문과 여성 고용 확대를 통해 노동시장을 활성화시키고자 했다. 앞서 살펴본 바와 같이 이때부터 스웨덴은 육아휴직제도, 상병수당 등을 통해 전일제 여성 고용과 상대적으로 높은 출산율이 결합될 수 있도록 하고, 자녀 양육에 대한 아버지 참여를 독려하며, 자녀 복지를 증진하는 등 일과 가정생활의 양립에 대한 부모의 선택을 높여주는 가족정책을 점차 확대 실시해왔다.

1980년 25~34세 여성의 81%가 노동시장에 참여했다(최성은, 2016: 171). 1980년대 여성의 노동시장 참여율 및 출산율의 동반 증가는 출산과 보육 관련 복지제도들이 정비되어 그 효과가 지속되었다는 점을 방증한다. 하지만 1990년대까지도 전문직 여성 비중이 높지만 대부분 저학년 교사와 간호사와 같이 전통적으로 성 정형화된 전문직에 종사하는 데 그쳤다(한혜경, 1990: 47).

(3) 현대적 변화(1990년대~): 중도보수 연정에 의한 가족정책 개혁, 아버지 육아휴직제도 도입, 일·가정 균형정책 구체화

가족정책의 개혁과 젠더 평등적 노동시장으로의 전환, 자녀 돌봄서비스의 사회화에도 불구하고 1970년대까지 아버지의 육아휴직 참여 비율은 높지 않았다. 스웨덴의 일·가정 균형정책이 효과를 거둘 수 있었던 것은 정부가 정책적 연속성을 유지하면서 부모의 참여를 유도하는 추가적인 개혁 조치들을 지속했기 때문이다.

스웨덴사민당과 블루칼라노동조합총연맹(LO)은 여성의 일과 가정 양립을 지지하는 노동시장 및 가정에서의 젠더 평등 모델을 지원했고, 아버지 육아휴직 이용 확대를 위한 추가적인 정책 조치들을 해나갔다. 1970년대까지 사민당과 LO에 의해 여성의 노동시장 참여와 보육의 사회화를 통한 일·가정 균형정책의 기초가 마련되었다면 2000년대에는 출산율 저하와 일과 가정 균형을 위한 가족정책 개혁이 추진되었다.

사민당 정부의 약 44여 년에 걸친 집권 기간 내내 몇 차례 짧은 정권교체만을 경험했던 중도 우파 정당들은 1991~1994년의 짧은 정권교체 후 다시 오랫동안 야당에 머물렀다. 2006년 정권교체로 중도 보수 연정이 출범하면서 전개된 가족정책 개혁 조치들은 사민당 정부 시기의 정책적 틀에서 크게 벗어나지 않는 방향이었다. 주로 노동시장에서의 젠더 평등과 일과 가정의 양립을 위한 정책적 조치들이었다. 보수정당들 역시 아버지 육아휴직에 대해 동의함으로써 스웨덴 정부는 일·가정 양립 및 균형을 위한 젠더 평등적 정책을 지속해갔다. 부모 각각의 육아휴직 기간을 별도로 정하고, 육아휴직 기간을 늘리고, 육아휴직을 1일 단위가 아니라 반일 혹은 1/4 등으로 쪼개어 유연하게 사용할 수 있도록 하고, 부모 공동 육아휴직에 대한 인센티브로서 보너스를 지급하는 등 다양한 조치들이 동원되었다.

1980년대 육아휴직 기간이 확대되면서 아버지들이 육아휴직을 선택하는 데 동기를 부여했다. 다른 국가들에 앞서 1995년 스웨덴 정부는 아버지의 달과 아버지 의무육아휴직제를 도입했는데, 의무육아휴직은 부모 각각 1개월로 서로 양도가 불가했다. 육아휴가를 가지 않을 경우 유급 휴가가 없어지는 것이 되어 부모 각각 의무육아가제도가 처음으로 도입된 이후 육아휴가를 신청하는 아버지가 44%에서 77%로 급증했다. 의무육아휴가제도는 2002년 개정되어 육아휴직 가능 기간 16개월 중 아버지휴직 기간 2개월(60일)이 의무화되었다. 휴직 기간이 13개월 이상인 경우 이후 3개월은 육아휴직 보조금이 임금에 연동되지 않는다.

2006년 부모육아휴직의 하한액은 60크로나(SEK, 스웨덴크로나, 이하 크로나)에 불과했으나 2013년 225크로나로 점차 증가해 일하지 않는 부모에게 지급하는 수당이 늘어났다. 1990년대까지는 육아휴직 시 받을 수 있는 수당 상한이 정해져 있어 휴직을 하더라도 임금의 80%를 보전받을 수 없는 경우가 많아 경제적 이유로 육아휴직을 하지 않는 아버지가 많았으나 2006년 수령액 상한을 올려 임금의 80% 정도를 보전받는 부모 수가 많아짐으로써 특히 아버지들이 육아휴직을 기피할 경제적 이유가 적어지는 계기가 되었다.

2007년 가사서비스에 대한 세금 감축 혜택이 도입되었다. 정책목표는 가사서비스 시장을 통한 일자리 창출과 전일제 직장에 종사하는 부모가 경력을 유지할 수 있도록 보조하는 것이었다. 청소와 아기 돌봄서비스 이용 시 비용의 50%에 해당하는 세금 혜택을 받을 수 있으나 세금 감축을 통해 혜택을 받을 수 있는 고임금 가계만이 혜택을 받을 수 있고, 질이 낮고 저임 노동시장을 창출한다는 비판을 받아왔다. 2008년 7월에는 어린 자녀를 둔 부모들과 관련한 정책 개혁이 도입되었는데, 젠더 평등 보너스(gender equality bonus)와 양육수당(home-care allowance)이 대표적이다. '젠더 평등 보너스'는 부모 동등 육아휴직 시 지급되는 보너스로 아버지가 육아에 참여하도록 동기를 부여한다는 의미로 붙여진 명칭이다 (Duvander and Ferrarini, 2013: 6).

중도보수 연정을 구성한 기민당은 전통적인 성역할에 따라 여성이 가정에 머무르면서 양육수당을 받는 것을 옹호하는 반면 자유당은 젠더 평등적 가정을 지지하며 여성이 직장에서 일을 계속하면서 경력을 유지하는 것, 즉 생계부양자-양육자 정책을 지속적으로 지지해왔다(Duvander and Ferrarini, 2013: 6; Earles, 2011: 187~189). 부모가 나누어 육아휴직을 할 경우 보너스 혜택을 주고 자녀를 보육기관에 보내는 시기를 늦추기를 원하는 부모에게 가정에서의 양육수당을 지급하는 것이었다. 원래 스웨덴에서 양육수당은 1994년 중도 우파 연정에 의해 도입되었다가 실시 4개월 만에 사민당 집권 이후 바로 폐지되는 등 정치적 입장에 따라 매우 논쟁적인 제도였다. 그럼에도 불구하고 2008년 중도보수 연정에 의해 도입된 양육수당은 2014년 정권교체 후 사민당 정부 집권 후에도 유지되었는데, 스웨덴 전체에 보편적으로 적용되는 것은 아니며 채택 여부가 지자체에 달려 있다. 2010년 기준으로 양육수당 지급을 채택한 지자체는 290개 중 100개였다(Earles, 2011: 187). 양육수당은 다른 사회보조 혜택과 중복 적용될 수 없다. 하지만 직장 근무 기간과 무관하게 양육수당을 신청할 수 있도록 함으로써 주로 여성들이 양육수당을 신청하는 경향이 있으며 따라서 전통적인 여성 보육자 역할 모형에 따른 정책이라는 비판을 받았다(Duvander and Ferrarini, 2013: 6).

2016년에 들어서 아버지 의무육아휴직 기간은 90일로 확대되었다 (Duvander, Hass and Thalberg, 2017: 126~127). 2017년을 기준으로 아버지의 출산육아휴직은 10일, 급여의 77.6%가 보장되며 상한액은 연간 33만 2200크로나이다. 육아휴직 체계는 부모가 육아휴직을 나누어 사용할 때 휴직수당을 더 많이 받을 수 있도록 디자인되어 있어 부모가 동등하게 육아휴직을 사용할 경우 양쪽 모두 50크로나를 추가로 받는다. 단 급여 연동비율로 계산해 받을 수 있는 보너스의 최대치는 1만 3500크로나이다(OECD Family database, 2017).

처음 육아휴직을 실시했을 때에 비해 추가 정책 조치들은 파급효과가 크지 않았으며 대중들의 거부감도 있었다(Earles, 2011: 189). 하지만 부모육아휴가를 나눠 쓰는 부모에게 보너스를 지급하는 등 목표를 달성하기 위한 지속적인 정책의 보완·확대는 제도의 자기강화 효과를 분명히 나타내고 있다.

4. 젠더적 관점에서 본 일·가정 균형정책의 효과 및 한계

1) 여성 고용 확대, 노동시장 젠더 격차 축소

1970년대부터 본격화된 스웨덴의 가족친화적 일·가정 균형정책, 여성의 경제활동 참여와 경력 유지에 동기를 부여하는 다양한 정책적 조치들, 특히 유연한 육아휴가제도와 육아에 대한 부모 공동 책임을 강조하는 정책적 조치가 여성 고용을 확대하고 자녀 출산 이후에도 여성이 경력을 유지하는 데 실질적인 효과가 있는 것으로 나타났다(Pylkkänen and Smith, 2004: 1~33).

총고용률 대비 여성 고용률, 남녀 노동시간, 임금격차 등을 기준으로 평가할 때 여성 고용률이 높은 수준으로 유지되는 동시에 노동시장 내 젠더 격차는 현저히 축소되었다. 그림 6-4는 2001~2014년간 스웨덴의 출산율, 여성 고용률, 총고용률을 비교한 것이다. 해당 기간 내 여성 고용률은 70% 초반을 유지하고 있으며 총고용률의 증감과 비교적 일치한다.

여성과 남성의 노동시간 및 임금격차가 줄어들고 있다는 점도 눈여겨볼 필요가 있다(그림 6-5 참조). 통상적으로 돌봐야 할 자녀가 있는 여성의 경우 전일제 노동이 아닌 시간제 노동으로 근무하거나 임금 면에서

그림 6-4

스웨덴의 출산율, 여성 고용률과 총고용률: 2001~2014년

단위: %

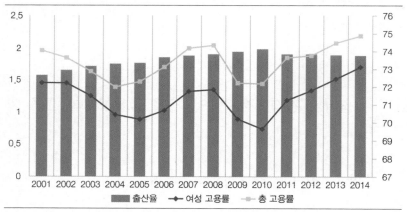

주: 출산율은 왼편 축, 여성 고용률과 총고용률은 오른편 축 수치 기준.
자료: 총고용률, 여성 고용률은 OECD. Stat 국가통계(Country Statistical Profile) 메타데이터, 출산율은 SCB
공식 통계 메타데이터로 추출해 필자가 작성함.

남성에 미치지 못한다. 하지만 2000년대에 들어 이와 같은 현상이 완화
되고 있다. 7세 이하 자녀를 둔 여성의 노동시간이 증가하여 남녀 간 노
동시간 격차가 축소되어 2005년부터 2016년까지 주당 9시간 정도 줄어
들었다. 2000년대 들어 남녀 임금격차 또한 지속적으로 줄어들고 있다.
스웨덴중재사무소에 따르면 2016년 남녀 임금격차는 12%에 불과했다
(Medlingsintitutet, 2017).

　　그럼에도 불구하고 스웨덴 통계청 조사 결과에 따르면 모든 급여를
전일제로 환산했을 때 2014년 스웨덴 전체 노동시장에서 여성의 임금은
남성의 86% 수준에 머물렀으며 2016년에는 87%로 큰 변화가 없었다
(SCB, 2016b). 여전히 여성과 남성은 종사하는 직업이 다르고 급여에도 차
이가 있다.

그림 6-5

스웨덴 노동시장 내 남녀 임금격차: 2005~2016년

단위: %

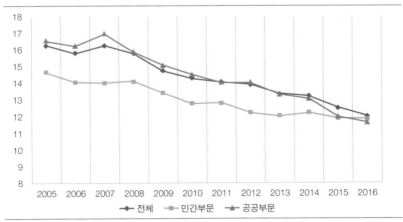

자료: Medlingsinstitutet(2017), Table 1.4 Women's wages as a percentage of men's wages(unweighted) 를 참조하여 필자가 작성함.

2) 저출산 극복 및 지속가능한 발전

스웨덴 역시 다른 선진 산업 국가들과 유사하게 1970년대 경제성장이 둔화되고 출산율의 급락을 경험한 바 있다. 1964년 2.47명이었던 출산율이 1978년 1.61명으로 떨어진 것이다. 이에 스웨덴 내에서는 여성의 경제활동 참여와 가정생활 균형을 위한 사회적 노력이 필요하다는 공감대가 형성되었다. 이후로 스웨덴은 일·가정 균형을 위한 가족정책 개혁 조치 및 아버지 육아휴직제 도입 및 의무화 등의 정책을 도입했다(NPR, 2011).

스웨덴의 출산율은 2010년 1.98명까지 증가했다가 이후 점차 줄어들어 2017년 1.78명까지 줄어들었다(그림 6-3 참조). 스웨덴에서 2004년부터 2012년 사이 인구 증가 및 출산율의 증가는 이라크, 아프가니스탄, 소말리아와 같은 무슬림 국가로부터 이주 유입에 의한 것이었지만(World Population Review, 2018), 경향적 저하에도 불구하고 2000년대에 걸쳐 높은 수준으로 유지되고 있는 출산율은 이민의 증감에 큰 영향을 받지 않고 있다.

기존 연구에서 출산율에 영향을 미치는 요인에는 생계부양자의 수입 및 자녀 양육의 기회비용과 같은 경제적 요인, 여성의 수입 및 고용 안정성, 출산과 양육 이후 직장으로 복귀 가능성, 양육 및 돌봄노동에 대한 남녀 역할 배분 등이 제시된다(김민정, 2018: 128~129). 최근 OECD 32개 회원국을 대상으로 출산율에 영향을 미치는 주요 경제·사회 지표들의 요인을 분석한 결과, 여성의 경제활동참가율이 높은 정(+)의 상관이 있는 것으로 나타났다(박경훈, 2017: 16~70). 여성의 경제활동참가율 다음으로 남성 근로시간 비중, 혼인율 등이 출산율과 유의미한 정(+)의 상관이 있는 것으로 나타났지만 영향의 정도는 작았다.

2014년을 기준으로 할 때 OECD 회원국들 가운데 스웨덴의 전일제 맞벌이 부부 비중이 68.3%(회원국 평균 41.9%, 한국 29.4%)로 가장 높았다는 점을 감안하면 스웨덴 여성의 경제활동이 출산을 기피하는 원인으로 작용하지 않는다는 점을 확인할 수 있다. 스웨덴의 경우 남성과 여성의 구분 없이 노동자로서 국가경제에 기여하는 납세자에게 각종 사회보장 혜택을 주도록 제도화되어 있고 일·가정 균형정책이 효과를 발휘하면서 여성들이 경력을 유지하면서 출산을 할 수 있게 된 것이다. 자녀 1인당 가능한 육아휴직 기간 총 480일 중 부모가 각각 90일씩 의무적으로 사용하도록 했고, 아버지 육아휴가제를 의무화함으로써 아버지 또한 자녀 양육에 대한 책임과 권리 의식을 갖도록 유도했다.

3) 한계: 노동시장 내 젠더 격차, 여성 고용 내 격차 존재(학력별, 연령대별)

일·가정 균형정책의 직접적 효과는 여성의 경제활동참가율 증가(여성 고용률 증가)와 저출산 극복(출산율 증가), 남녀 공동육아 참여(아버지 육아휴직 증가) 등으로 나타난다. 하지만 스웨덴 내에서도 노동시장에서 젠더 격차는 여전히 적지 않으며 여성 노동의 양적·질적 차원에서 평가를 달리할 필요가 있다.

질적 문제를 별도로 할 때 스웨덴의 노동시장은 여성 고용에 열려 있는 구조이다. 2014년 기준 스웨덴 내 총고용률은 74.8%인데 여성 고용률은 73.1%로 거의 차이가 나지 않는다(그림 6-4 참조). 하지만 노동시장 전체적으로 공공 부문 서비스업에 종사하는 여성 비중이 매우 높으며 여성의 학력에 따라 고용 분야, 형태, 기간 등의 면에서 질적 차이가 크게 나타난다.

여성 고용의 질에 초점을 두었을 때 스웨덴 노동시장의 특징은 다음과 같다. 첫째, 여성의 정치적 대표성이 매우 높다. 스웨덴은 정치적 대표성을 의미하는 선출직 및 임명직 최고 정부 공직 분야에서 젠더 평등이 세계에서 가장 높은 국가로 손꼽힌다. 스웨덴은 1998년 총선 이후 의회(Riksdag) 내에서 여성 대표율 43%에 이르는데 이는 내각의 50% 수준이다(이헌근, 2007: 3). 2016년을 기준으로 스웨덴의회 내 여성의원 비율은 43.6%로 OECD 평균 28.7%에 비해 매우 높다(OECD. Stat., 2015).

둘째, 여성 고용은 부문별로는 공공 부문, 직종 면에서는 서비스업에 편중되어 있다. 1998년 이후 공공 부문의 고용이 지속적으로 증가하고 있는데, 특히 여성 고용 비중이 높고 주로 기초자치단체에서 증가했다. 또한 여성 고용은 직종 면에서는 서비스업에 편중되어 있다. 2012년 기

그림 6-6

스웨덴 여성 학력에 따른 고용률(25~65세): 2003~2014년

단위: %

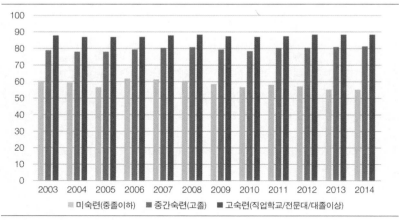

자료: OECD, Stat.(2019) 수치에 기초해서 필자가 작성함.

준으로 스웨덴의 여성 피고용인 중 90.8%가 서비스업에 종사하고 있다.

셋째, 전문직 여성 비중이 높은 편이나 대부분 저학년의 교사와 간호사와 같은 전통적으로 성 정형화된 전문직에 종사한다(한혜경, 1990: 47). 이와 같은 측면은 의회에서의 높은 대표성과 대비되는데 여성 고용과 관련해 고용시장에서의 불균형에 영향을 미치는 요인은 학력 및 숙련도와 연령으로 나타난다.

학력 및 숙련도는 남녀뿐 아니라 여성 간 고용률 격차에, 연령은 남녀 간 고용 지속성 격차에 영향을 미친다(그림 6-6 참조). 스웨덴통계청에서 조사한 노동시장 보고서에 따르면 고졸 이상 여성과 고졸 미만 여성 간 고용률 격차는 약 10%에 이른다(SCB, 2016a: 75). 또한 학력은 젠더 차이를 상쇄하는 효과를 나타내는 한편 여성 내 고용 격차의 원인으로 작용한다. 고학력(대학교, 고졸 후 직업학교 졸업 이상) 여성의 경우 남녀 고용률

그림 6-7

스웨덴의 연령대별 남녀 고용: 1990~2017년

단위: %

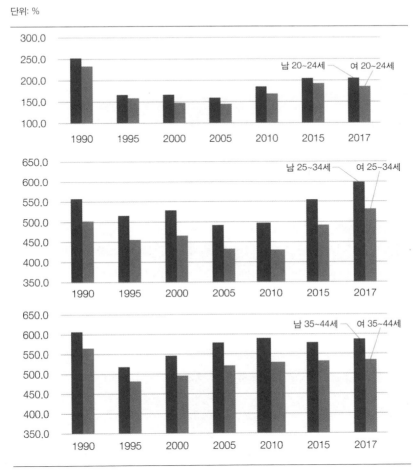

자료: SCB(2019) 수치에 기초해서 필자가 작성함.

격차가 2.3%인 데 반해 고졸의 경우 19.1%로 고학력 여성의 경우 노동 시장에서 고용률이 저학력 여성보다 더 높은 동시에 고용 지속 기간이 더 길다.

그림 6-7은 일·가정 균형을 중심으로 한 현대적 가족정책 개혁이 본격화된 1990년대부터 최근까지 스웨덴의 남녀 고용을 연령대별로 분류하여 나타낸 것이다. 스웨덴 노동시장에서 연령에 따른 남녀 고용률 격차는 20~24세 0.5%, 25~44세 4.3%, 20~64세 3.6%이다(SCB, 2016: 74). 연령에 따른 남녀 고용률 격차는 노동시장 진입 시기에 상대적으로 적은 데 비해 출산 및 1~3세 자녀 보육기에 해당하는 연령대에서 보다 크게 나타나 노동시장 내 젠더 격차가 여전히 있음을 확인할 수 있다.

스웨덴에서 실시한 최근의 일·가정 균형정책적 조치가 모두 효과적이거나 기존의 사회민주주의적 평등 및 젠더 평등 관점과 조화롭다고 보기 어려운 측면도 존재한다. 지속적으로 논란이 되었던 양육수당의 경우, 저임 노동 여성의 고용 상태를 유지시키며 노동시장 내 격차를 좁히지 못할 것이라는 우려가 현실화되는 경향이 있다. 스웨덴 출생의 스웨덴인보다 상대적으로 노동시장에서 소외된 이민자 여성들이 양육수당을 더 많이 이용하는 경향을 보이는데(Earles, 2011: 188). 스웨덴 내에서도 인구 구성상 이민자 비중이 증가하면서 정책적 효과가 다층적으로 나타나며 이에 따라 상대적으로 단일했던 20세기와는 달리 점차 정책적 목표와 대상을 복합적으로 설계해야 하는 양상이 증가하고 있다.

5. 맺음말: 스웨덴 일·가정 균형정책의 젠더적 함의

스웨덴은 노동인구 증대, 여성 일자리 창출, 일·가정 양립, 출산율 증대, 부모의 일·가정 균형을 통한 빈곤 위험의 감소 등 현대 사회에 새로운 도전이 된 사회적 과제들을 지속적인 정책 개발을 통해 해결하고 보완해왔다. 인구 부족에 대한 위기감이 19세기 말부터 20세기 초, 1930

년대, 1950~1960년대, 현대에 이르기까지 지속적으로 스웨덴 정부의 정책적 과제였다.

사회 재생산과 경제 성장을 위해 필요한 적정 인구와 노동력을 확보하는 것은 국가의 기본 과제에 해당한다. 하지만 스웨덴은 일찍부터 단순히 인구 정책적 차원에서 출산율을 높이기 위한 정책적 조치에서 더 나아갔다. 스웨덴 사민당 정부가 1930년대부터 추진한 사회개혁정책은 인구 감소에 대한 대책과 완전고용의 목표가 결합된 형태였고 1960~1970년대 이후 여성 고용의 확대와 이를 뒷받침하는 보육 정책 개혁이 진행되었다. 가족정책은 생계부양자-양육자 분리형에서 1970년대를 거쳐 일하는 부모가 생계부양과 자녀 양육을 공동으로 담당하는 생계부양자-양육자 모형 혹은 성별분업해체형으로 전환되었다.

스웨덴 노동시장 및 복지 정책의 제도화로 젠더 역할에 대한 사회적 관점의 변화가 진행되었고 1990년대 부모의 육아 분담과 일·가정 균형 개념을 결합한 가족정책의 현대화가 가능했다. 1990년대에 사민당 정부와 중도우파 연정의 정권교체에 따라 정책적 변화가 없었던 것은 아니지만 중요한 것은 큰 틀에서 정책 방향의 지속성이 유지되었다는 점이다.

이 글에서 확인한 바와 같이 일·가정 균형정책의 직접적 효과는 여성의 경제활동참가율 증가(여성 고용률 증가)와 저출산 극복(출산율 증가), 부모 공동육아 참여(아버지 육아휴직 증가) 등으로 나타난다. 이처럼 스웨덴은 정책 설계의 방향과 지속성에 따라 사회의 모습이 달라지는 결과를 보여주는 대표적 실험 사례이다. 보육 및 교육 과정에서 젠더 차이가 거의 없어진 현대 사회에서도 교육수준 및 직업적 능력과 무관하게 여성은 결혼과 출산을 이유로 경력이 단절되는 경우가 많으며 독립적인 경제 주체로서 일과 가정을 양립하기 어렵다. 스웨덴의 일·가정 균형정책은 전통적인 젠더 역할에 대한 사회적 관점의 변화를 통해 일차적으로 출산과 육아가 여성의 경제활동에 걸림돌이 되지 않고 여성의 경제적 독립이 가능한 형태의 사회, 자녀 돌봄에 있어서도 젠더 역할이 평등한 형태의 스웨덴식 일·가정 균형 모델을 형성하기에 이르렀다.

출산율 제고와 노동력 확충, 일과 가정의 균형을 통한 삶의 질 증대 등은 고령화 사회로 접어드는 선진 산업 민주주의 국가들이 지속가능한 발전을 위해 충족해야 하는 필수 조건이다. 스웨덴식 일·가정 균형을 위한 정책적 조치들은 여성의 경제활동과 가정의 양립이라는 당면 과제를 해결하는 데에는 성공적이었다. 하지만 여성 고용의 질적 측면에서 평가할 때 젠더 간 사회적 기회가 평등하지는 않다. 공공 부문, 서비스 부문에 여성 노동력이 집중되어 있을 뿐 아니라 학력별, 연령대별 고용 격차가 여전히 존재한다. 또한 가족정책 차원에서 스웨덴 출신과 이민자 간의 정책 수요가 다르다. 이와 같은 새로운 도전에 대한 대응과 지속적 혁신이 필요할 것이다.

참고문헌

김민정. 2018. 「프랑스 출산장려를 위한 가족정책의 젠더적 함의」. ≪유럽연구≫, 제36권 1호, 117~150쪽.

김영순. 2004. 「노동조합과 코포라티즘, 그리고 여성 노동권」. ≪한국정치학회보≫, 제38권 2호, 399~420쪽.

김주숙. 2000. 「스웨덴의 가족정책 연구」. ≪스칸디나비아 연구≫, 창간호, 237~274쪽.

박경훈. 2017. 「고령화의 원인과 특징」. ≪조사통계월보≫, 제71권 제6호, 16~17쪽.

신정완. 2017. 「1930년대 스웨덴 인구문제 논쟁에서 제시된 뮈르달 부부의 가족정책 구상의 이론적, 철학적 기초」. ≪스칸디나비아 연구≫, 19호, 51~96쪽.

이현근. 2007. 「여성의 정치적 대표성과 선거제도와의 상관성 연구 - 스웨덴을 중심으로」. ≪한국시민윤리학회보≫, 제20권 2호, 1~18쪽.

장선화. 2011. 「스웨덴의 제도변화와 정책전환」. 서울: 이화여자대학교 대학원 박사학위논문.

최성은. 2016. 「스웨덴 여성 일-가정양립 경로의 역사적 형성과정에 관한 연구」. ≪스칸디나비아 연구≫, 제17권, 139~190쪽.

한혜경. 1990. 「영국과 스웨덴의 여성고용정책」. ≪여성학논집≫, 제7권, 1~15쪽.

Åkerman, Sune. 1975. "Swedish Social Development from 1840 to 1970 as Reflected in Emigration." in Steven Koblic(ed.). *Sweden's Development from Poverty to Affluence 1750~1970*. Mineapolis: University of Minesota Press.

Carlson, Allan. 2001. "Gunnar Myrdal Reconsidered." *Society*, Vol. 38, No. 5, pp. 62~65.

Davaki, Konstantina. 2016. *Directorate-General for Internal Policies: Policy Department C: Citizens' Rights and Constitutional Affairs-Demography and Family Policies from a Gender Perspective: Study for the Femm Committee.* Brussels: European Parliament.

Dunavder, Ann-Zofie, Linda Hass and Sara Thalberg. 2017. "Father on Leave Alone in Sweden: Toward More Equal Parenthood?" in Margaret O'Brien and Karin Wall(eds.). *Comparative Perspectives on Work-Life Balance and Gender Equality: Fathers on leave alone.* London: Springer Open.

Duvander, Ann-Zofie and Tommy Ferrarini. 2013. "Sweden's Family Policy under Change: Past, Present, Future." Working Paper 2013(August). Stockholm: Stockholm University Linnaeus Center on SPaDE.

Earles, Kimberly. 2011. "Swedish Family Policy-Continuity and Change in the Nordic Welfare State Model." *Social Policy & Administration*, Vol. 45, No. 2, pp. 180~193.

Evans, Alex and Frances Foley. 2014.1.13. "German parental leave- your guide." *The Local.* https://www.thelocal.de/20140113/german-parental-leave-our-guide(검색일: 2018.5.2).

Fernandez-Crehuet, José Maria, J. Ignacio Gimenez-Nadal and Luisa Eugenia Reyes Recio. 2016. "The National Work-Life Balance Index©: The European Case." *Social Indicators Research: An International and Interdisciplinary Journal for Quality-of-Life Measurement*, Vol. 128, No. 1, pp. 341~359.

Gordon, Sarah. 2017.9.18. "Few families opt for shared parental leave." *Financial Times.* https://www.ft.com/content/2c4e539c-9a0d-11e7-a652-cde3f882dd7b(검색일: 2018.5.2).

ILO. 2018. "ILO modelled estimates, May 2018." https://www.ilo.org/ilostat/faces/oracle/webcenter/portalapp/pagehierarchy/Page3.jspx?locale=en&MBI_ID=7&_adf.ctrl-state=pzmrkv492_4&_afrLoop=66514643596101&_afrWindowMode=0&_afr

WindowId=null#!%40%40%3F_afrWindowId%3Dnull%26locale%3Den%26_afrLoo
p%3D66514643596101%26MBI_ID%3D7%26_afrWindowMode%3D0%26_adf.ctrl-s
tate%3D16gnjsdgwq_217(검색일: 2018.5.2).

Medlingsintitutet(Swedish National Mediation Office). 2017. "Löneskillnnden mellan
kvinnor och män 2016: Vad säger den officiella lönestatistiken?(Wage differences
between men and women)" http://www.mi.se/files/PDF-er/ar_foreign/Wage
diff.pdf(검색일: 2018.5.2).

Ndzi, Ernestine. 2017. "Shared parental leave: awareness is key." *International Journal
of Law and Management*, Vol. 59, No. 6, pp. 1331~1336.

NPR. 2011. "Parental Leave: The Swedes Are The Most Generous." https://www.npr.
org/sections/babyproject/2011/08/09/139121410/parental-leave-the-swedes-are-th
e-most-generous(검색일: 2018.5.2).

OECD. 2001. "Balancing work and family life: Helping parents into paid employment."
http://www.oecd.org/social/family/2079435.pdf(검색일: 2018.5.2).

OECD Family Database. 2016. "LMF 1. 2: A Maternal employment rates, 2014 or latest
available year." http://www.oecd.org/els/family/LMF_1_2_Maternal_Employment.
pdf(검색일: 2018.5.2).

_____. 2017. "PF 2. 1: Key characteristics of parental leave systems." https://www.
oecd.org/els/soc/PF2_1_Parental_leave_systems.pdf(검색일: 2018.5.2).

OECD. Stat. 2015. "EMP 17: female share of seats in parliament." www.oecd.org/
gender/data/EMP_All.xls(검색일: 2018.5.2).

_____. 2018. "LFS by sex and age-indicators." https://stats.oecd.org/Index.aspx?DataSet
Code =LFS_SEXAGE_I_R(검색일: 2018.5.2).

_____. 2019. "World Indicators of Skills for Employment." https://stats.oecd.org/Index.
aspx?QueryId=62775&_ga=2.188535720.1274486295.1548146954-1806196252.151
2113749#(검색일: 2019.1.22).

Pylkkänen, Elina and Nina Smith. 2004. "The Impact of Family-Friendly Policies in
Denmark and Sweden on Mothers' Carrer Interruptions Due to Childbirth." *IZA
Discussion Paper*, No. 1050, pp. 1~33.

SCB(Statistics Sweden). 2016a. "Mäns och kvinnors arbetsmarknad åren 2001-2016."
https://www.scb.se/Statistik/AM/AM0401/2016K01J/AM0401_2016K01J_SM_
AM110SM1602.pdf(검색일: 2018.5.2).

_____. 2016b. "Womens have lower salaries, incomes and pensions than men." https://
www.scb.se/en/finding-statistics/statistics-by-subject-area/living-conditions/gend
er-statistics/gender-statistics/pong/statistical-news/women-and-men-in-sweden-20

16/(검색일: 2018.5.2).

_____. 2017. "Arbetsmarknadssituationen för hela befolkningen 15-74 år, AKU 2017." https://www.scb.se/contentassets/e198ed9c3854440591be0a5a2f560 fab/am0401_2017k01_sm_am11sm1702.pdf(검색일: 2018.5.2).

_____. 2018. "Summary of Population Statistics 1960-1970." https://www.scb.se/en/finding- statistics/statistics-by-subject-area/population/population-composition/population-statistics/pong/tables-and-graphs/yearly-statistics—the-whole-country/ summary-of-population-statistics/(검색일: 2018.5.2)

_____. 2019. "Employed persons aged 15-74(LFS) by degree of attachment to the labour market, sex and age. Year 1970-2018." http://www.statistikdatabasen.scb.se/pxweb/en/ssd/START__AM__AM0401__AM0401I/NAKUSysselAnk2Ar/?rxid=0957c018-0f68-4388-a771-c38d44a30076(검색일: 2019.1.31).

Stryker, Robin, Scott T. Eliason, Eric Tranby and William Hamilton. 2011. "Family Policies, Education, and Female Labor Market Participation in Advanced Capitalist Democracies." in Gary B. Cohen, Ben W. Ansell, Robert Henry Cox, and Jane Gingrich(eds.). *Social Policy in the Smaller European Union States.* New York·Oxford: Berghahn Books.

World Population Review. 2018. "Sweden Population 2018." http://worldpopulation review. com/countries/sweden-population/(검색일: 2018.5.2).

스웨덴 국가 공식 홈페이지. "Sweden and Gender Equality." https://sweden.se/society/sweden-gender-equality/(검색일: 2018.5.2).

여성가족부 홈페이지. http://www.mogef.go.kr/cs/cbw/cs_cbw_s002d. do?mid=gnr108 참조(검색일: 2018.5.2).

제7장

캐나다

출산장려 가족정책과 이민정책의 부조화

김보람

1. 머리말

전 세계 여러 국가들은 고령화 문제에 직면하고 있으며 그중 몇몇 국가는 인구 감소로 인한 국가의 존망을 고민하기도 한다. 한 국가의 인구 증가율 또는 감소율은 일반적으로 출산율과 사망률에 근거하며 여러 연구에서는 출산율을 높이는 요인으로 여성의 사회적 지위 향상, 교육, 복지정책 등을 제시하며 문제와 대책을 강구했다. 그러나 대표적 이민국가인 캐나다에서는 이민자 변인이 인구에 더 큰 영향을 주고 있다.

최근 캐나다는 인구와 출산율이 증가하고 있는데 캐나다 정부는 낙관적 태도로 이 상황을 평가하고 있다. 캐나다의 인구 증가율은 2017년 기준 1.2%로 평균 세계인구 증가율 1.16%를 넘어섰으며 같은 북미 지역에 있는 미국[1]보다 한참을 웃도는 상황이다(World Bank, 2017a). 캐나다의 인구 증가율은 1990년대 이후 급락하여 2000년대 중반까지 하락 추세를 보이다가 2000년대 후반부터 다시 회복세를 보이고 있으며 인구 증가 속도가 빨라지고 있다(Statistics Canada, 2017a).[2] 캐나다의 인구성장에 대한 긍정적인 평가는 다음 세 가지 요인에서 기인한다. 첫째, 전통적 이민국가인 캐나다는 이민자 유입을 위한 정책을 확대함으로써 인구를 증가시켰다. 캐나다는 1971년 다원주의 정책을 공식적으로 선언한 후 이민자를 대폭 받아들이기 시작했으며, 이들이 정착하여 캐나다의 인구성장을 유지시키고 국가의 발전을 위한 동력이 될 수 있도록 1982년 인종, 국적, 피부색에 근거한 모든 차별을 금지하는 법적 틀을 마련했다. 그 결과, 캐

---

[1] 미국은 2017년 기준 0.7%에 머물렀다.

[2] 캐나다 연방 통계청이 발표한 인구통계 자료에 따르면 100만 명 증가하는 데 걸린 시간은 2년 2개월이며 최단 기간 내 인구 증가율을 기록했다.

나다의 이민자는 지속적으로 증가했고, 현재 인구성장률의 2/3가 이민자 유입으로 인해 발생되었다. 이처럼 캐나다는 이민자를 받아들이는 정책을 통해 저출산 문제를 해결해나가고 있으며 최근에는 이민자 확대정책을 통해 더 많은 이민자들을 받아들이기로 결정했다.

둘째, 국가가 출산을 하는 과정에서 발생할 수 있는 재정적 문제를 부담하거나 차별과 같은 사회적 문제를 해결하기 위해 법적 지원을 함으로써 출산할 수 있는 환경을 제공한다. 특히 '무상 천국'으로도 불리는 캐나다의 사회복지제도는 캐나다의 인구와 출산율 증가에 큰 영향을 미치고 있다. 출산 시 병원비와 자녀 양육비 지원, 출산휴가, 조세제도 등 출산·양육에 대한 경제적 부담을 상당 부분 줄여준다.

셋째, 여성에 대한 사회적 위치나 대우가 높은 편이며 여성을 자녀를 생산하고 가사를 도맡는 도구적 대상으로 보지 않고 남성과 동등한 권리를 누릴 수 있도록 제도적 장치를 마련했다. 자녀를 출산할 수 있는 사회적 분위기가 형성되어 있고 법적으로 성차별적 고용이나 불이익은 금지하고 있다. 또한 여성을 돌봄의 주체로 간주하지 않으며 육아와 돌봄 영역에서 남성의 참여를 유도해 가족 내 역할의 경계를 무너뜨리고 있다.

그러나 이민자 유입이 단기적 인구문제 해결에는 도움이 될 수 있으나 장기적 해결 방안으로는 적합하지 않음을 현재 캐나다의 전체 인구 증가율, 출산 증가율 대비 이민자 증가율의 불균형과 그리고 이민 사회 내 소수민족집단(visible minority)[3]의 여성 고용률과 출산율을 통해 알 수 있다. 캐나다의 인구 자연 증가(natural increase)는 전체 인구 증가의

---

3   '고용평등법(Employment Equity Act)'은 소수민족집단을 "원주민 이외의 민족으로, 코카시언이 아니거나 백인이 아닌 사람들"로 정의한다. 소수민족집단 범주에는 남아시아인, 중국인, 흑인, 필리핀인, 라틴아메리카인, 아랍인, 동남아시아인, 서아시아인, 한국인, 일본인, n.i.e.('다른 곳에 포함되지 않음'을 의미함)가 해당된다(Statistics Canada, 2011).

25.12%이며, 합계출산율은 1.6명으로 OECD 평균치인 1.7명에 못 미치는 상황이다(World Bank, 2017b). 다시 말해 캐나다의 인구 증가의 동인은 출산율보다는 이주민 수가 증가함에 따라 나타났음을 알 수 있다. 그렇다면 이는 캐나다의 출산을 장려하는 가족정책이 효과적인 결과를 가져오지 못했음을 의미하는데, 해당 정책의 현황을 살펴봄으로써 그 원인을 알아볼 필요가 있다.

이 글에서는 캐나다 인구 변화의 실태를 밝히고 앞으로 인구문제 해결을 위한 캐나다 정부의 정책 방향은 어떠한 흐름을 따라야 할지를 제안하고자 한다. 먼저 캐나다 전체 출산율 변화를 살펴보고 이민자 현황에 대해 알아본 뒤 캐나다의 출산장려를 위한 가족정책의 패러다임을 각 영역별로 유형화하고 해당 정책들이 어떠한 내용을 담고 있는지를 나열할 것이다. 가족정책이 효과적으로 적용되고 있는지를 살펴보기 위해 캐나다 전체 출산율 및 성별 고용률과 이민자 출산율 및 성별 고용률을 비교하여 이민자 유입이 출산율에 영향을 미칠 수 있다는 점을 기반으로 출신국에 따른 고용률 차이에 대해 짚어보고자 한다. 마지막으로 캐나다의 인구성장에 대한 비관적 전망의 이유를 다양한 문화권에 대한 이해가 없이 시행되고 있는 획일적 이민정책 그리고 가족정책의 적용으로 인한 다문화 사회 내 젠더적 관점 부재에서 찾고자 한다.

2. 캐나다 인구와 이민자 수 변화

1) 인구 및 출산율 변화

캐나다는 역사적으로 이주민에 의해 인구가 증감해왔다. 영국과 프

그림 7-1

인구 증가율 변화

단위:%

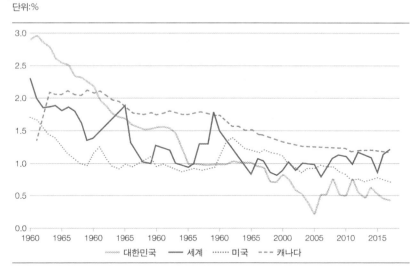

자료: World Bank(2017a).

랑스의 식민지 경쟁이 끝난 1700년대 후반부터 본격적으로 이주민들이 캐나다로 유입되기 시작하면서 1761년 7만 6000명에 불과하던 인구는 1830년대에 100만 명을 넘어섰다. 그 사이 인구는 높은 출산율과 이민율의 조합으로 연평균 3.9% 성장률로 급성장했다. 그러나 1870년대 들어 산업화, 도시화가 확산되면서 미국으로 이주하는 이민 현상이 발생하게 되면서 제1차 세계대전이 발발하기 전까지 인구와 출산율이 급감했다. 제1차 세계대전 이후 대공황으로 출산율은 물론 이민자도 크게 감소했으나 제2차 세계대전 이후 베이비붐 현상으로 1951~1961년 사이 다시 인구는 연평균 2.7% 증가했다. 이 시기 캐나다에는 전쟁 당시 유럽 전선에서 근무하던 제대군인들이 현지에서 만나 결혼한 부인과 자녀들을 대거 데려오면서 인구수는 물론이고 출산율이 높아지게 되었다.

그림 7-2

캐나다 출산율 변화

단위: 명

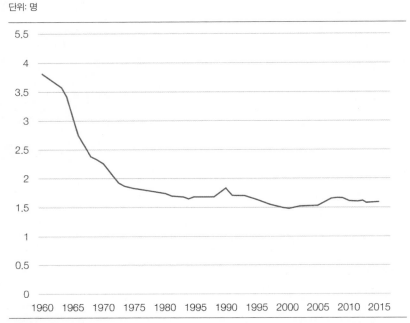

자료: World Bank(2017b).

　　1960년대부터 캐나다에 피임약이 도입되기 시작하면서 지속적으로
증가하던 인구수가 감소하게 되어 전체 인구는 물론 출산율에 큰 영향을
미치게 되었다. 캐나다 정부는 인구 감소로 인한 캐나다 경제 현상유지
가 어렵게 되자 1970년대부터 적극적으로 이민장려정책을 실시했으며
그 결과 2000만이 넘는 인구를 확보하게 되었다. 현재 캐나다 연방 통계
청 인구조사(census)[4] 발표에 따르면 2016년 기준 캐나다 전체 인구는 약
3500만 명인 것으로 집계되었다(Statistics Canada, 2016a).[5]

4　캐나다 인구조사는 5년 주기로 이뤄진다. 2017년 추정치는 3670만 8083명이다.

반면 캐나다의 출산율은 1960년대 피임약이 도입된 이후부터 지속적으로 감소하고 있다. 1960년대 중반(1960~1965년)까지는 여성 1명당 출생아 수가 평균 3.57명이었다가 1966년에 접어들면서 출산율은 2명대인 2.75명으로 급감했다. 1970년대 초반 정부의 이민장려(확대)정책으로 인해 늘어난 인구에 반해 출산율은 1.98명으로(1972년) 1명대 출산율로 접어든 후 2명대 출산율로 돌아가지 못하고 있다. 2000년 출산율 1.49명으로 최저치를 찍은 이후 출산율은 조금씩 상승하여 2007년부터 지금까지 1.6명대를 유지하고 있다. 캐나다가 앞으로 현행 인구 수준을 유지하기 위해서는 출산율이 적어도 2.1명 이상이어야 한다(Banerjee and Robson, 2009).

캐나다 정부 통계청은 2050년까지 '저성장 시나리오'의 경우 약 3900만 명, 그리고 '고도성장 시나리오'를 기준으로 약 5400만 명의 인구수를 예측하고 있다(Statistics Canada, 2015a). 지속적으로 증가하고 있는 인구수와, 작은 폭이지만 마찬가지로 높아지고 있는 인구 증가율은 캐나다의 인구문제가 낙관적 전망 양상을 띤다고 볼 수 있다. 이처럼 인구수는 증가하고 있지만 출산율이 낮아지고 있는 현상은 캐나다의 출산을 장려하는 정책이 실패했거나 인구수 유지를 위한 해결책이 이민자 유입에 방점을 두고 있기 때문임을 알 수 있다.

캐나다는 역사적으로 인구가 적은 나라이며 특히 경제활동 인구수가 적어서 인구문제에 대해 오랜 기간 동안 해결방안을 모색해왔다. 현재 수치상으로는 캐나다의 인구수, 출산율이 나쁜 수준이라고 단정할 수는 없지만 캐나다 인구의 상당 부분을 차지하고 있는 베이비부머 세대가

---

5 이 중 온타리오(Ontario)주가 전체 인구의 38.26%(약 1300만 명)로 가장 많은 인구를 보유하고 있으며 그다음으로 퀘벡(Quebec)주가 전체 인구의 23.23%(약 800만 명)로 나타났다. 또한 전체 인구의 약 70%가 대도시에 거주하고 있다.

고령화되었다는 점, 반면 출산율은 크게 오르지 못하고 있다는 점이 캐나다의 인구문제가 지속되고 있음을 나타낸다.

2) 이민자 수 변화

캐나다 정부는 인구확보 방안 중 이민자장려(확대)정책을 우선순위로 놓고 있다. 이민자를 받아들이기 위한 여러 정책과 제도를 지속적으로 변화하고 적용하는 역동적인 활동이 발생하고 있으나 출산장려를 위한 정책은 큰 변화 없이 유지되고 있다.[6]

캐나다는 후기 산업사회로 접어들면서 노동력 부족 문제가 대두되자 숙련 기술을 가진 고급인력을 확보하기 위한 전략, 그리고 인구 부족 현상을 해소하려는 전략으로 이민자를 받아들이는 방안을 선택했다. 다시 말해서, 캐나다의 인구문제가 장기적이고 영구적으로 지속될 것이라는 인식이 팽배지면서 단기적으로는 노동자를 확보할 방안, 장기적으로는 국가의 존립을 위협하지 않을 정도의 인구를 확보하기 위한 방안으로 이민자장려(확대)정책이 최적의 대책이었던 것이다. 이후 1971년 캐나다는 공식적으로 다원주의 정책을 선언하고 1982년에는 사회참여, 민족적 고유성을 보장하는 차별 금지법을 제정하고 이민자들을 대폭 받아들였다. 이민자장려(확대)정책은 지금까지 캐나다의 인구정책 중 큰 부분을 차지하고 있는 정책으로서 지속되고 있다.

2016년 기준 캐나다 전체 이민자 수는 약 754만 명이며 이는 전체 인구 대비 21.6%에 해당한다. 그림 7-3에 나타나듯이 전체 인구 대비 이

---

6   캐나다의 출산장려를 위한 정책들은 각 주별로 상이하다. 주정부의 출산장려를 위한 정책은 큰 변화가 없다.

그림 7-3

전체 인구 및 이민자 수 변화

단위: 명, %

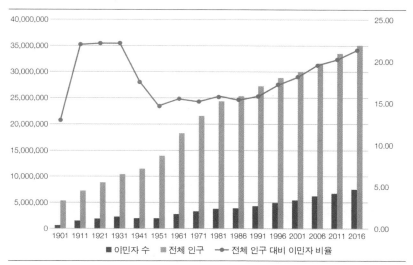

범례: ■ 이민자 수 ■ 전체 인구 ─●─ 전체 인구 대비 이민자 비율

자료: Statistics Canada(2015b, 2018a)를 참조하여 재구성함.

민자 수는 1930년대에 정점을 찍은 뒤 급격히 감소했으나 1951년을 기점으로 지속적으로 증가하고 있다.

그러나 이민자를 늘리는 것은 노동인구가 감소하는 현상을 해결하는 해결책이 되지 못한다. 절대 인구가 증가하고 있으나 경제학적 측면에서 노동인구의 비율이 줄어드는 문제를 해결하기 위해서는 출산율을 늘려야 한다. 출산율을 높이는 대신 이민자를 받아들이려면 은퇴인구 1명당 노동인구 수를 늘려야 하는데 C. D. 하우(C. D. Howe) 연구소 연구 결과에 따르면 현재 노동인구 대 은퇴인구 비율을 유지하려면 이민자 수를 2.5배 이상 늘려야 한다(Banerjee and Robson, 2009). 그러므로 이민자 수를 늘리는 방안만으로는 인구를 유지하기 어렵고 이민자 유입 외에 출산율을 늘리는 정책에 대해 더 고려할 필요가 있다.

3. 캐나다의 출산장려를 위한 가족정책

1) 패러다임 변화

캐나다 정부의 인구문제 해결 방안이 이민정책과 복지정책으로 양분화되면서 복합정책(a combination of policies)의 효과를 얻기 힘들어 보인다. 게다가 장기적 효과를 위한 출산장려정책과 같은 유인책을 확대하기보다 단기적 방안에 방점을 두고 있다는 점이 현 상황에서 벗어나지 못하는 한계점이라고 할 수 있다.

캐나다의 출산장려를 위한 가족정책은 기존의 '묵시적·포괄적 가족정책'에서 '명시적·선별적 가족정책'으로 변화하고 있다. 포괄적 사회복지정책을 적용하고 있는 캐나다에서 출산을 장려하고자 하는 특정한 목적이 뚜렷하게 드러난 정책은 조세정책(Child Tax Benefit)과 휴가정책(Mortality Leave, Parental Leave)이다. 위 정책에서의 수혜 대상은 '돌봄 제공자' 혹은 '출산을 한 여성'이라는 넓은 의미에서 '소득별', '가족형태별', '성별'로 이전보다 세분화되었다. 또한 유형가족, 친족 책임주의 가족을 벗어나 탈 가족주의적 정책으로 범위를 확장하고 여성의 사회적 지위 향상과 남성에 대한 의존적인 유형이 정해진 부양자에서 노동 참여를 고취하기 위한 제도적 장치를 마련함으로써 온건한 부양자로 가족 내 여성의 역할을 변화시키고 있다.

캐나다의 가족정책은 전반적으로 '성별역할분리형'과 '성별분업해체형'이 혼합된 양상이었으나 트뤼도(Trudeau) 정권[7]에 들어서면서 가족의

표 7-1

캐나다 가족정책의 유형 변화

시기	2015년 이전	2015년~현재
이데올로기	[성별역할분리형] ● 다문화 사회로, 민족별 상이한 성별역할 부여 ● 여러 영역에서의 성 격차를 줄여가고 있으나 여전히 임금격차 존재, 고용에 있어서 전일제 근무보다 시간제 근무가 더 많음	[성별분업해체형] ● 남성과 여성의 생계부양 및 보살핌노동자로서의 평등한 역할을 공유하는 방향으로 변화 중
복지 혜택 수급권	[성별역할분리형] ● 성별역할에 의한 차이 * 1940년대 지급 대상 주 부양자 (여성이 주 부양자)	[성별분업해체형] ● 정도의 차이는 있으나 육아 제공자 중심 수급 * 여성에게 해당하는 출산휴가가 있으나 육아와 돌봄 영역에서의 남성의 참여를 촉진하고 있음(부모휴가 제도 도입)
수급권의 기초	[성별분업해체형] ● 부모가 시민권, 영주권자가 아니더라도 보호자의 일정 기간 거주 조건으로 자녀가 캐나다에서 출생한 경우 무조건적 복지 혜택 부여	[성별분업해체형] ● 기존 정책 유지
복지 수혜자	[성별역할분리형] ● 기존 유형가족 중심의 혜택 부여	[성별분업해체형] ● 탈가족 중심 혜택 부여(입양 및 동성부부 등)
과세	[성별역할분리형] ● 부부 소득 양분 신고제	[성별분업해체형] ● 부부 소득 양분 신고제 폐지(2016년)
고용·임금 정책	[성별분업해체형] ● 인권법으로 남녀고용 차별 금지. 그러나 현실적으로 임금 차이 존재함. ● 양성평등에 목표를 둠.	[성별분업해체형] ● 기존 정책보다 강한 양성평등형
돌봄의 영역	[성별역할분리형] ● 가족 내에서 해결	[성별역할분리형] ● 가족 내에서 해결

7　2015년부터 현재까지 역임하고 있으며 소속 정당은 진보 성격의 캐나다 자유당이다.

유형 확대, 여성의 노동 참여 고취 등 부양에 있어서 탈 친족 중심, '성별 분업해체형'으로 변화하고 있다. 전 정권인 보수당 하퍼(Harper) 정권[8]에서는 현 정권보다는 보수적 사회복지정책을 유지했으나 캐나다의 사회복지 수준을 감안했을 때 보수적 정책으로 보일 뿐, 국제적 기준으로 시야를 넓혀보면 진보적 사회복지정책임을 알 수 있다. 다만 현 트뤼도 정권이 시작된 이후부터 진보적 사회복지정책, 특히 여성의 권리라는 측면에서 전 정권보다 진보적 변화가 나타나고 있다.

2) 출산에 영향을 주는 가족정책

캐나다는 이민정책 외에 인구문제 해결을 위한 출산을 장려하는 관련 정책을 주정부, 연방정부 차원에서 복합적으로 실행하고 있다. '요람에서 무덤까지' 전 생애에 걸친 사회복지제도를 시행하는 복지국가 캐나다는 보편적 복지정책을 지향하는 복지국가로 평가받고 있다. 특히 의료복지의 경우 적용 대상, 범위, 금액(무상) 면에서 좋은 평가를 받고 있는데 심지어 인접국가인 미국에서 캐나다로 의료 혜택을 받기 위해 밀입국, 신분 위조 등을 하는 행위가 빈번히 일어나고 있다. 게다가 캐나다의 복지 혜택을 영유하기 위해 캐나다로 원정 출산을 오는 사람들도 많다. 이와 같은 현상이 왜 발생하는지 알아보기 위해 사회·문화적 분위기와 해당 정책들이 어떠한지 알아볼 필요가 있다.

(1) 사회·문화적 측면

여성의 사회적 지위와 가족 내 역할은 출산율에 영향을 미친다. 캐

---

8   2006년부터 2015년까지 역임했으며 보수 성격의 캐나다 보수당 소속이다.

나다의 여성 고용 문제는 미시적 시각으로 보면 여러 문제가 남아 있지만, 거시적 시각으로 평가하자면 남녀 고용률이 점차 비슷한 수준으로 됨에 따라 진일보하고 있음을 알 수 있다. 캐나다에서 여성의 노동시장 참여에 대한 이슈는 1970년대부터 본격적으로 대두되었으며 지금까지도 남녀 고용률 격차, 임금격차 등의 갈등 문제가 발생하고 있다. 그러나 최근 캐나다 여성은 경제활동 참여 범위를 넓히고 있으며 소득이 증가함에 따라 임금격차도 줄어들고 있다. 캐나다 여성의 경제활동 참여가 증가하면서 출산율도 세계적인 감소 추세에도 불구하고 소폭 상승하는 결과를 가져왔다. 연도별 남녀 고용률 격차를 비교해보면 남녀 고용률 수치가 비슷한 수준은 아니지만 점차 간격이 좁아지고 있음을 알 수 있다. 그림 7-4에 나타나 있듯이 여성과 남성의 고용률 격차는 거의 좁혀지고 있으며 여성이 캐나다 전체 경제활동에 참여 중인 노동력의 절반가량을 차지하는 것을 알 수 있다.

여느 선진국들과 마찬가지로 캐나다에서도 일정 수준의 삶을 영위하기 위해서는 맞벌이가 필수이며 외벌이는 맞벌이보다 빈곤해질 확률이 높은 것으로 나타났다. 캐나다에서 여성의 사회진출이 일반화되어가고 있지만 여전히 여러 영역에서 차별이 나타나고 있다. 캐나다의 여성들이 남성들보다 대학진학률이 높은 것으로 나타나는데 여성과 남성의 임금격차를 살펴보면 남성이 여성보다 많은 임금을 받는 것으로 나타났다. 다시 말해 캐나다에서 여성의 위치는 점차 진일보하고 있지만 여전히 임금격차는 존재하며 고용형태[9] 차이가 있다. 이는 여성이 남성보다 사회진출에 있어서 자유롭지 못함을 알 수 있다.

---

9   여성의 경우 시간제 근로를 하는 경우가 남성보다 많다. 특히 자녀가 많을수록 시간제 근로를 하는 경우가 많다.

그림 7-4

캐나다 성별 고용률 및 격차 변화

단위: %

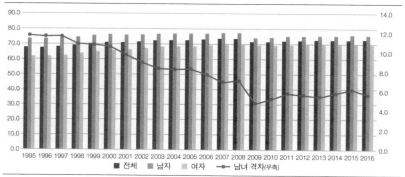

자료: OECD(2017).

　　임금격차나 고용 형태의 불균형에도 불구하고 캐나다는 비교적 성
차별이 없는 국가로 평가되고 있다. 특히 트뤼도 정부의 정책기조 중 하
나로 '성차별 없는 사회'가 중요한 이슈로 대두되면서 점차 제도적·사회
적 분위기가 형성되고 있다. 예를 들어 결혼 후 남편 성을 따르는 남성
중심적 문화에서 벗어나 본인의 성을 유지하는 여성들이 늘어났으며 가
족정책 지급 대상에서 성별 분류보다는 소득수준에 근거한 기준으로 재
정비되었다. 더 나아가 다양화된 가족 형태를 제도적으로 인정함으로써
(동성부모 가족, 친족 가족, 입양 가족, 미혼모, 한부모 등) 보통의 가족 형태, 즉
남성과 여성이 부부인 가부장적 가족관에 입각한 틀에서 벗어났다.

　　또한 직장 내 진급 구조에서 여성이 배제되지 않는다. 한국 사회에
서 여성은 '유리천장'을 뚫지 못하고 상위 직책에 도달하지 못하고 있다.
그러나 캐나다는 캐나다 공공 서비스위원회(Public Service Commission)와
'고용평등법(Employment Equity Act)'이라는 제도적 보호막 아래 직장 사회
에서 여성이 상위직급에 진급할 수 있는 기회를 만들었다. 그 결과 2015

그림 7-5

캐나다 젠더갭 지수 변화

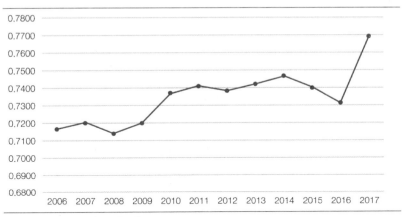

자료: World Economic Forum(2017).

년 기준 입법부와 고위 정부 관료 및 공무원의 54%는 여성이었으며 2015년에는 민간 부문 고위 관리자의 25.6%가 여성인 것으로 나타났다 (Statistics Canada, 2017b).

이러한 현 정권의 성평등에 입각한 다양한 노력의 결과 캐나다는 2017년 발표된 '세계 성 격차 보고서 2017(Global Gender Gap Report 2017)' 에서 16위로 선정되었고 G20 국가 중 공무원 사회에서 남녀 성평등이 가장 잘 이뤄지고 있는 나라로 조사되었다.

(2) 제도적 측면

캐나다는 '인권법(Human Right Act)'과 '고용평등법' 아래 성별, 성적 지향에 대한 어떠한 차별도 금지하고 있다. 이 금지법은 사회 통념적으로 보편화되었는데 최근에는 특히 고용에 있어서 채용 대상자 칸에 성별을 기입하게 하거나 '남성 모집', '여성 모집'과 같은 특정 성별을 지칭하는 문구를 적지 못하게 하고 있다. 이러한 법적 틀 아래 가족정책이 구성되거나 변화하고 있다.

캐나다 복지체계는 주정부-연방정부의 두 갈래(two track)로 진행되지만 기본적으로 연방정부는 재원 마련을, 주정부는 프로그램 및 서비스를 제공하고 있다. 캐나다의 가족복지는 '가족정책'으로 불리고 있지는 않지만 노동, 의료, 교육 등의 영역에서 고루 다뤄지고 있다. 그러나 인구 증감에 영향을 줄 수 있는 정책 영역의 주체가 대부분 주정부(provincial/territorial government)이기 때문에 연방정부 차원에서는 급진적이고 즉각적인 정책을 적용해서 변화를 이끌어내기는 어렵다는 한계가 있다. 연방정부는 복지정책의 큰 틀을 제시하고 실행 주체를 주정부에 일임하며 각 주별로 필요한 예산을 분배하여 지원하는 역할을 한다.

캐나다의 사회복지는 적용 대상에 있어서 보편적 복지에서 선별적 복지로의 전환기를 맞이했다. 현재 캐나다의 보편적 복지에 해당하는 영역은 의료보험인 메디케어(Medicare)이다. 아동수당의 경우 소득 기반의 기준이 생김으로써 고소득층은 축소·제외되었다. 캐나다의 보편적 복지의 쇠퇴는 경제 침체가 시작되면서 발생했고 이는 사회민주주의에 가까웠던 캐나다의 복지제도가 점차 시장화되어가고 있음을 의미한다(조영훈, 2011).

① 공공부조: 아동수당(CCB: Canada Child Benefits)

캐나다 보육정책의 주요 책임은 각 주(state)에 있으며, 연방정부는 주에 보조금의 형태로 지원하고, 주정부는 프로그램을 적용하고 실시하는 직접적인 지원을 제공한다.

캐나다의 아동 부양을 위한 세금공제 혜택은 1919년에 시작되었다. 캐나다 복지국가 확대기였던 1940년대에는 연방정부 주도하에 보편주의에 기초한 가족수당을 도입하여 모든 아동 부양가족에게 지원금을 지급했으나 이는 연방정부에 막대한 재정 압박을 안겼다.[10] 이후 저소득층 및 중산층을 대상으로 지급할 수 있는 선별적 가족수당을 도입하려 했으나 수차례 무산되었다. 1970년대 발생한 오일쇼크로 캐나다 경제도 큰 타격을 입었으며 이로 인해 복지정책도 영향을 받음으로써 캐나다는 복지국가 위기를 경험하게 된다. 그 여파로 1989년에 가족수당 수혜 대상에서 고소득자들이 제외되면서 보편성을 잃게 되었다.

1992년에 기존의 가족수당은 캐나다 자녀 세금 우대(CCTB: Canada Child Tax Benefit)로 대체되어, 본격적으로 소득 심사에 근거한 선별적 지원을 실시하게 되었다. 캐나다 자녀 세금 우대는 매월 정부에서 18세 이하 자녀의 양육을 돕기 위해 해당되는 모든 가정에 지급하는 면세 금액으로 지급 대상이 18세 미만 아동의 일차 부양자이다. 이 시기 여성이 가족 내 부양을 도맡았다는 점에서 여성이 주요 지급 대상이었다고 할 수 있다. 캐나다 자녀 세금 우대는 저소득층을 돕기 위한 국가 자녀 양육보조금(NCBS: National Child Benefit Supplement)과 장애 아동이 있는 가정을 돕기 위한 장애아동보조금(CDB: Child Disability Benefit)을 포함한다. 2006년에 도입된 종합육아혜택(UCCB: Universal Child Care Benefit)은 7세 미만 아동에게 가구 소득수준과 상관없이 일정액을 지급하도록 되어 있다.

2016년 7월 1일부터 기존의 캐나다 자녀 세금 우대와 종합육아혜택을 대체하여, 이를 통합한 새로운 '자녀양육보조금' 지급 시스템인 아동수당(CCB: Canada Child Benefits) 제도가 도입되었다. 대부분의 캐나다인들은 세후 실수령액을 기준으로 할 경우, 과거의 종합육아혜택에 비해 더 많은 액수를 지급받게 되지만 상위 10%에 속하는 부유층의 경우에는 과

---

10   가족수당(아동수당으로도 불림)은 1945년에 처음 도입되었다.

표 7-2

아동수당 소득 기준 및 아동 수별 공제 수준

단위: 캐나다 달러

아동 수 \ 소득수준	30,450 이상 65,976달러 미만	65,976달러 이상
1명	수입의 7%	2,487 + 65,975달러 이상 수익의 3.2%
2명	수입의 13.5%	4,796 + 65,975달러 이상 수익의 5.7%
3명	수입의 19%	6,750 + 65,975달러 이상 수익의 8%
4명	수입의 23%	8,171 + 65,975달러 이상 수익의 9.5%

자료: Government of Canada(2018b).

거에 비해 더 적은 액수를 받게 된다. 지급받는 지원금의 구체적인 액수는 가구의 소득과 자녀의 수, 자녀의 연령, 자녀들 중에 장애인이 있는지 여부에 달려 있다. 기존 캐나다 자녀 세금 우대와 종합육아혜택보다 저소득층과 중산층이 고소득층보다 상대적으로 더 많이 받는 구조로 변경되었다(The Canadian Encyclopedia, 2013). 아동수당은 고소득층에 대해서는 보조금을 줄이거나 중단하고 중산층 이하 가정에 대한 양육비 지원을 늘리기 위한 취지에서 이뤄졌다. 아동수당 신청 조건은 18세 미만 자녀와 같이 거주하는 주 보호자여야 하며 현재 세법상 캐나다 거주자로 세금을 보고해야 한다. 또한 신청자나 신청자의 배우자는 시민권자, 영주권자, 임시 거주자로 캐나다에 18개월 이상 머물렀으며, 19개월 되는 달에 유효한 비자가 있는 자 등의 자격을 갖춰야 한다.

아동수당 기준을 살펴보면 가구 소득이 3만 450캐나다 달러 미만인 경우 0~5세 자녀의 경우 1인당 받을 수 있는 연간 최대 지원금은 6496캐나다 달러이며, 6~17세 자녀의 경우 연간 1인당 최대 5481캐나다 달러까지 받을 수 있다(Government of Canada, 2018a). 그러나 가구 소득이 늘어날

수록 혜택의 규모는 줄어든다. 가족 소득이 3만 450캐나다 달러 이상 6만 5976캐나다 달러 미만인 경우와 6만 5976캐나다 달러 이상인 경우는 표 7-2와 같다.

② 사회보험: 모성휴가, 육아휴직

캐나다에서는 여성이 출산 후에도 경력단절이 발생하지 않도록 하는 여러 정책 및 지원을 하고 있다. 연방정부는 노동법에 따라 고용이 유지 및 보장되는 휴직제도를 도입하여 고용보험의 재원을 기반으로 휴가를 부여하도록 하고 있다. 현재의 모성휴가와 육아휴직제도는 2001년부터 적용되었으며 연방노동법은 18주의 모성휴가와 34주의 육아휴직을 제공하도록 하는데 여성이 모성휴가와 육아휴직을 모두 사용하는 경우 최대 52주를 사용할 수 있다. 육아휴직의 경우 무급 휴가이며 출산 전, 출산 시, 출산 후 신청이 가능하며 부부는 34주의 휴가를 나눠서 쓸 수 있다(Government of Canada, 2018c). 모성휴가 및 육아휴직 급여는 52주 동안 지급되며 청구자의 평균 급여의 55%를 지원하며 급여 최대 산정 기준치는 2018년 기준 5만 1700캐나다 달러이다. 만약 지급 기간을 연장하여 61주로 산정할 경우 급여 지원 비율을 33%로 산정해야 하며 최대 산정 기준치는 5만 1700캐나다 달러로 동일하다. 육아 휴직의 대상은 출산을 한 여성에게만 국한되지 않고 또 다른 부양자인 남성에게도 주어지며 입양, 대리모와 같은 경우도 육아휴직을 쓸 수 있으나 입양의 경우 지급 기간은 37주까지다. 출산휴가, 육아휴직 및 지원금 신청은 시민권자에만 국한되지 않고 고용보험료를 지불하는 영주권자뿐만 아니라 노동 허가증(work permit) 소지자도 신청이 가능하다.

퀘벡주의 경우 퀘벡가족부(Ministry of Family) 주도하에 자체적으로 보육서비스와 부모보험(QPIP: Quebec Parental Insurance Plan) 제도를 실시하고 있다. QPIP의 큰 특징 중 하나는 육아에 대해 남녀 간에 동등한 책임 의식을 갖도록 하는 제도를 구성했다는 점이다. 2006년에 도입한 이 제도는 휴가 기간을 부양자가 나눠서 사용하는 연방정부의 육아휴직제도와는 달리 아빠만 사용할 수 있는 5주간의 '아빠 쿼터(Daddy Quota)'를 도입한 것이다. QPIP는 연방정부의 지원보다 높은 수준의 지원금을 지급하는데, 18주의 모성휴가, 5주의 부성휴가, 7주의 부모휴가에 대해서는 70%의 소득대체율로, 나머지 25주에 해당하는 부모휴가에 대해서는 55%의 소득대체율 수준으로 지원한다. 2011년 퀘백 거주 출산 가족 아버지의 평균 78%가 7주 육아휴직을 사용한 것으로 나타났다(Ingenere, 2012). QPIP 도입 이후 출산율이 증가하고 남성의 육아휴직 요청률이 53% 증가하게 되면서 남성이 육아에 있어서 '주변인'에서 '주체'로 바뀌게 되었다. 이를 통해 단기적으로는 여성에게 육아와 돌봄의 모든 짐을 전가하지 않도록 부담을 나누게 되었고 장기적으로는 성역할이 보다 진화했다고 평가할 수 있다(최숙희, 2016).

2019년 6월부터 새롭게 시행되는 육아휴직제도는 여성의 경제 진출 확대를 위한 지원 계획에서 출발했으며 기존의 35주의 육아휴직 기간보다 5주를 늘린 40주를 부모가 나누어 사용할 수 있도록 할 예정이다. 추가된 5주의 기간은 이용하지 않으면 잃는 '사용 또는 손실(use-it-or-lose-it)' 법칙이 적용되며 부부가 휴직을 나누어 사용해야 한다는 점을 전제한다.

③ 보편급여: 의료보험

캐나다의 보편적 의료 시스템인 메디 케어(Medicare)는 캐나다 연방 의료법에 따라 13개 주에서 무료로 시민권자 및 영주권자를 위한 출산 서비스를 제공한다. 보험 적용 범위는 주마다 다르지만 일반적으로 모든 의료 및 병원 서비스를 받을 수 있다. 출산으로 발생하는 병원비는 연방정부가 부담하며 각 주마다 제공하는 건강보험 프로그램(MSP: Medical Service Plan)을 통해 모유수유법, 신생아목욕법 등의 교육서비스와 물품 및 의료품을 무료로 제공하고 간호사가 직접 가정을 방문하여 산모와 신생아를 돌보는 돌봄서비스를 제공한다. 영주권이 없는 사람들은 출산 전후 서비스(pre to post-natal services)에 일정 비용을 지불해야 한다.

3) 이민자 여성의 고용 격차와 일·가정 양립

(1) 이민자 여성의 고용

캐나다 정부는 1971년 이민법을 개정함과 동시에 다문화주의를 공식 선언했다. 캐나다의 다문화주의는 '시민권법', '캐나다 권리와 자유헌장', '노동 평등법', '다문화주의법', '이주민과 난민보호법' 등 법과 제도적 장치를 통해 유지되고 있으며 사회 통념적으로도 타 민족 문화에 대한 이해와 인정에 대한 보편적인 가치관이 심어져 있다. 그러나 이러한 제도적 장치가 다문화사회 내 문화와 가치관의 차이와 부딪히게 되면 문화의 특수성과 민족성을 인정해야 하는 문제에 직면하게 된다.

앞서 캐나다의 여성 고용률이 증가했으며 이는 캐나다 내 성 격차 감소에 대한 한 지표로 보임을 설명했다. 이민 국가이면서 다문화주의 국가인 캐나다의 특수한 인구구성과 사회문화를 고려했을 때 이민자 혹은 출신국 차이에 따라 고용률이 다르게 나타날 수 있다. 25~54세 캐나다의 전체 여성의 고용률과 이민 여성의 고용률을 비교해보면 이민 온 이후 정착한 기간에 따라 정도가 다르게 나타나지만 캐나다 태생의 여성보다 이민 여성의 고용이 더 어려운 것을 알 수 있다.

표 7-3은 캐나다 소수민족집단(visible minority) 이민자 중 고학력자를 중심으로 집계한 남녀 고용 비율과 남녀 간의 고용률 격차를 나타낸다.

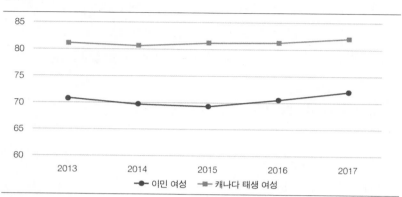

그림 7-6

25~54세 이민 여성과 캐나다 태생 여성의 고용률

단위: %

자료: Statistics Canada(2019).

캐나다 전체 인구의 고용률이 72.6%이고 남자의 경우 75.4%, 여자의 경우 69.7%인 점을 감안했을 때 집계 대상자들이 고학력자임에도 불구하고 여성이 고용시장에서 여전히 차별받는 대상임을 알 수 있다. 흥미로운 점은 소수집단 이외 집단(non-visible minority) 이민자의 경우 남녀 고용률 격차가 소수민족집단(visible minority) 이민자에 비해 적다는 점이다.

　캐나다가 정의하는 소수민족집단에 해당하는 국가가 대다수 가부장적 문화가 있으며 가부장적 문화가 강한 아랍 국가와 남아시아 국가에서 온 남녀 이민자 고용률 격차가 가장 높은 것으로 나타났다. 최근 10년 사이 캐나다로 이주해온 이민자 여성들은 캐나다 출생 여성보다 거의 2배나 많은 자녀를 출산한 것으로 나타났는데 특히 아프리카, 파키스탄, 인도, 중동 등 가부장적 지배문화를 경험한 이민자들이 주를 이룬다. 반면 출산율이 가장 낮은 이민자 여성은 유럽, 미국 출신으로 나타났다(Todd, 2013.8.8).

표 7-3

2016년 기준 소수민족집단 이민자 고용률 현황(고학력자 기준)

단위: %

	이민자 전체 고용률	남자 이민자 고용률	여자 이민자 고용률	남녀 고용률 격차
아랍인	53.9	61.3	43.3	18
남아시아인	61	68.8	52.9	15.9
서아시아인	56.7	63.7	48.3	15.4
라틴아메리카인	67.3	71.8	60.8	11
한국인	57.6	61.2	51.2	10
일본인	58.5	63.1	55.2	7.9
중국인	55.2	58.5	51.4	7.1
소수집단 이외 집단	50.5	63.4	56.9	6.5
캐나다 전체				5.7
동남아시아인	64	65.4	60.1	5.3
흑인	62.1	63	58	5
필리핀인	74.1	74.3	72.9	1.4

자료: Statistics Canada(2018b).

(2) 일·가정 양립과 여성의 고용 형태

캐나다는 비슷한 문화, 언어, 인종, 사회구조를 갖고 있는 이웃국가 미국에 비해 출산율은 낮은 수준이지만 육아와 일을 병행하는 일·가정 양립이 가능한 여성의 수는 더 많은 것으로 나타났다.[11] 2015년 기준 16세 미만 자녀가 있는 부부의 고용 상태를 살펴보면 여성의 경제활동 참

---

11 OECD 통계에 따르면 캐나다의 일·가정 양립 지수는 6.9로 38개국 중 20위에 해당하며 미국의 경우 5.8로 30위에 해당한다. 한국은 4.7점으로 35위에 머물러 있다(OECD Better Life Index, 2018).

표 7-4

25~54세 이민 여성과 캐나다 태생 여성의 전일제·시간제 근무자 수

단위: 1000명

		2014	2015	2016	2017	2018
전일제 근무	이민 여성	1,068.4	1,086.6	1,173.7	1,214.9	1,272.4
	캐나다 태생 여성	3,404.8	3,427.8	3,369.8	3,415.7	3,409.6
시간제 근무	이민 여성	253.1	268.6	273.8	277.3	280.2
	캐나다 태생 여성	805.1	787.3	772.9	765.4	760.2

자료: Statistics Canada(2019).

가가 본격화되기 이전인 1976년 상황과는 정반대의 도식이 그려진다. 2016년 기준 25~44세 사이의 여성 중 32%의 시간제 근로자들은 아이 돌봄을 이유로 전일제 근무를 할 수 없다고 응답했다(OECD Better Life Index, 2018). 이는 여전히 돌봄 영역에서 여성의 역할은 크게 벗어나지 않고 있으며 남성을 돌봄의 객체가 아닌 주체로 놓기 위한 제도적 장치(육아휴직, 부성휴가)들이 효과를 보지 못하고 있음을 방증하는 것이다.

또한 표 7-4의 이민 여성의 고용 형태를 살펴보면 25~54세 사이의 이민 여성은 캐나다 태생 여성보다 전일제 근무를 하지 못하고 있으며 시간제 근무의 경우 캐나다 태생 여성보다는 적은 수지만 그 수가 점차 늘고 있음을 알 수 있다.

4. 캐나다 가족정책의 젠더적 함의

캐나다는 인구문제를 이민자 유입에 의존하는 이민 국가이다. 현 정부의 이민자 확대정책으로 인해 이민자 유입 수는 점차 늘어날 전망이지만 이를 통한 인구 증가 현상은 단기적 효과만을 가져올 뿐 장기적 측면에서 이민자들의 역이민으로 인한 인구 유출 현상 가능성이 있고, 사회문화 부적응으로 인한 사회문제를 야기할 수 있다는 점을 고려해야 한다.

　　캐나다의 출산율에 영향을 미치는 가족정책은 보편주의적 수급 구조에서 시작되어 소득별 차등 지급이라는 선별주의적 수급 구조로의 이행 과정을 겪고 있다. 또한 여성을 돌봄 제공자 역할로 구분 짓지 않고 남성을 육아와 돌봄 영역의 주체로 끌어오기 위한 제도적 장치를 마련했다. 가족의 유형 또한 남녀 부모와 아이가 있는 보통 가족 형태만을 가족으로 분류하지 않고 미혼모, 한부모 가정, 동성 부부, 입양 가족 등 다양한 가족 형태를 제도적 수혜 대상으로 간주한다. 캐나다의 출산율에 영향을 미치는 가족정책은 수혜 대상을 다양화하여 보편주의를 전제하고 있는 듯 보이지만 수혜 대상 기준을 소득수준별로 분류함에 따라 고소득층은 수혜 대상에서 거의 제외되면서 보편성을 잃었다.

　　캐나다의 가족정책 패러다임은 전반적으로 '성별역할분리형'과 '성별분업해체형'의 혼합된 양상을 보이다가 2015년 트뤼도 정권 이후 성평등 정책기조를 중심으로 '성별분업해체형'에 가까워지고 있다. 특히 고용, 육아 등의 영역에서 남성과 여성의 역할과 차이의 간극을 좁히려는 여러 제도적 시도가 있었다. 그러나 캐나다 인구 증가에 가장 큰 영향을 주는 이민 사회에서 나타나는 정책 효과는 캐나다 평균보다 낮다고 할 수 있다. 캐나다 사회에서 여성의 역할이 확대되어 고용시장에서 활동범위를 늘리고 있으나 시야를 이민 사회로 좁혀 보면 가부장적 사회의 여성들은 고학력일지라도 여전히 남성보다 직업을 갖기 어렵고 출산을 한 많은 여성들이 경력단절을 경험할 가능성이 높음을 알 수 있다. 다시 말해 캐나다 사회가 성평등화되어가고 있으나 다문화사회 속 가부장적 문화를 가진 이민 사회를 중심으로 성차별이 여전히 존재하며 캐나다의 문화의 다양성을 존중하는 사회적 분위기가 이러한 갈등을 묵인하거나 인정하고 있다.

　캐나다의 가족정책은 출산으로 인해 발생할 수 있는 여성의 경력단절, 경제적 부담, 육아의 고충을 해결하기 위한 노력을 확대하고 있다는 점이 젠더적 관점을 고려한 것처럼 보인다. 그러나 미시적 관점에서 살펴보면, 인구의 상당 부분을 차지하는 소수민족집단 이민자들의 성차별이 가부장적 문화로 인해 지속되고 있다는 점을 전혀 반영하지 못한 정책들임을 알 수 있다. 출산으로 인한 경력단절 문제는 제도적·정책적으로 보호받고 있는 것처럼 보이지만 인식의 변화 없이는 가부장적 문화를 버리지 못하고 있는 민족구성원들의 성차별 문제는 지속될 것이다. 이민자 유입을 확대하려는 캐나다 정부의 노력은 성과를 이룰 가능성이 높으나 지금과 같은 가족정책으로는 정부의 목표 인구 증가율을 달성할 수 있을지는 몰라도 여성 인권 문제가 대두될 가능성이 높다. 적어도 현 정권에서는 여성 인권 문제에 대해 민감하게 반응하고 있기 때문에 이민자 유입과 동시에 가부장적 문화가 있는 민족 내에서의 성차별 문제를 해소할 수 있는 교육, 인식 개선 등의 정책적 노력 없이는 인구문제가 장기화될 수 있다. 캐나다는 이민자를 받아들여 인구문제를 해결하는 데서 그치지 말고 그들이 잘 정착하여 캐나다의 자연 인구를 증가시킬 수 있도록 그들을 도울 수 있는 장치를 마련해야 할 것이다.

참고문헌

김민정. 2018. 「프랑스 출산장려를 위한 가족정책의 젠더적 함의」. ≪유럽연구≫, 제36권 1호, 117~150쪽.
조영훈. 2011. 『캐나다 복지국가 연구』. 파주: 집문당.

최숙희. 2016. 「남성육아휴직제도 활성화에 대한 고찰: 해외사례 중심으로」. ≪여성연구논총≫, 제18집, 37~62쪽.

Banerjee, Robin and William B. P. Robson. 2009. "Faster, Younger, Richer? The Fond Hope and Sobering Reality of Immigration's Impact on Canada's Demographic and Economic Future." *C. D. Howe Institute Commentary*, issue 291, July.

Bayard, K., J. Hellerstein, D. Neumark and K. Troske. 1999. "Why are Racial and Ethnic Wage Gaps Larger for Men than for Women? Exploring the Role of Segregation." NBER Working Paper No. 6997. National Bureau of Economic Research.

Government of Canada. 2018a. "The Canada Child Benefit." https://www.canada.ca/en/employment-social-development/campaigns/canada-child-benefit.html?utm_campaign=not-applicable&utm_medium=vanity-url&utm_source=canada-ca_canada-child-benefit(검색일: 2018.11.1).

_____. 2018b. "Canada Child Benefit(CCB) payment amounts July 2018 to June 2019(Tax Year 2017)." https://www.canada.ca/en/revenue-agency/services/child-family-benefits/canada-child-benefit-overview/canada-child-benefit-ccb-payment-amounts-july-2018-june-2019-tax-year-2017.html(검색일: 2018.11.1).

_____. 2018c. "Maternity and parental leave for public servants. "https://www.tpsgc-pwgsc.gc.ca/remuneration-compensation/services-paye-pay-services/paye-information-pay/vie-life/vie-conge-life-leave/mat-par-eng.html#About_maternity_and (검색일: 2018.11.1).

Ingenere. 2012. "Daddy leave, the Quebec miracle." http://www.ingenere.it/en/articles/daddy-leave-qu-bec-miracle(검색일: 2018.11.10).

OECD. 2017. "고용률(OECD)." http://kosis.kr/statHtml/statHtml.do?orgId=101&tblId=DT_2KAA309_OECD&conn_path=I3(검색일: 2018.10.20)

OECD Better Life Index. "Work-Life Balance." http://www.oecdbetterlifeindex.org/topics/work-life-balance/(검색일: 2018.11.3).

Statistics Canada. 2011. *Visible Minority and Population Group Reference Guide*. National Household Survey.

_____. 2013. *Demography Division. United Nations, Department of Economic and Social Affairs, Population Division*.

_____. 2015a. *Population Projections for Canada(2013 to 2063), Provinces and Territories(2013 to 2038)*.

_____. 2015b. "Estimated population of Canada, 1605 to present." https://www150.

statcan.gc.ca/n1/pub/98-187-x/4151287-eng.htm(검색일: 2018.11.3).

_____. 2016. "Infographic: Population Growth in Canada, 2016 Census of Population." https://www150.statcan.gc.ca/n1/pub/11-627-m/11-627-m2017005-eng.htm(검색일: 2018.11.3).

_____. 2017a. "Number and proportion of foreing-born population in Canada, 1871 to 2036." https://www.statcan.gc.ca/eng/dai/btd/othervisuals/other006(검색일: 2018.10.1).

_____. 2017b. "Women and Paid Work." https://www150.statcan.gc.ca/n1/pub/89-503-x/2015001/article/14694-eng.htm(검색일: 2018.10.1).

_____. 2018a. "Population and Dwelling Count Highlight Tables, 2016 Census." https://www12.statcan.gc.ca/census-recensement/2016/dp-pd/hlt-fst/pd-pl/Table.cfm?Lang=Eng&T=101&S=50&O=A(검색일: 2018.10.1).

_____. 2018b. "2016 Census." https://www12.statcan.gc.ca/census-recensement/2016/dp-pd/dt-td/Rp-eng.cfm?TABID=2&LANG=E&A=R&APATH=3&DETAIL=0&DIM=0&FL=A&FREE=0&GC=01&GL=-1&GID=1341679&GK=1&GRP=1&O=D&PID=110692&PRID=10&PTYPE=109445&S=0&SHOWALL=0&SUB=0&Temporal=2017&THEME=124&VID=0&VNAMEE=&VNAMEF=&D1=2&D2=0&D3=0&D4=0&D5=0&D6=0(검색일: 2018.10.1).

_____. 2019. "Labour force characteristics of immigrants by sex and age group, annual." https://www150.statcan.gc.ca/t1/tbl1/en/tv.action?pid=1410008501(검색일: 2019.1.25).

The Canadian Encyclopedia. 2013. "Family Allowance." https://www.thecanadianencyclopedia.ca/en/article/family-allowance(검색일: 2018.11.1).

Todd, Douglas. 2013.8.8. "High birth rate among immigrant women has implications for Canada." *Vancouver Sun.* http://www.vancouversun.com/life/High+birthrate+among+immigrant+women+implications+Canada/8766093/story.html(검색일: 2018 11.20).

World Bank. 2017a. "population growth." https://data.worldbank.org/indicator/SP.POP.GROW?contextual=default&end=2017&locations=CA-US-1W-KR&name_desc=false&start=1960(검색일: 2018.9.1).

_____. 2017b. "Fertility rate, total(births per woman)." https://databank.worldbank.org/data/reports.aspx?source=2&type=metadata&series=SP.DYN.TFRT.IN#(검색일: 2018.9.10).

World Economic Forum. 2017. "Global Gender Gap Report."

제8장

중국
출산 통제와 장려의 변주

장숙인

1. 머리말

중국은 2016년부터 전국적으로 2명의 자녀 출산을 허용하는 '전면적 두 자녀정책[全面二胎]'이 시행되었다.[1] 이는 이전에 특정 지역 또는 소수민족에만 허용되었던 '제한적 두 자녀정책'을 전국적으로 확산한 것으로, 중국 출산정책의 중대한 변화로 주목받았다. 과거 '산아제한'에 초점을 두었던 중국 정부의 출산정책이 '출산장려'의 방향으로 선회하고 있음을 명시적으로 보여주었기 때문이다. 중국은 1950년대 중반 이래 반세기 이상 국가권력에 의해 개인의 출산에 대한 자유가 통제되어왔다. 그러나 2000년대부터는 제한수준이 점차 '완화'되기 시작했는데, '전면적 두 자녀정책'의 전국적 시행으로 중국의 대표적 출산통제정책인 한 자녀정책[獨生子女]이 공식적으로 폐지됨에 따라 중국 국내외에서 커다란 관심이 모아졌다.

중국 정부는 신중국이 건립된 1949년부터 사회주의국가를 건설하는 데 필요한 인구력(人口力)을 갖춘다는 명분하에 1953년까지 출산장려책을 시행했다. 그러나 1954년부터는 산아제한 및 출산통제의 필요성을 강조하며 '인구통제적' 성격의 계획출산정책으로 전환했고, 1960년대에는 인민공사와 사회주의교육운동을 통해 '여성해방'을 강조하며 계획출산[計劃生育]이라는 개념을 보급했다. 1970년대부터 '산아제한'이 국가정책의 하나로 추진되면서 1979년에 '한 자녀정책'이 확립되어 이후 35년 동안

---

1   전면적 두 자녀(전면이해, 全面二孩)정책은 2015년 10월 제18기 5중전회에서 발표된 이후, 2016년부터 전국적으로 시행되었다. 정책 시행 이후 출생아가 1년에 약 300만 명 이상 증가할 것으로 예상했으나, 전년 대비 2016년에 늘어난 출생아는 약 100만 명으로 기대치를 크게 밑도는 수준이어서 정책 효과가 제한적으로 나타난 데 대한 비판이 제기되어왔다.

엄격하게 시행되었다. 한 자녀정책은 인구성장 억제를 위한 목표를 실현하는 데는 매우 확실한 성과를 냈지만, 그 이면에는 저출산, 노동력 감소, 인구 고령화 등의 사회문제들이 심각하게 누적되는 결과를 가져왔다. 2000년대에 들어서면서 계획출산으로 야기된 인구구조적 문제들이 중국 사회 및 미래 세대에 미치게 될 영향에 대한 우려가 커지면서 서서히 '한 자녀정책'이 완화되기 시작했다. 한 자녀정책의 적용을 받지 않는 예외적 기준과 범위가 확대되어 다양한 '두 자녀정책'이 시범적으로 실시되었고, 그 과정에서 이제, 한 가구에 2명의 자녀를 가질 수 있도록 한 '전면적 두 자녀정책'이 전국적으로 시행되기에 이르렀다.

그러나 '전면적 두 자녀정책'은 그 변화의 획기성에 비해 정책 시행 2년이 지난 현재까지는 정책의 영향력과 효과가 그렇게 크지 않은 것으로 나타나고 있다. 2017년도 출생인구는 2016년에 비해 63만 명 줄어든 1723만 명에 그쳐 출생인구의 감소 추세가 계속되었고, 2018년도 상반기에도 제대로 된 정책 효과가 나타나지 않았다. 정책 시행 후 실시된 중국부녀연합회(中国妇女联合会)의 조사에 따르면, 전국 10개 도시의 0~15세 자녀를 둔 부부의 79.5%는 둘째 자녀 출산을 원하지 않거나 출산계획이 없는 것으로 응답했다(中国妇女联合会, 2016). 물론 시행 기간이 2년밖에 되지 않은 정책의 효과를 논하는 것이 시기적으로 이른 면이 없지 않겠으나, 현재로서는 중국 사회에 실제 나타난 정책 효과가 크지 않음은 물론 향후 정책의 장기적 효과도 낙관하기 어려운 상황이다. 따라서 현재 중국이 당면한 저출산 문제는 단순히 정책의 변화가 아닌 출산과 관련된 중국의 제도적 현실에 비추어 새로운 관점에서 접근할 필요가 있다.

특정한 정책이 시행된 후, 실제 정책 변화가 일어난 현실에서 즉각적 변화로 이어지는 것은 쉽지 않은 일이다. 출산 및 가족정책은 가족구성에 대한 개인의 계획 및 자기결정권에 기초한 영역이어서 더욱 그러하다. 출산과 양육은 개인, 가족, 사회 그리고 국가의 영역이 매우 복잡하게 연계되어 있는 사안이기 때문이다. 현재 전 세계적으로 많은 국가들이 출산율 감소 및 인구 고령화로 인한 인구구조의 급격한 변화와 그에 따른 사회경제적 문제로 고심하고 있지만, 뚜렷한 성공 사례를 찾기 어려운 것은 그만큼 저출산 문제의 해결이 결코 쉽지 않음을 의미한다. 특히 일본, 한국, 대만, 중국 등 아시아 지역 국가들이 심각한 수준의 저출산 위기에 처해 있지만, 이를 해결하기 위해 시행된 정책들 중에서 성공적인 예를 찾아보기 어렵다. 이와 같은 상황에서 중국이 인구통제적 성격이 강했던 출산정책에서 출산을 장려하는 방향으로 전환함으로써 보다 적극적으로 문제해결에 나섰다는 점이 주목된다.

그러나 앞에서 언급한 바와 같이 최근 시행된 '전면적 두 자녀정책'의 성과는 당초의 기대에는 크게 못 미치는 것으로 평가되고 있다. 이 글은 그 원인을 중국 계획출산정책에 내재된 젠더 관점의 부재에서 찾고자 한다. 저출산 문제는 기본적으로 임신과 출산에 대한 여성의 자기결정권, 교육, 취업과 관련된 사회적 권리, 성적 평등성 등 젠더 문제와 연계된 복잡한 사안으로, 가족정책과 젠더 관점의 시각에서 접근할 필요가 있기 때문이다. 가령 '전면적 두 자녀정책'은 출산자녀 수에 대한 제한을 완화하고 그 적용 범위를 전국적으로 확대한 것이어서 일견 임신과 출산에 대한 여성의 결정권을 강화하는 방향으로 정책 전환이 이루어진 것으로 긍정적으로 평가될 수 있는 측면이 있다. 그러나 여성의 자기결정권은 여전히 국가정책에 의해 법제도적으로 제약받고 있는 상황이며, 중국의 다산 전통과 가부장적 사회문화 속에서 자녀 출산 결정에 대한 부담이 오히려 여성들에게 더 지워질 수 있다는 점이 간과될 여지 또한 매우 크다.

중국의 출산정책은 출산정책의 대상이자 직접적으로 영향을 받는 주체인 여성의 관점보다는 국가정책의 관점 또는 남성의 시각에서 결정 및 집행되어왔다. 정책 주체인 여성에 대한 배려와 진정한 의미에서의 젠더 관점으로부터의 접근이 매우 결여된 것이다. 중국의 계획출산정책이 안고 있는 근본적인 문제들을 젠더 관점에서 재평가하는 것이 이 글의 목적이다. 이러한 관점에서 먼저 중국 계획출산의 역사적 변천 과정과 그에 따른 출산율의 변화 및 인구문제를 살펴보았다. 그리고 책의 서두에서 제시된 가족정책 패러다임에 맞춰 성평등 이데올로기, 사회복지제도, 노동 및 고용정책 등의 특성을 기준으로 중국 계획출산정책의 유형화를 시도하고 주요 내용을 분석했다. 마지막으로 중국 계획출산정책의 젠더적 함의를 정책결정 과정, 법제도, 사회문화의 측면에서 분석하는 것으로 결론을 대신하고자 한다.

2. 중국의 출산율 변화와 인구문제

중국의 계획출산은 1954년에 '계획생육(计划生育)'이라는 개념이 처음 제안된 이후 기본적으로 '산아제한'에 초점을 두는 정책으로 시행되었다.[2] 1950년대에 시작된 중국 정부의 산아통제적 출산정책은 1950년대와 1960년대 당시의 시대적 상황에 따라 약간의 조정을 거쳐 1970년대부터 본격적으로 추진되었다. 1979년에 한 가정의 자녀 수를 하나로 제한하는 '한 자녀정책'이 시행되면서 정부에 의해 산아제한이 강제되고 개인의 출

---

2   '계획생육(计划生育)'은 계획출산을 뜻하는 중국 용어이다. 엄밀히 말하면, 생육(生育)은 임신과 출산을 포함한 자녀 양육, 모성보호, 여성의 출산휴가 기간 및 임금 보전 등을 포괄하는 개념으로, 계획생육은 계획출산보다는 폭넓은 의미를 갖지만, 이 글에서는 '산아제한'에 초점을 두고 공식문건명 외에는 '계획생육' 대신 '계획출산'이라는 용어를 사용했다.

산결정권이 강력하게 통제되었다. 오랜 출산통제정책의 결과로 출산율은 급속하게 낮아지고 인구 고령화, 성비 불균형 등의 심각한 인구구조 문제들이 초래되자 '한 자녀정책'의 통제수준이 점차 완화되었다. 2000년대 이후에는 지역 및 소수민족에 따라서는 두 자녀 또는 세 자녀를 출산할 수 있도록 한 다양한 '두 자녀정책'으로 전환되었고, 이러한 정책 변화들이 점진적으로 확대되던 중에 '전면적 두 자녀정책'이 시행된 것이다.

중국 정부는 '가족'과 '출산'에 관련된 정책을 독립된 부서나 영역에서 별도로 다루지 않았다. 신중국 수립 이후 가족계획과 자녀 출산에 관한 정책들은 출산장려 및 산아제한에 초점을 둔 '인구정책'의 큰 틀 안에서 다루어져왔기 때문이다. 이는 중국 정부가 가족과 출산에 관한 정책들을 기본적으로 가족과 가정, 여성의 관점에서 접근하기보다는 국가정책상의 '인구'문제로 인식해왔음을 의미한다. 중국 인구정책의 변화 과정을 시기별로 보면, 1950년대 '출산장려 및 인구성장 촉진', 1960년대 '출산억제정책', 1970년대 '만·희·소 정책', 1980년대 이후 추진된 '한 자녀정책', 그리고 최근의 '전면적 두 자녀정책'에 이르기까지 5단계로 추진되어왔다(문익준, 2016). 중국 정부의 이러한 정책들은 인구 및 출산율의 변화를 조절하는 수단으로 활용되었고, 국가가 직접 여성의 출산결정권을 통제하고 강제적으로 제한하는 방식으로 이루어졌다.

중국 정부는 1949년부터 1950년대 초반까지는 인구 증가를 진작하기 위해 출산장려정책을 시행했다. 당시 중국의 인구는 5억 4000명으로, 절대적 수로는 적지 않은 편이었지만, 영아사망률이 1/5로 높아 일정한 인구수준을 유지하기 어려웠기 때문이다. 중국 정부는 신생국가로서 국가수립 및 유지에 필수적인 인구와 사회주의건설에 필요한 인구를 확보해야 한다는 점을 강조하며 적극적으로 출산장려책을 펼쳤다. 1950년대 이후 국가제도가 정비되고 경제도 발전하면서 영아사망률이 1/20 수준으로 낮아지고 인구 증가율도 연평균 2.1%로 높아졌다. 30년 후인 1979년에는 인구가 2배 가까이 증가하여 9억 3000명에 이르자 '한 자녀정책'으로 대표되는 인구통제를 강화하는 정책들이 본격적으로 시행되었다. 이후 중국의 산아제한정책은 정부주도하에 강력하게 추진되었고, '인구통제'라는 소기의 목적은 매우 효과적으로 실현되었다. 그러나 강력한 산아제한정책은 출산율의 급격한 저하 및 인구 고령화에 따른 문제들을 가져왔고, 이는 중국 사회에 심각한 여파를 남겼다.

전반적으로 볼 때, 과거 중국 정부의 출산정책은 출산장려 또는 산아제한이라는 목표에 맞게 인구 증가율을 조절하는 데는 성공적이었다. 중국 정부는 1950년대 초반까지 '인구가 힘이다(人口多力量大)'를 기조로 인구의 노동생산력을 강조하며 출산을 장려했고, 당시의 출산장려책들은 상당한 성과를 거두었다(Zhang, 2017). 그러나 1953년에 실시한 1차 인구조사의 결과가 발표된 이후, 인구 증가와 그에 따른 식량문제에 대한 우려가 높아지면서 이를 억제하기 위한 산아제한의 필요성이 대두되었다. 이에 1950년대 후반부터 1960년대까지 중국 정부는 사회주의교육을 통해 인구 억제 사상을 사회 전반에 전파했다. 1960년대는 사회주의적 여성해방운동의 일환으로 산아제한의 당위성을 강조하고, 출산에 대한 여성의 자기결정권이 국가에 의해 제한되는 것을 긍정적으로 수긍하는 사회적 관념과 인식이 형성되었다. 이를 기반으로 1970년대에는 '하나도 적지 않고, 둘은 적당하며, 셋은 많다(一个不少, 两个正好, 三个多了)'는 정부 캠페인을 통해 출산자녀 수를 되도록 줄이는 것을 권장하는 방식으로 산아제한정책이 시행되었다. 특히 1971년에 '계획생육'이라는 용어가 경제발전계획(经济发展计划)에 처음으로 등장함으로써 인구통제적 성격의 출산정책이 더 강력하게 추진될 수 있는 법제도적 계기가 마련되었다.

'한 자녀정책'이 시행된 1979년 이후 중국 정부는 '산아제한'에 중점을 둔 계획출산정책을 본격적으로 추진했다. 1980년대에 들어서면서 '하나만 낳으면 좋다[只生一个好]'는 정책표어를 통해 정책을 전국에 홍보하고, 한 가정의 자녀 출산 수를 한 명으로 제한하는 정부정책을 강력하게 시행한 것이다. 한 자녀정책은 폭발적으로 증가하던 중국의 인구 증가율은 물론 출산율 또한 지속적으로 감소시키는 효과를 가져왔다. 중국의 합계출산율은 1990년대 초반에 인구교체수준 2.1명 이하로 떨어졌고, 이때부터 저출산 사회로 진입하게 된 이후 2000년에는 1.5명 수준으로 크게 줄어든 것이다. 그림 8-1은 '한 자녀정책' 시행을 전후한 시기의 중국의 합계출산율 및 인구 증가율을 정리한 것으로, 1980년대 이후부터 급격한 변화가 나타났음을 알 수 있다.

그림 8-1에서 보이는 바와 같이, 중국의 인구 증가율은 '한 자녀정책'이 시행된 1970년대 후반과 1980년대 초반을 기점으로 큰 폭으로 감소했다. 또한 1970년대 초반부터 1980년대 초반까지 인구 증가율은 물론 합계출산율이 급격하게 하락했는데, 이 시기부터 중국 정부가 적극적으로 인구 증가를 억제하기 시작했기 때문이다. 우선 인구 증가율을 보면, 1950~1960년대에는 평균 2.5%에 이르렀던 중국의 인구 증가율이 1998년에 1% 이하로 감소한 후로 지속적으로 하락하는 추세를 보였고, 10년 후인 2008년에는 0.5% 수준으로 급속하게 줄었다(World Bank Data). 일반적으로 한 국가의 저출산 수준은 한 여성이 평생 출산하는 아이의 수를 뜻하는 합계출산율로 나타내는데, 중국의 경우 합계출산율 또한 1970년대 이후 급격하게 감소했다. 1965년에는 6.4명에 이르렀던 합계출산율이 30년 후인 1990년대 초반에 1/3 수준인 2.3명까지 떨어졌고, 2015년에는 더 낮은 1.62명의 수준을 겨우 유지하고 있다.

중국의 인구 증가율 및 합계출산율이 감소하기 시작한 1970년대는 한 자녀정책이 국가정책으로 수립되던 시기와 일치한다. 한 자녀정책의

그림 8-1

중국의 인구 증가율 및 합계출산율 변화(1960~2015년)

단위: %, 명

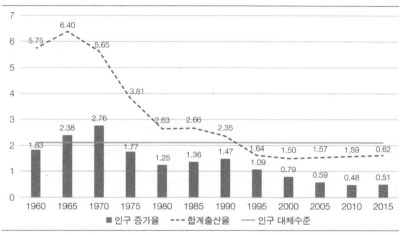

자료: World Bank Data 자료를 재구성함.

시행 과정에서 인구 증가율 및 합계출산율이 크게 감소하는 현상들이 나타나기 시작하여 오랜 기간에 걸쳐 지속되었고, 그 결과 중국은 저출산 사회로 진입한 이래 심각한 수준의 위기에 봉착하게 된 것이다. 반면에 중국 사회의 인구 고령화는 더욱 심화되어 2010년에 고령인구가 인구의 11.8%를 차지했고, 2030년에는 20%를 넘어 초고령 사회에 진입할 것으로 전망되고 있다. 현재 중국에서 나타나는 인구 고령화의 가속화, 생산 노동인구의 감소, 도시·농촌 지역 출산율 격차 등의 인구왜곡 현상은 과거 중국 정부의 '인구통제'적 성격이 강한 계획출산정책으로부터 야기된 것이며, 미래 중국 사회의 안정을 위협할 수 있는 심각한 문제로 지적되고 있어 그 문제해결이 시급하다.

합계출산율과 관련하여, 한 국가가 일정한 인구를 유지하는 데 필요한 출산율의 수준을 인구대체수준(population replacement level, 人口代替水準)이라고 한다. 인구대체수준은 인구의 증감 없이 세대교체가 가능한 출산율의 적절한 수준을 나타낸다. 유엔유럽경제위원회(UNECE: United Nations Economic Commission for Europe)의 보고서에서 인구대체수준을 대체로 선진국은 2.1명, 개발도상국은 3명 정도로 제시한 이후, 일반적으로 그 기준을 따르고 있다. 그림 8-1에서 표시된 인구대체수준은 2.1명을 나타낸 것이다. 일반적으로 가임여성 1인당 2.1명 이상의 자녀를 낳아야 인구수준이 유지될 수 있다는 것이다. 중국은 1970년대 이후 인구 증가율과 합계출산율이 급격하게 떨어지기 시작하여 현재까지 감소 추세가 계속되고 있다. 2015년 말 현재, 합계출산율은 인구대체수준에 현저히 미달하는 1.62명이고, 인구 증가율 또한 1.5% 수준으로 매우 낮아졌으며, 최근까지도 증가세는 나타나지 않고 있다. 1990년대 말부터 정부 차원에서 한 자녀정책의 적용에서 예외를 허용하는 범위를 넓히고 출산정책의 통제수준을 점차 완화해왔지만, 오히려 출산율은 해마다 더 낮아지고 있다. 지난 20년 동안 중국 정부가 시도했던 정책 변화들이 실제로 인구 증가 및 출산율을 높이는 데는 거의 영향을 미치지 못한 것이다.

예를 들면, 중국 정부는 2000년대 들어 부부 양쪽이 외동인 경우, 자녀 출산 수를 둘까지 허용하는 쌍독이태(双独二胎)를 시행한 데 이어 2010년대에는 부부 중 한 쪽이 외동인 경우에도 자녀를 둘까지 출산할 수 있도록 하는 단독이태(單独二胎) 등 예외적인 경우에는 자녀 출산 수를 늘릴 수 있도록 허용했다. 한 자녀정책이 과거에 비해 엄격하게 적용되지 않을 여지를 넓혀주고, 예외적으로 정책적용 대상에서 제외될 수 있는 자격의 범위를 보다 확대한 것이다. 그러나 이러한 '제한적 두 자녀정책'들이 추진되었음에도 불구하고 중국 사회로부터 큰 변화를 이끌어내지는 못했다. 당면한 저출산 위기를 타파하기 위해 중국 정부가 다양한 정책 변화들을 시도했으나, 인구 및 출산율 측면에서 증가 추세와 같은 뚜렷한 변화가 나타나지 않았던 것이다. 2016년부터 전국의 모든 부부가 2명의 자녀를 낳을 수 있도록 허용한 '전면적 두 자녀정책(全面二胎)'도 저출산 위기를 극복하기 위해 중국 정부가 선택한 또 다른 정책 처방 및 대안이지만, 장기적 정책 효과는 차치하더라도 지금까지의 정책 성과는 미미한 수준에 그치고 있다.

중국의 인구 및 출산정책과 관련하여, 현재 합계출산율이 인구대체수준인 2.1명 수준에 크게 못 미치는 현상보다 더 중요한 것은, 중국 계획출산정책의 급진성과 과격함에 있다. 정부의 산아통제정책으로 인해 합계출산율이 50년이라는 비교적 짧은 기간 동안 매우 빠른 속도로 급격하게 감소했기 때문이다. 그림 8-1에 나타난 1960년 이후 중국 합계출산율의 변화를 보면, 1965년에는 6.4명까지 기록했던 합계출산율이 반세기 만에 1/4 수준으로 급격하게 감소했음을 알 수 있다. 서유럽 국가들에서는 100여 년에 걸쳐 합계출산율이 50%로 감소되었던 것과 비교하면, 중국의 산아제한 및 계획출산정책은 그 절반의 기간인 반세기 만에 가임 여성의 출산율이 75%로 감소하는 놀라운 결과를 가져왔다. 중국의 출산정책이 시행 속도는 물론 강도의 측면에서 매우 급진적이고 강압적으로 이루어졌음을 시사한다. 중국 정부가 인구성장을 억제하기 위한 정책목표를 단기간 내에 실현할 수 있었던 것은, 출산 및 인구정책이 그만큼 강력한 제한과 통제의 방식으로 시행되었기 때문이다. 또한 그 과정에서 산아통제, 강제 낙태, 불임시술, 여아 유기 등 여성의 인권과 자기결정권이 국가에 의해 과도하게 침해되는 상황이 일상화되었던 것에서도 이를 짐작할 수 있다.

과거 중국 정부의 주도하에 추진된 인구통제정책들은 '산아제한을 통한 인구 증가율 조절'이라는 소기의 목표를 실현하는 데는 대체로 성공적이었다. 그에 반해 2000년대 이후 시행된 출산장려 성격의 정책들은 기대만큼 긍정적인 성과를 내지 못하고 있다. 정부정책은 출산에 대한 '통제'를 완화하고 출산을 장려하는 방향으로 전환했지만, 여전히 저출산 위기를 나타내는 지표들은 개선될 기미를 보이지 않고 있는 것이다. 그 원인을 정책 변화에 따른 정책 순응 및 유도 방식에서 찾아야 할 것이다. 일반적으로 정책 변동에는 기존 제도와 문화에 익숙한 사회로부터의 저항이 따르기 마련이다. 과거 출산'억제'정책들도 시행될 당시에는 다산을 중시하는 중국 전통의 가치관으로부터 거센 반발과 저항에 부딪혔다. 중국 정부는 이러한 정책 저항을 사회주의적 '동원'과 '통제'의 방식을 통해 해결해왔다. 그러나 최근의 출산'장려'정책들은 이전의 정책들과는 완전히 다른 목표와 방향을 설정하고 있기 때문에 정책 유인 및 집행 방식 또한 근본적으로 다르게 접근해야 한다. 국가로부터의 '통제'가 아닌 '지원'과 '제도'를 통해 사회로부터의 정책 저항을 줄이고 여성과 가정들이 정책 변화에 순응하도록 유인해야 하기 때문이다.

최근 시도된 다양한 두 자녀정책들은 과거 강력한 국가통제와 제도적 억압하에서 출산에 대한 개인의 자기결정권이 제한받았던 상황에 비하면 개인에게 상당한 자율성을 부여했다. 그러나 대부분의 여성과 가정들이 자율적 결정권이 주어진 상황에서도 자녀 출산을 선택하지 않고 여전히 출산을 꺼리고 있다. 출산율을 높이기 위한 국가의 '지원'이 여성들로 하여금 출산을 선택하도록 유인할 만큼의 충분한 동인이 되지 못하고 있다는 뜻이다. 출산을 장려하기 위해 국가의 주요 정책에 변화를 가져왔지만, 현실에서는 기대했던 변화를 유도하지 못하고 있는 것이다. 그 기저에는 오랫동안 출산통제정책으로 고착화된 사회문화와 인식을 변화시키기가 쉽지 않고, 개혁개방으로 경제적으로는 자본주의 체제가 도입됨에 따른 출산과 양육에 드는 경제사회적 비용에 대한 부담과 두려움이 깔려 있다. 또한 정부 정책의 측면에서 보다 근본적인 문제는, 그동안 중국 정부가 출산과 양육에 관한 정책을 가족정책의 관점보다는 인구정책 또는 출산정책의 관점에 초점을 두어왔다는 데 있다. 저출산 위기를 극복하기 위한 해답을 출산과 양육의 주체인 여성의 시각에서 찾기보다는 국가의 입장에서 출산정책을 인구조절을 위한 수단으로만 활용해온 것이다. 현재 진행 중인 정책 변화에도 그 성과가 나타나지 않는 상황은, 중국 출산정책이 여전히 여성과 젠더 관점으로 접근하는 시각과 노력이 결여되어 있는 한계를 넘어서지 못하고 있음을 시사한다.

3. 중국의 가족정책

중국은 정부 내에 '가족' 관련 제도와 정책을 주관하는 기관이나 부문이 독립적으로 존재하지 않는 특성을 보인다. 중앙정부인 국무원 내에 '가정' 또는 '가족'을 중심으로 한 정부정책을 담당하는 별도의 부서가 설립된 바 없었기 때문이다. 한 자녀정책 시행 이후, 1981년에 국무원 산하에 국가계획생육위원회(国家计划生育委员会)가 설립되어 인구 및 출산 관련 정책을 관장하기 시작했다. 2003년 정부기구개혁에서 국가인구·계획생육위원회(国家人口和计划生育委员会)로 개편되었다가 2013년에는 국가위생·계획생육위원회(国家卫生和计划生育委员会)로 변경되었다. 최근인 2018년 3월, 국무원기구개혁에서는 관련 부서를 국가위생건강위원회(国家卫生健康委员会)로 통합하여 '계획출산'이라는 단어가 중국 정부 내 부서 명칭에서 완전히 사라지게 되었다.

이와 같은 중국 정부의 부서명 변천 과정은 개혁개방 이후 중국 출산정책의 변화 방향을 읽을 수 있는 이정표가 된다. 과거 산아제한과 인구통제에 중점을 두었던 '계획생육'정책으로 인구구조의 문제가 심각해지자 최근에는 건강과 가정에 방점을 두고 '위생·건강'을 강조하는 방향으로 전환되고 있음을 상징적으로 보여주기 때문이다. 1980년대에 '국가계획생육위원회'가 설립되어 한 자녀정책의 시행과 함께 통제적 성격의 '계획출산'이 정부의 강력한 주도하에 추진되었으며, 그 결과로 심각한 인구구조의 문제가 나타나자 2000년대에는 '국가인구·계획생육위원회'를 중심으로 '인구문제'에 초점을 두고 인구정책과 계획출산정책을 통합적으로 다루게 되었다. 2010년대 들어서는 '국민건강'과 '위생' 문제를 출산정책과 함께 고려하기 시작하면서 '국가위생·계획생육위원회'로 조직 개편이 이루어진 것이다. 이러한 변화 방향은 2018년의 정부조직 개편에서 더 구체적으로 나타났다. '국가위생건강위원회'가 신설되어 기존의 산아제한과 관련된 계획생육기층지도사, 유동인구계획생육복무관리사, 계획생육가정발전사 등의 3개 사(司, 局)를 폐지하고, 그 산하에 인구감측가정발전사(人口監測家庭發展司)를 두었다. 이로써 중국 정부가 거의 40년 만에 통제적 의미의 '계획출산'이라는 용어를 정부부처명에서 공식적으로 지워낸 것이다.

'전면적 두 자녀정책' 또한 이러한 변화 속에서 시행되었는데 이는 중국 정부가 저출산 및 인구구조 문제를 해결하기 위해 새로운 관점으로 접근하려는 시도이자 출산을 실질적으로 장려하기 위한 정책 전환의 일환이라고 할 수 있다. 따라서 '전면적 두 자녀정책'이 시행 중인 현재 시점에서 출산과 관련된 중국의 사회제도 및 정책이 어떻게 운영되고 있는지를 살펴보고, 이를 정책 성과와 연계하여 보완점을 생각해볼 필요가 있다. 이를 위해서 출산에 영향을 미치는 중국의 사회문화 및 제도들을 중심으로 중국 가족정책의 패러다임을 유형화하고 그 특성을 파악하고자 한다.

1) 중국의 가족정책 패러다임 유형화와 특성

중국은 사회주의 이데올로기의 영향으로 아시아 지역에서는 비교적 남녀평등의 수준이 높은 국가에 속한다. 중국 정부는 사회주의 체제 수립 이후 "세상의 절반은 여성이다(半边天)"라는 표현을 주창하며 여성의 노동력을 가정에서 사회로 이동시켜 여성들의 사회활동을 적극 장려해 왔다. 특히 1979년에 한 자녀정책이 시행된 이후에 여성들이 남성들과 동등한 기회를 가질 수 있는 사회적 여건이 제고되었다. 여성들도 고등 교육을 받게 되면서 남성들과 취업시장에서 경쟁력을 갖출 수 있게 되었고, 높은 수준의 교육과 사회생활을 영위하게 된 여성들의 사회참여가 높아짐에 따라 남녀평등에 관한 사회적 인식이 더욱 고양되었기 때문이다. 중국은 사회주의적 남녀평등사상과 한 자녀정책의 영향으로 가정경제와 출산·양육에 관한 남녀 간의 성역할이 '생계부양자'와 '보살핌(돌봄) 노동자'로 분리되지 않고 남성과 여성이 서로 공유하고 있는 특성을 보인다. 중국 여성들은 다른 아시아 국가들에 비해 사회참여율이 높은 편이기 때문에 남성과 여성 모두가 '생계부양자'이자 '보살핌노동자'의 역할을 담당하고 있는 것이다.

그러나 중국의 전통적 유교문화와 가부장적인 질서가 강하게 남아 있기 때문에 가정 내에서의 남녀의 성역할은 구분되어 있는 경향 또한 높은 편이다. 출산과 양육을 여성의 고유한 역할로 보는 전통적 가치관과 사회인식으로 인해 자녀 출산과 양육의 책임과 부담은 대부분 고스란히 여성들의 몫이 되는 것이다. 성역할 이데올로기 측면을 보면, 중국의 사회제도는 성별 역할이 뚜렷하게 분리되지 않은 '성별분업해체형'에 가깝다고 할 수 있다. 하지만 실제 가정생활에서는 출산과 양육에 관한 역할과 책임이 여성에게 더 강하게 지워지는 특성을 동시에 안고 있다. 여

표 8-1

중국 계획출산정책의 가족정책 패러다임 유형화

	남성생계부양자형	성별역할분리형	성별분업해체형
성역할 이데올로기			●
복지혜택 수급권	◐		●
수급권의 기초			●
복지 수혜자	◐		●
과세			●
고용 및 임금 정책	◐		●
돌봄의 영역	●	◐	

주: 강: ●, 중: ◐, 약: ○

성의 입장에서는 사실상 중국 같은 사회가 일·가정의 균형적 양립이 가장 어려운 사회구조와 문화를 가진 곳이다. 여성에게 남성과 동등한 노동을 하도록 강요하는 양성평등의 사회구조와 자녀 출산 및 양육의 의무를 여성에게 강제하는 가부장적 문화와 제도 속에서 중국 여성들은 일과 생활의 이중 부담을 지고 있기 때문이다.

국가의 복지정책 측면을 보면, 중국에서 국가가 제공하는 사회복지는 '가족'과 '가정'이 아닌 임금근로자를 주요 대상으로 하고 있다. 기본적으로 성별에 관계없이 '근로자'를 대상으로 사회복지서비스와 혜택이 제공되며, 과세 또한 임금을 받는 근로자를 대상으로 부과되기 때문이다. 근로자인 여성에게는 출산과 양육에 필요한 지원 및 혜택을 제공하는 출산보험을 실시하고 있고, 남성근로자에게는 출산휴가[护理假] 사용할 수 있도록 법제도적으로 규정해두고 있다. 법제도적으로는 '성별분업해체형'이지만, 출산과 관련된 사회복지는 성별 역할에 따른 필요에 맞는 서비스를 제공함으로써 '성별역할분리형'의 특성이 가미되어 있다고 할 수 있다.

과세 또한 근로자의 수입에 근거하여 부과되므로 임금노동자인 여성과 남성이 각각의 세금부과 대상이 되며, 노동 및 고용 정책에서는 법적으로는 양성평등을 목표로 하고 있다. 그러나 실제 직장 내의 문화와 제도를 보면, 취업과 승진, 직장 내 생활에서 여성에 대한 배려보다는 남성을 우선하는 방식으로 운영되고, 임금노동과 양육노동의 가치가 동일하게 평가되고 있지 않기 때문에 '남성생계부양자형'의 특성이 동시에 나타난다고 할 수 있다.

종합적으로 볼 때, 중국의 출산정책에 영향을 미치는 가족정책은 남녀평등을 강조하는 사회주의 이데올로기의 영향으로 사회복지, 과세, 임금 및 고용 정책 부문에서 법제도적으로는 임금노동과 보살핌노동이 성별을 기준으로 구별되지 않고 공유되는 유형인 '성별분업해체형'에 가깝다. 그러나 실제 가정 및 사회생활에서는 가부장적 사회문화가 강하게 남아 있어 양성평등이 바람직하게 실현되기보다는 남성 우선의 문화와 인식들로 인해서 전통적인 '남성생계부양자형'의 특성이 일부 혼재되어 있는 것으로 유형화할 수 있겠다. 또한 출산장려 또는 저출산에 대한 대책을 수립하는 데 있어 국가가 직접 개입하려는 의지가 강한 '성별역할분리형'의 성격도 보인다. 따라서 중국의 가족정책 패러다임은 서구 국가들의 유형과는 다른 특수성을 갖고 있으며, 최근 산아제한적 출산정책에서 그 통제수준을 크게 완화하여 출산장려의 방향으로 전환하고 있는 과정 중에 있기 때문에 위의 세 가지 유형의 특성들이 혼재된 과도기라고 할 수 있을 것이다.

2) 중국의 가족정책

(1) 가족 내 성역할 및 젠더 평등 이데올로기

사회주의국가인 중국은 다른 아시아 국가들보다는 성역할 및 평등에 대한 관념은 비교적 높은 편에 속한다. 그러나 개혁개방으로 사회주의에서 시장경제로 체제 전환이 이루어지고 '한 자녀정책'이 시행되면서 1980년대는 중국 사회에서도 젠더 문제가 대두되는 계기가 되었다. 중국은 아시아문화권 내에서는 상대적으로 남녀평등에 대한 사회적 관념과 인식이 높은 사회이지만, 전통문화의 영향으로 출산과 육아는 여전히 고정적인 여성의 성역할로 요구되고, 특히 개혁개방으로 시장경제 체제가 도입된 이후에는 여성들의 사회적 역할과 지위가 주변화되는 경향이 점점 강하게 나타났기 때문이다.

일반적으로 한 사회의 저출산율은 영아사망률이 낮고 도시화율이 높을수록, 부모의 일·가정 양립이 어려울수록, 남녀의 교육수준이 높고 고등교육이 사회경제적 성공의 과정으로 인식되는 사회일수록 높은 상관관계를 보인다(Fong, 2002: 1099). 중국도 개혁개방 이후 시장경제 체제가 도입되면서 이와 비슷한 사회적 변동이 진행되어 출산율이 낮아지기 시작했다. 특히 자녀 출산이 가계의 수입에 기여하기보다는 교육과 양육에 드는 비용과 지출을 증대시키는 요인이 되면서 점점 출산을 꺼리게 되었기 때문이다.

중국의 대표적인 계획출산정책인 '한 자녀정책'은 자녀 출산 및 가족계획에 대한 개인의 자기결정권을 과도하게 통제하고 국가권력에 종속시킨, 비인권적인 정책이었다. 그러나 한편으로는 여성들을 출산으로 인한 보건상의 위험과 출산·육아의 부담으로부터 자유롭게 했고, 가정 내 여성의 역할과 지위를 향상시키는 데는 긍정적 영향을 미친 측면도 있다. 남아선호사상이 전통적으로 강한 중국 사회에서 과거 여성들은 남자 형제에 비해 충분한 교육의 기회가 주어지지 않았고 사회적으로도 높은 지위와 권한을 갖기 어려웠지만, 한 자녀정책하에서 태어나 자란 여성들은 부모로부터 유일한 자녀로서 많은 사랑과 관심을 받으며 높은 수준의 교육기회를 제공받았으며, 고등교육을 받고 사회에 진출하는 비중이 높아졌다(Hesketh, Zhou and Wang, 2015: 2619). 그 결과, 중국 여성들의 노동력 및 사회참여율 또한 자연히 증가하게 된 것이다.

그러나 높은 교육수준과 사회경력을 가진 중국 여성들은 일과 자녀 출산·양육을 양립하기 어려운 사회경제적 환경에 처해 있다. 중국은 가부장적 가정문화로 인해 여성의 가사분담 비중은 여전히 높고, 출산·육아의 부담을 안고 있는 여성들은 직장 내에서 불이익을 당하는 사회이기 때문이다. 한 자녀정책하에서 태어난 대학생들을 대상으로 한 설문조사 결과는, 여전히 중국 가정 내에서의 성역할 분리가 전통적 가부장적 구조에서 벗어나지 못하고 있음을 보여준다(Fong, 2002: 1107). 대학생 자녀를 둔 부모 2273명의 성역할 현황을 보면, 청소는 여성 94%, 남성 41%, 세탁은 여성 94%, 남성 42%, 장보기는 여성 94%, 남성 54%, 요리는 여성 88%, 남성 59%로 여성들이 가사를 담당하는 비중이 월등히 높게 나타났다. 이전 세대에 비해서는 남성들의 가사분담 비중이 높아졌지만, 여전히 가정 내에서 남녀 간의 고정적인 성역할이 분리되어 있음을 알 수 있다. 일하는 여성들은 출산과 사회적 활동, 육아와 일 사이에서 삶의 균형을 잡아야 하는 부담이 있을 뿐만 아니라, 가정 내에서 전통적으로 여성의 역할로 인식되어온 가사, 출산, 육아 등도 온전히 여성들의 부담이 되고 있는 것이다. 일·가정 양립이 쉽지 않은 환경과 제도하에서는 여성과 젊은 세대의 가정이 자녀 출산을 선택하지 않게 되는 경향이 강해질 수밖에 없고, 그에 따라 '저출산'이라는 사회문제가 점점 심화되는 결과로 이어진 것이다.

또한 '한 자녀정책'은 남녀 성비의 불균형을 심각한 수준으로 상승시키는 데 결정적인 역할을 했다. 1960년대 이후 1982년까지는 남녀 성비 지수가 1.07 수준으로 큰 변화 없이 유지되었는데, 1987년에 1.08로 오른 후 2007년에는 1.17까지 증가했다(World Bank Data). 중국의 남녀 성비 불균형은 2007년에 최고조에 이른 후 다소 감소하여 2015년에는 1.15 수준이 되었지만, 여전히 심각한 수준을 유지하고 있다. '한 자녀정책'하에서는 출산 가능한 자녀 수가 1명으로 제한됨에 따라 남아선호사상이 강한 부모들이 태아의 성별에 따라 출산을 선택하는 경향이 강해졌고, 그 결과 낙태와 영아 유기 등으로 여아 출산 비중이 낮아지면서 자연스럽게 남아 출산율이 높아진 것이다. '한 자녀정책'으로 인한 남녀 성비의 불균형은 중국 취업시장은 물론 가정과 직장, 사회 전반에서 여성의 사회적 지위 약화와 젠더적 비주류화를 가속화하고 젠더 차별을 심화시키는 결과를 가져왔다.

그런 점에서 보면, '전면적 두 자녀정책'의 시행은 젠더 관점에서 중국 가정에 중요한 변화를 가져올 수 있을 것으로 기대된다. 둘째 자녀의 출산이 가능해지면 태아 성별에 따른 선택에 의한 출산도 줄어들 수 있기 때문에 남녀 성비의 불균형이 자연스럽게 조율될 가능성이 있기 때문이다. 따라서 가능한 많은 부부들이 둘째 아이의 출산을 선택할 수 있는 사회경제적 여건을 마련하고 제도적으로 지원해줌으로써 중국 정부의 새로운 출산정책이 실질적으로 정책 효과를 거둘 수 있도록 하는 것이 중요하다.

(2) 복지정책: 사회보장 및 연금제도

중국은 개혁개방 이후 국가가 전적으로 사회복지를 제공하던 사회주의 체제에서 시장경제 체제로 전환되면서 기업과 개인이 공동으로 그 비용을 부담하는 방식의 사회복지 유형으로 변화하고 있다. 그런 점에서 중국의 사회복지는 서구 및 동아시아 자본주의 국가들의 사회복지와는 다르고, 다른 국가들의 유형화 기준에 맞춰 범주화할 수 없는 특수성이 있다(원석조, 2010). 개혁개방 이전에는 중국의 전통문화와 관념이 사회주의 이데올로기와 혼재된 특성이 있었고, 개혁개방 이후에는 사회복지 제공자로서의 국가의 역할과 책임이 개인과 사회로 전가되는 과정에서 나타나는 중국적 특색이라고 할 수 있다.

중국의 사회보장시스템은 크게 사회보험, 사회구제, 사회복지, 우대부양조치, 사회상호지원의 다섯 가지 제도로 구축되어 있고, 그중 사회보험은 국가가 법률로 강제하고 있는 법정 보험이자 중국 사회보장제도의 핵심이다(유은하, 2017: 132). 중국의 사회보험은 다시 양로보험, 의료보험, 실업보험, 산재보험, 출산보험, 다섯 가지로 나뉜다. 그중 우리나라의 국민연금에 해당하는 양로보험과 의료보험, 실업보험 등은 국가, 기업, 개인이 공동으로 보험료를 부담하고, 산재보험과 출산보험은 기업에서 부담하고 근로자의 임금 총액에 대비해 보험료가 지불된다. 사회보험의 적용대상은 주로 근로자와 농민으로, 사회적 노동이 아닌 돌봄노동자인 여성에 대한 사회복지는 사실상 제공되지 않고 있다. 출산·양육자를 위해 출산휴가 동안 출산보조금을 받을 수 있도록 하는 출산보험조차도 도시기업의 여성 근로자를 대상으로 한 것이어서 농촌지역의 비근로자인 여성은 사회복지제도에서 완전히 소외되어 있기 때문에 같은 여성들 간에도 정부로부터의 지원 및 수혜에서 도농의 격차가 존재한다.

개혁개방 이후 산업화와 사회분화가 진행되어 전통적 대가족제가 핵가족화되거나 1인가족 구조로 바뀌면서 중국 사회의 가족 구조에도 큰 변화가 일어났다. 계획출산정책의 영향으로 출산율은 지속적으로 감소하고 고령인구의 비중은 증가하면서 인구구조가 변했고, 그에 따라 자녀와 부모세대에 대한 양육 책임과 부담이 크게 증가했다. 이러한 가족 및 사회구조의 변화 속에서 '한 자녀정책'하에서 성장한 독생자들은 노인 4명을 부양해야 하는 책임을 안게 된 것이다. 그러나 자녀 양육에 필요한 비용과 부담이 커지면서 가정 내 노인 부양 기능은 점차 약화되고 있다. 중국 사회도 점차 개인주의가 강해지고 혈연관계와 전통적인 친지관계가 약화되면서 인간관계에 기초한 정서적 연대 또한 취약해지고 있기 때문이다.

한 자녀정책으로 인해 전통적으로 남아선호사상이 강한 중국 사회의 남녀성비 불균형이 높아짐에 따라 노인부양과 관련해서도 심각한 문제가 나타나고 있다. 예를 들면, 성비 불균형으로 결혼하지 못한 남성들이 증가하면서 가정으로부터 돌봄을 받지 못하는 노인들이 늘어나고, 그동안 낙태와 유아 살해로 사라진 이른바 중국판 '실종된 여아들(missing girls)'의 부재 등의 문제가 현재 노인 부양 문제와 연계되고 있다. 이러한 변화 속에서 사회양로서비스에 대한 의존이 강해질 수밖에 없지만, 중국의 사회보장제도는 아직 충분히 갖추어지지 않은 상태이며, 그중에서도 사회양로 부문은 더욱 약한 실정이다.

중국 사회의 인구 고령화가 급속하게 진행됨에 따라 사회보험기금 지불 압력도 매년 증가하고 있다. 중국 정부가 '제한적 두 자녀정책'에서 '전면적 두 자녀정책'으로 출산정책을 변화시키기로 결정한 배경에는 이를 해결하기 위한 목적 또한 주효했던 것으로 보인다. 도시지역의 기본 의료보험을 예로 출산정책 변화의 효과를 분석한 연구에서 '전면적 두 자녀정책'을 통해 장기적으로는 사회보험기금의 적자를 줄이는 효과가 있을 것이라는 예측을 내놓았다(曾益·凌云·张心洁, 2017). 예를 들면, '제한적 두 자녀정책'하에서는 2040년에 기금 부족 현상이 나타나 2065년에는 62조 4400억 위안의 적자가 나타날 것으로 예상되지만, '전면적 두 자녀정책' 시행 이후에는 그 적자 수준이 5.33%에서 40.73%까지 감소될 것이라는 것이다. 다시 말하면, '전면적 두 자녀정책'으로의 변화는 정책의 단기적 효과는 기대하기 어렵더라도 장기적으로는 도시지역 근로자의 기본의료보험의 적자를 감소시키고 퇴직 연령을 연장하는 정책이 함께 실행되면, 사회보험의 지속성을 증가시킬 수 있을 것으로 보인다. 따라서 중국 정부는 '전면적 두 자녀정책'이 성공적으로 시행될 수 있도록 사회보장제도 및 연금제도의 측면에서도 퇴직 연령의 연장, 도시·농촌 간의 임금격차 축소 등의 정책을 수반해 제도적으로 지원할 필요가 있다.

(3) 노동 및 고용 정책

1950년대 중반부터 시행된 '산아제한'적 성격의 중국 계획출산정책은 합계출산율을 크게 감소시키는 결과를 가져왔다. '한 자녀정책'이 시행된 이후에는 합계출산율 감소 추세가 더 뚜렷하게 나타나 1979년에 2.81명이었던 출산율이 2000년에는 1.51명으로 거의 절반 가까이 줄었다. 2015년 현재 출산율은 1.62명으로, 2000년대 초반에 비해서는 다소 높아졌으나, 인구대체가능 수준인 2.1명에는 여전히 미달하는 수준이라는 데는 변함이 없다. 오랫동안 지속된 저출산은 생산가능 인구의 감소로 이어져 노동력 시장에도 중대한 영향을 미치고 있다. 2014년 통계를 보면, 1~14세까지의 인구수가 총인구대비 16.49%로, 2010년에 실시된 6차 인구조사보다 0.1% 감소했고, 15~64세까지의 인구는 1% 낮아진 73.4%로 나타나 노동력이 지속적으로 감소하고 있음을 알 수 있다(慕霜, 2016).

중국의 전체 노동력 중 여성 노동력의 비중은 1990년 45.20%에서 2000년 45.06%, 2010년 44.03%로 지속적으로 감소했고, 2017년에는 43.72%로 더 낮아졌다(World Bank Data). 이 중에서 노동에 참여하는 여성의 비율은 2000년 71.2%에서 2015년 63.6%로 더 큰 감소세를 보였다. 그러나 중국 여성의 노동 참여율은 63.3%로 OECD 평균(57%)과 아태지역 국가들의 평균(62%)을 웃도는 수준이다. 2017년 현재, 중국 여성의 노동 참여율은 63.3%, 여성의 경제 성장기여도는 41%로, 세계 최고 수준을 기록하고 있다(勵媄中國, 2018).[3]

2010년 기준으로 6세 이하의 자녀를 둔 25~34세의 중국 여성 중 72%가 직업을 갖고 있을 정도로 중국은 일과 자녀 양육을 병행하는 여성들의 비중이 높다. 그러나 직장 내에서 남성과 여성 간의 젠더 평등 수준은 그렇게 높지 않은 것으로 나타났다. 중국의 직장인 2909명을 대상으로 한 설문조사(응답자: 여성 57.2%, 남성 42.8%)에서 여성의 58.6%가 직장 내에서 남성과 여성에게 평등한 기회가 주어지지 않는다고 응답했다. 특히 급여와 출산 및 양육 과정에서 차별 대우를 가장 많이 받는 것으로 나타났다(금융연구원, 2018: 24).

성별로 인한 차별 경험을 묻는 질문에는 동일한 직책과 경력임에도 남녀 간에 존재하는 임금 차이가 가장 높게 나타났고, 임신이나 육아, 출산휴가 등으로 인해 불리한 대우를 받는다는 응답이 그 뒤를 이었다. 특히 자녀가 있는 여성의 경우에는 직장 내 생활의 어려움을 묻는 질문에 '승진 기회가 점차 줄어든다'는 점을 가장 많이 꼽았고, 이미 관리자급으로 승진한 여성의 경우는 '일과 생활의 불균형'을 가장 힘들어하는 것으로 나타났다. 이와 같은 직장 내 젠더 불평등은 중국 사회 내에 여전히

---

3 「2017 여성과 직업 그리고 행복감: 디지털 시대 여성의 직장 영향력 보고서[2017女性、職业与幸福感 : 数字时代女性职场影响力报告]」는 2018년 3월, 중국의 여성 개인 발전과 직업발전을 위한 플랫폼인 '린 인 차이나(Lean In China, 勵媄中國)'가 다국적 컨설팅그룹인 '딜로이트 차이나(Deloitte China)'와 공동으로 발표한 보고서이다. '린 인 차이나'는 여성 개인의 삶의 질 향상과 그들의 경력 개발을 위한 프로그램 진행 및 보고서 발간 등의 업무를 수행하고 있다.

여성이 육아에 대해 더 큰 책임을 갖고 있다고 보는 성역할에 대한 고정 관념이 강하게 깔려 있는 데 기인한다. 여성들은 출산과 육아로 인해 남성에 비해 회사업무에 집중하지 못할 것이라는 편견과 사회적 인식이 여전히 깊이 남아 있기 때문이다.

여성 노동력은 출산 및 양육 부담으로 인해 업무 집중력과 경력 지속이 낮다고 인식하는 기업문화와 사회적 분위기 속에서 동등한 능력의 남성들에 비해 여성들이 취업시장과 직장 내에서 균등한 기회를 제공받지 못하거나 불이익을 당하는 일이 비일비재하다. 직장 내 젠더 불평등이 구조적으로 만연해 있고 일·가정 균형이 실현되기 어려운 사회제도적 환경에서는 출산 적령기의 여성들이 자녀 출산 및 일과 양육의 병행을 선택할 것이라고 기대하기 어렵다. 린 인 차이나의 설문조사 결과에 따르면, '전면적 두 자녀정책'이 시행된 이후에도 2명의 자녀를 출산하기 어렵다고 응답한 직장인들 중 남성 47.4%, 여성의 25.5%가 '경제적 곤란'을 가장 큰 이유로 들었다고 한다. 그 밖에 여성 직장인을 대상으로 한 중국부녀연합회의 조사결과는 여성들이 둘째 자녀 출산을 꺼리는 가장 큰 이유가 짧은 출산휴가 기간(58.7%), 출산 여성의 직장 상황(45.8%)으로 나타났고, 도시 지역의 경우는 이러한 경향이 더 높게 나타났다(中国妇女联合会, 2012). 여성들이 출산과 육아 부담으로 인해 경제활동에 제약을 받거나 경력이 단절되는 것은 단지 여성만의 문제가 아닌 가정의 경제적 부담으로 작용하기 때문에 결국 젊은 부부들이 출산을 선택하지 않게 되는 악순환으로 이어지고 있는 것이다.

중국 정부는 '여성 근로자 특별보호규정'에 따라 출산휴가 기간을 98일로 정하고, 이 중 15일은 출산 전에, 나머지는 출산 후에 사용할 수 있도록 규정하고 있다. 각 성은 중앙정부가 정한 98일의 법정휴가를 기본으로, 성별 지역경제와 사회발전 상황에 맞춰 인구정책을 조정하고 그에 따라 '인구산아계획관리조례'를 제정하고, 이에 의거하여 별도의 출산장려휴가, 난산 또는 다둥이 출산, 유산 등 특정한 조건에 해당하는 경우에는 각각 15일, 1개월 등의 기간을 추가적으로 출산휴가로 사용할 수 있도록 하고 있다. 남성근로자의 출산휴가 또한 각 지방조례에 따라 결정되는데, 베이징을 포함한 대부분의 지방은 남성근로자의 출산(간호)휴가를 일정한 조건하에 인정하고 있다. 최소 7일부터 20일까지 허용되는데, 일반적으로 15일 선으로 정하고 있다. 그러나 국가가 법으로 정한 기간임에도 기업의 고용주가 이를 허용하지 않거나 고용의 지속을 조건으로 기본적인 출산휴가를 충분히 사용하지 못하는 경우가 많다.

그러므로 '전면적 두 자녀정책'의 실시 이후 출산장려책을 통해 실질적인 정책 효과를 이끌어내기 위해서는, 고용정책의 측면에서 여성의 취업과 직장 내의 권리를 보장하는 제도적 지원을 강화할 필요가 있다. 또한 출산장려의 측면에서 남성의 출산 및 육아휴직제도가 아직 미비한 실정이어서 남녀 출산휴가제도의 변화가 반드시 요구된다(吳静, 2016). 그뿐만 아니라 법률과 규정의 형식으로 출산과 육아를 위한 남편의 휴직 기간을 합리적으로 정하고, 출산 돌봄 또는 육아휴직 기간 동안 기본 급여를 제공하는 등 가정의 기본 수입을 보장해주는 재정 지원이 필요하다.

4. 중국 계획출산정책의 젠더적 함의

1) 정책결정 과정의 측면

2016년에 시행된 '전면적 두 자녀정책'은 당초 기대했던 정책 효과와 성과를 얻지 못하고 있다. 이는 기존 계획출산의 통제수준을 완화하는 방식으로 문제를 해결하려 했던 중국 정부의 정책 의도가 현실에서 실질적인 변화로 이어지기 쉽지 않음을 반증한다. 단순히 '출산 허용 자녀 수'를 늘리는 것은 중국 사회가 당면한 저출산 위기를 해결할 수 있는 근본적 해법이 될 수 없음을 보여준다. 다시 말해, 현재 중국 정부의 '정책'과 중국 사회의 '현실' 사이에는 상당한 괴리가 존재하고 있다는 것이다.

한 나라의 출산정책은 정치, 경제, 사회, 문화가 복잡하게 얽힌 문제로, 단순한 셈법으로 해결되기 어렵다. 과거 중국의 출산계획정책이 중국 전통의 '다자다복(多子多福)' 사상과 문화로부터 커다란 저항에 부딪혀 35년이라는 오랜 시행 기간을 겪었던 것처럼, 현재 중국 정부의 출산정책은 과거의 출산계획정책으로 고착화된 사회인식과 문화라는 정반대의 정책 저항과 마주하고 있는 셈이다. 출산정책은 남녀 간의 사고방식과 시각의 차이를 이해하고, 그에 기초하여 여성의 입장에서 정책의 윤리적 가치를 분석하는 과정을 통해 결정되어야 한다. 그러나 그동안의 중국 출산정책은 시대적 상황에 따라 크고 작은 변화가 있었지만, 그 과정에서 여성의 입장에서 문제를 바라보고 해결책을 찾으려는 젠더 관점의 접근이 매우 부족했다.

출산통제 및 산아제한정책의 시기에는 중국 정부가 인구통제와 출산통제라는 정책의 실제 목표는 숨기고, 사회주의적 여성해방운동을 전면에 내세운 사상교육을 여성들에게 실시하고 정책을 보급함으로써 여성을 하나의 정책수단으로 활용했다. 그 과정에서 중국 여성의 대부분은 출산에 대한 자기결정권을 포기함은 물론 신체적 고통과 사회경제적 억압을 견뎌야 했다.

그러나 출산을 장려하는 지금의 상황도 본질적으로는 크게 다르지 않다. 현대 중국 여성들은 사회주의적 여성평등주의 교육을 통해 여성주의적 가치관이 내재되어 있으나, 현실에서는 출산에 대한 경제사회적 부담과 중국 전통의 다산문화와 가부장적 시스템 속에서 국가정책에 의해 일방적으로 '허용'된 출산의 '의무'와 '부담'을 고스란히 떠안고 있다. '동일노동, 동일임금, 양성평등'을 강조하는 사회주의 이데올로기와 '한 자녀정책'으로 형성된 남녀평등의 사회 분위기 속에서 여성들이 출산으로 인한 자신의 사회경제적 불이익과 불편을 감내할 수 있는 수준의 제도적 지원과 보상이 뒷받침되지 않는다면, 출산장려를 목적으로 하는 그 어떤 정책도 성공을 담보하기 어렵다. 여성과 가정에서 자녀 출산을 선택할 수 있도록 유인할 수 있는 제도적 여건과 사회적 환경이 마련되지 않는다면, 전면적 두 자녀정책이 아니라 향후 출산자녀 수의 제한을 폐지한다 하더라도 출산율의 증가라는 정책 효과가 나타나기는 어려울 것이다.

출산정책은 그 정책의 기본 주체인 여성의 시각에서 현실적으로 실행 가능한 정책 대안을 제시하고, 여성들이 개인으로서, 그리고 가정과 직장에서, 출산과 양육 문제로 겪고 있는 어려움들을 개선하는 방향으로 추진되어야 한다. 그러나 중국의 출산정책은 인구구조의 문제와 그로부터 파생된 심각한 사회문제를 시정하는 데만 초점을 두고 추진되어왔다. 그 결과, 출산과 육아의 주체인 여성에 대한 배려가 부족하고, 여성의 사회적 권리와 지위를 충분히 보호하려는 시각이 매우 결여되었던 것이다. 또한 사회로부터의 여론이나 의견이 투입될 수 있는 제도적 채널이 사실상 부재한 중국 정부의 정책결정 과정을 감안하면, 인구·출산정책의 결정 과정에서 여성의 입장과 시각은 거의 배제된 채 남성의 관점을 중심으로 정책이 결정되었다 해도 과언이 아니다. 따라서 중국 정부는 출산정책을 결정하고 새롭게 변화시키는 과정에서 여성들의 입장을 충분히 고려하고 이를 배려하는 제도를 마련해야 할 것이다.

2) 법제도적 측면

최근 중국의 출산정책이 산아제한에서 탈피하여 출산을 장려하는 방향으로 전환하고 있지만, 출산·양육 적령기 여성들을 보호하고 지원하기 위한 법제화의 수준은 아직 낮은 편이다. 중국에서 출산과 관련된 법률 중에서 여성을 위한 법률로는 '인구계획생육법', '여성 근로자보호 특별규정', '모자보건법'이 있다. 또한 출산 및 간병휴가에 대한 법적 보장도 강화될 필요가 있다. 여성의 출산휴가뿐만 아니라 가족의 간병휴가가 보장되어야 가족 간에 안정적으로 출산과 양육 활동을 분담할 수 있기 때문이다. 남편의 출산휴가가 쉽게 허용되지 않으면, 출산과 양육의 책임은 여성의 몫이 되고, 그에 따라 출산과 양육을 위한 경력단절을 선택하는 여성들이 증가하게 되면 결국은 가계의 경제 부담이 가중되는 악순환으로 이어질 수밖에 없다. 그런 상황에서는 아무리 정부가 출산자녀 수를 늘리더라도 다시 출산을 선택할 가정의 수는 크게 늘지 않을 것이다.

이러한 문제들이 근본적으로 해결되지 않는 상황에서는 많은 여성들이 출산을 포기할 것이고, 결국 중국 정부의 출산정책이 성공적인 정책 성과를 거두지 못할 개연성이 높다. 중국도 '노동법[劳动法]', '취업촉진법[就业促进法]', '부녀권익보장법[妇女权益保障法]'을 통해 노동과 취업 과정에서 여성에 대한 차별을 금지하고 있다. 그러나 차별 행위에 대한 구체적인 정의와 범주가 법률적으로 명확히 규정되어 있지 않아서 실제 자녀 출산 연령대의 직장 여성들을 보호하지 못할 뿐만 아니라 사후 제재가 필요한 경우에도 법률적으로 적용하기 어려운 실정이다(吳静, 2016).

이윤을 추구하는 기업의 입장에서는 여성의 노동력은 출산과 육아로 경력이 단절될 가능성이 높고 일·가정 양립의 어려움으로 인해 업무 집중도 및 효율성이 낮아지는 점을 고려하면, 채용과 직장 내 승진에서 여성에게 공정한 기회를 제공하기 어렵다. 그뿐만 아니라 여성의 사회적 지위를 보장하기 위한 서비스와 지출도 기업에는 적지 않은 부담이 된다. 따라서 출산과 육아를 책임지는 여성들은 직장 내에서 자신의 일할 권리와 안정적 지위를 보장받기 어렵게 되고, 그 결과 출산을 선택한 여성들은 일·가정 양립이 어려울 뿐만 아니라 취업과 직장생활에서 취약한 입지에 놓일 수밖에 없게 되는 것이다.

따라서 국가가 출산 및 양육 적령기 여성들을 채용하는 기업에 대해 그에 상응하는 보상을 제공함으로써 여성의 취업 및 직장 내에서 남성과 동등한 기회와 권리를 보장받을 수 있도록 제도적 조치를 마련할 필요가 있다. 여성들이 안정적으로 사회경제적 지위를 유지할 수 있도록 제도적으로 지원하고 여성의 출산과 양육을 지원하고 장려하는 기업 및 사회문화를 조성하는 것이 출산장려정책이 성공하는 기반이 될 것이다.

3) 사회문화적 측면

중국에는 전통적으로 "자녀가 많으면 다복하고 자손이 번창한다[多子多福 儿孙满堂]"라는 말이 있다. 이처럼 다자녀를 선호하는 중국의 전통문화 속에서는 자녀 출산 문제를 결정하는 데에 여성들이 자기결정권을 강하게 주장하기 어려웠다. 자녀 출산과 양육의 주체가 여성 자신임에도 불구하고 전통적인 가부장적 문화 속에서는 스스로의 판단과 결정보다는 가정 전체의 결정에 따르는 경향이 강하기 때문이다.

'전면적 두 자녀정책'이 시행된 이후에도 둘째 아이의 출산 문제를 결정하는 데 여성들은 자신의 입장보다는 가정 내의 관계와 분위기를 고려하여 집안 어른, 남편, 첫째 아이의 태도에 따라 선택할 여지가 매우 높다. 그런 점에서 볼 때, '전면적 두 자녀정책'이 출산에 대한 여성의 자기결정 또는 선택의 범위를 넓혀주었다기보다는 사회문화적 측면에서는 오히려 여성에게 출산 결정의 부담을 가중시키는 측면이 있다. 따라서 기본적으로 출산의 책임과 부담을 여성에게 부여하는 가부장적 가정문화 내의 성역할과 이에 대한 사회인식의 변화가 필요하고, 여성들이 스스로 출산을 선택하고 결정할 수 있도록 유도할 제도적 변화와 행정적·재정적 지원이 강화되어야 할 것이다.

한편으로는 '전면적 두 자녀정책'이 여성의 권리와 사회구조 내에서의 평등 문제에서 부정적인 영향을 미칠 수 있다는 점도 유의할 필요가 있다. 과거 '한 자녀정책'하에서 태어난 여아들은 집안의 유일한 아이로, 온 가족들의 사랑과 관심을 받으며 다른 남자아이들과 동등한 교육과 기회를 누리며 자란 반면, '두 자녀정책'이 시행된 이후에는 전통적으로 남아선호사상이 강한 중국에서 집안 내에서 여아들이 불평등한 양육환경에서 자랄 가능성이 커질 수 있기 때문이다. 또 다른 문제는 출산 및 양육 적령기 여성의 권리와 관련하여, 사회문화적으로나 법률적 측면에서 출산 및 양육 적령기 여성들의 이혼 상황에 대한 관심이 크지 않다는 점이다. 만약 둘째 아이를 출산하고 이혼하는 경우에는 그만큼 여성의 육아 부담이 커질 수밖에 없으므로 이에 대한 지원과 대비가 필요하다. 이혼하는 경우, 여성의 가사노동에 대한 재산분할권 및 보상을 최대한 받을 수 있도록 법률지원을 통해 상대방으로부터 충분히 배상받을 수 있도록 해야 한다. 이 외에도 중국 사회는 전통문화와 남아선호사상이 강하게 남아 있기 때문에 더 민감하게 젠더 관점에서 관련 제도와 문제를 바라보고 접근할 필요가 있다.

중국의 인구·출산정책은 당시의 시대적 상황과 경제사회적 요구에 따라 조금씩 다른 방향으로 변화되어왔다. 그러나 중국 정부가 최근에도 계획출산정책의 기본을 견지한다고 밝힌 바와 같이 기본적으로는 국가권력에 의한 억제와 통제 시스템이 지속되고 있다. 1949년 신중국 건립 이후, 1950년대 초반까지는 출산장려정책이 시행되다가 1953년 첫 인구 조사 결과가 발표된 이후부터 1960년대까지는 정부 주도하에 사회 전반에 출산통제사상이 강화되었다. 1970년대 들어서면서 계획양육(計劃生育)을 기본으로 하는 출산정책이 지속적으로 추진되다가 개혁개방과 함께 한 자녀정책이 거의 35년 동안 시행되었다. 그 결과, 중국 사회에 저출산이 심각한 사회문제로 대두하게 되면서 최근에는 다양한 '두 자녀정책'을 통해 기존의 제한 및 통제 범위와 수준을 점차 완화되는 과정으로 변화하고 있는 것이다.

중국 출산정책에서 나타나는 일련의 정책 변화를 보면, 2016년에 시행된 '전면적 두 자녀정책'은 기존 정책들에 비해 출산 제한의 범위와 요건을 개방했기 때문에 출산장려정책의 성격이 강하다. 그러나 이 정책도 실은 출산 가능한 자녀의 수가 '하나'에서 '둘'로 늘어난 것에 불과하고, 기본적으로 국가권력에 의해 출산에 대한 개인의 자기결정권이 제한되는 '계획출산'의 일환인 셈이다. 여전히 일방적으로 국가가 여성들의 출산 가능한 자녀 수를 정해줌으로써 국가권력에 의해 산아제한이 강제되고 있는 상황은 변함이 없으며, 오히려 출산의 부담을 오롯이 여성에게 지운 것이어서 진정한 의미의 출산장려정책이라고 보기 어렵다.

이러한 근본적 한계를 극복하고 '전면적 두 자녀정책'이 실질적인 정책 효과를 거두기 위해서는 우선, 여성의 출산·양육권을 존중하는 사회문화적 인식을 마련하는 것이 중요하다. 교육을 통한 의식화, 법률 제정을 통한 여성의 출산·양육 권리보장 및 복지 대책을 마련한 후, 여성이 자신의 상황과 경제적 여건을 고려하여 둘째 아이를 출산할 것인지를 결정할 수 있도록 해야 할 것이다. 또한 사회복지제도를 강화하여 '한 자녀정책'하에서 자란 출산 적령기에 있는 부부들이 안고 있는 가족 부양에 대한 부담을 덜어줄 수 있는 제도를 마련하는 것도 중요하다. 특히 고령 인구에 대한 사회복지시스템을 강화하여 부모 부양의 책임을 사회가 지원함으로써 자녀 양육의 부담을 경감시킬 필요가 있다. 다음으로는 출산 여성에 대해 취업과 직장 내 승진에서 공정한 기회를 제공하고 우대하는 기업에 대해서 적절한 보상 대책을 마련하여 여성의 안정적인 경제활동을 지원하도록 해야 할 것이다. 이와 함께 가정에서 출산과 육아를 담당하는 여성이 취업과 직장에서 불이익이나 차별을 받지 않도록 이와 관련한 법적 정의와 기준을 명확히 할 필요가 있다.

이를 위해서는 여성의 출산·육아에 대한 지원과 권리보장이 법률적으로 명시되어 이를 위반한 경우에는 사후에도 법적 제재가 가능하도록 국가정책으로 뒷받침되어야 할 것이다. 이러한 젠더 관점의 제도적 지원과 정책 변화들을 통해 '전면적 두 자녀정책'의 시행 과정이 보완된다면, 여성들이 스스로 출산을 선택하고 결정할 수 있는 조건과 환경이 조성됨으로써 가정에서의 남녀 역할의 균형을 맞추고, 국가와 사회의 지원 속에서 여성이 일과 가정을 양립할 수 있는 정책으로 거듭날 수 있을 것이다.

참고문헌

금융연구원. 2018. 「중국 여성의 직장 내 지위」. ≪금융브리프≫, 27권 7호, 24~25쪽.
김민정. 2018. 「프랑스 출산장려를 위한 가족정책의 젠더적 함의」. ≪유럽연구≫, 36권 1호, 117~150쪽.
대외경제정책연구원. 2015. 「중국 전면적 두자녀정책 시행 배경 및 평가」. ≪KIEP 북경사무소 브리핑≫, 18권, 19호.
문익준. 2016. 「중국의 인구구조 변화와 지역경제성장 간의 관계: 한국과의 비교」. ≪중소연구≫, 40권 2호, 7~45쪽.
박광준·오영란. 2011. 「중국계획출산정책의 형성과정」. ≪한국사회정책≫, 18권 4호, 203~235쪽.

원석조. 2010. 「중국 복지체제의 성격」. ≪보건사회연구≫, 30권 1호, 409~445쪽.

유은하. 2017. 「중국 분권화와 사회보장제도 실행에 관한 연구―광둥성·선전시의 양로보험 제도 운영을 중심으로」. ≪중국학논총≫, 55권, 129~151쪽.

제주발전연구원 중국연구센터. 2015. 「중국 두 자녀 인구정책」. *China Info*, Vol. 3.

≪观察者≫. 2016.12.23. 「全国妇联调查：愿生'二孩'的仅占两成」. http://www.guancha. cn/society/2016_12_23_385652.shtml

勵媖中國. 2018. 「2017女性、职业与幸福感：数字时代女性职场影响力报告」. http://www. leaninchina.com.cn/Final%202017%20Whitepaper%20Chinese%20Version.compr essed.pdf

≪新华网≫. 2017.1.10. 「全面两孩1周年: 多出生1百万人左右 远低于预期」. http://news. xinhuanet.com/yuqing/2017-01/10/c_129438854.htm(검색일: 2017.11.22).

慕霜. 2016. 「女性主义关怀伦理视角下的'二胎'政策探析」. ≪阴山学刊≫, 第29卷 第2期, pp. 88~92.

杨菊华. 2014. 「'单独两孩' 政策对女性就业的潜在影响及应对思考」. ≪妇女研究论丛≫, 第 4期, pp. 49~51.

吴静. 2016. 「'全面二孩'政策对女性基本权益的影响探究」. ≪法制博览≫, 第8卷 第23期, pp. 28~29.

中国发展研究基金会. 2012. 『中国发展报告:人口形势的变化和人口政策的调整』. 中国发展 出版社.

中国妇女联合会. 2012. 「实施全面两孩政策对家庭教育的影响」. 全文.

曾益·凌云·张心洁. 2017. 「全面二孩'政策对城镇职工医保统筹基金的影响: 改善抑或恶化」. ≪上海财经大学学报≫, 第19卷 第5期, pp. 52~63.

Fong, Vanessa L. 2002. "China's one-child policy and the empowerment of urban daughters." *American Anthropologist*, Vol. 104, No. 4, pp. 1098~1109.

Hesketh, Therese, Xudong Zhou and Yun Wang. 2015. "The end of the one-child policy: lasting implications for China." *Jama*, Vol. 314, No. 24, pp. 2619~2620.

World Bank Data. https://data.worldbank.org/country/china

Zhang, Junsen. 2017. "The evolution of China's one-child policy and its effects on family outcomes." *The Journal of Economic Perspectives*, Vol. 31, No. 1, pp. 141~159.

Zhang, Yuanting and Franklin W. Goza. 2006. "Who will care for the elderly in China?: A review of the problems caused by China's one-child policy and their potential solutions." *Journal of Aging Studies*, Vol. 20, No. 2, pp. 151~164.

제9장

일본

'여성', '낳는 성'과 '생산성'의 사이

이지영

1. 머리말

이 글은 1990년 '1.57 쇼크'를 계기로 시작돼 현재에 이르고 있는 일본의 출산정책에 대해 고찰함으로써 그 성과와 한계를 규명하고, 일본의 출산정책이 내포하는 젠더적 함의를 도출하고자 한다.

출산정책을 분석하고자 할 때 우선 출산정책은 과연 독립된 정책 영역인지, 출산정책의 개념은 무엇이며 출산정책을 구성하는 정책수단에는 어떠한 것이 있는지에 대해 명확히 하지 않으면 출산정책은 분석대상으로서 그 의미를 갖기 어려울 것이다. 출산정책은 출산율에 영향을 미치는 정책으로, 한 국가의 인구정책의 일부분인 동시에 가족정책과 중첩되어 인구정책과 가족정책의 교차점에 위치한다고 할 수 있다. 일반적으로 국가의 사회정책의 하나로서 가족, 특히 자녀를 둔 가족의 복리 증진을 목적으로 하는 가족정책의 많은 내용이 출산정책과 중복된다.

출산정책은 크게 출산장려, 출산율 유지, 출산억제, 출산중립의 네 가지로 분류될 수 있다. 인류의 인구 증가, 그 가운데에서도 저개발국가의 인구 폭발을 지속가능한 성장의 위협으로 인식했던 맬서스, 신맬서스주의하에 발전국가를 중심으로 추진됐던 출산억제는 인구정책 차원의 것이었다. 그러나 세계적으로 저출산고령화가 사회문제로 등장한 이후 명시적으로 출산 부분만을 독립시켜 출산을 촉구하는 정책을 펼치는 나라는 많지 않다(UN, 2004). 설령 명시적이 아닐지라도 출산을 장려하는 목적과 효과를 지닌 출산정책을 수립, 시행하는 대부분의 국가는 인구정책에서 접근하는 것이 아니라 가족정책의 범주에서 접근하고 있다. 과거

※ 이 글은 ≪일본학보≫ 제118집(2019년 2월)에 게재된 논문 「일본의 출산정책의 변화와 젠더적 함의」를 수정, 보완한 것이다.

출산억제를 위해 도입되었던 피임약과 피임시술, 인공임신중절 등의 정책수단이 여성의 건강과 인권을 저해했다는 비판을 받았기 때문이다(Berer, 1993: 4~12; Abrams, 1996: 1~41). 현재 각국의 출산정책은 저출산에 대한 대응이라는 목적을 가족의 복리 증진이라는 가족정책의 목적과 합치시키며 가족정책 차원에서 추진하고 있다. 따라서 출산정책을 가족정책과 그 변화를 중심으로 고찰하는 것은 매우 중요하다고 하겠다.

이는 일본도 마찬가지이다. 특히 일본은 과거 군국주의적 정책의 일환으로 채용한 출산촉진정책에 대한 부정적 여론이 뿌리 깊어 1990년에 저출산 문제가 정책의제화된 이후 저출산 대책은 가족정책 내에서 시행되어왔다. 2005년에 1.26명까지 떨어진 출산율이 2015년에 1.45명까지 서서히 회복하면서 일본의 저출산 대책에 대한 평가는 높아졌고(増田雅暢, 2008; 兼田健司, 2015: 199~232), 다양한 정책 내용이 한국에도 소개되었다(김희정, 2005: 261~275; 안현미, 2007: 311~338; 장경희, 2016: 31~64). 그러나 이러한 일본의 저출산 대책이 과연 출산의 당사자인 여성과 여성의 삶에, 가족에게 어떠한 영향을 미치는지에 대한 관심은 충분하지 않았다. 이 글에서는 일본의 출산정책을 가족정책과 그 변화를 중심으로 고찰하고 그 젠더적 함의에 대해 살펴본다.

2. 일본의 전후 인구문제와 인구정지론

일본이 국가 차원에서 인구문제에 관심을 갖게 된 것은 1937년 중일전쟁 발발 후 1938년에 국가총동원법 성립과 동시에 육군의 요청으로 국민을 질적·양적 측면에서 통제 운용하기 위한 기관으로 인구문제연구소를 설치하면서이다. 1940년에 '국민체력법'이나 '국민우생법' 등 인구의

질적인 면을 관리하기 위한 법률이 제정되었고 1941년에는 전시하 인구 정책의 집대성이라고 할 수 있는 인구정책확립요강이 각의 결정되었다. 이 요강에는 1960년 일본 본토 인구 1억 명을 목표로 출산 증가를 위한 방책이 포함되어 1945년 제2차 세계대전 패전 때까지 실시되었다. '낳아라 늘려라(産めよ増やせよ)'라는 슬로건 아래 출산을 장려하는 출산정책이 시행되었는데, 구체적으로는 '한 가정 5명 이상의 자녀 출산' 촉구, 다산 가정 표창제도, 무자가정과 독신에 대한 과세, 결혼자금 전용 대출 등이 었다(国立社会保障·人口問題研究所, 1941: 55~57).

그러나 1945년 8월 15일 패전 이후 중국, 사할린, 조선, 대만, 필리핀, 버마, 남태평양제도 등등 식민지와 점령지, 전선으로부터 일본인이 대거 귀환하고 1946년에서 1949년까지 3년간 260만 명 이상의 제1차 베이비붐세대가 출생하면서 일본은 인구과잉에 직면하게 된다. 일본에서는 전후 복구와 경제성장에 있어서 인구과잉이 심각한 문제로 인식되어 1948년 '우생보호법' 제정과 이후 개정을 통해 인공임신중절이 합법화되는 한편 1953년에 인구문제심의회에서는 인구 억제를 위한 가족계획이 수립되었다. 우생보호법이 시행되고 가족계획보급화운동인 신생활운동이 전국적으로 전개되면서 1957년까지 출산율은 4.3명에서 2.0명까지 극적으로 감소했다. 또한 제1차 베이비붐세대의 결혼과 출산으로 1971년에서 1974년까지 3년간 210만 명 이상이 출생하는 제2차 베이비붐이 이어지면서 인구는 자연 증가하는 것으로 인식됐고 따라서 어떻게 하면 적정 수준에서 인구 증가를 정지시킬 수 있을지에 대한 논의가 활발히 진행되었다(中西泰之, 2015: 27~46).

이러한 인구 억제나 인구 정지의 논의, 그에 기반한 정책의 수행에는 세계 인구정책의 흐름도 강한 영향을 미쳤다. 세계 인구의 증가율이 1960년대 전반은 연 1.909%, 후반에는 연 2.065%, 1970년대 전반에도 연

1.959%를 기록하자 이 시기는 인구폭발의 시대로 불리기 시작했다. 1972년의 세계 식량 부족과 식량 가격 급등과 맞물려 인구 증가는 식량, 환경, 자원 문제에 위협이라는 지구의 물리적 한계론이 주장되었다. 이러한 인식은 유엔이 주도하는 1972년의 인구환경회의, 1974년의 세계인구회의, 1974년 세계식량회의의 기조가 되어 각 회의에서는 인구 증가에 대한 대처가 중심 과제로 논의되었다. 특히 인구 증가율이 높았던 아시아 지역회의에서는 인구 정지를 달성하도록 권고된 것이다(黒田俊夫, 1974: 32~40).

3. 일본의 저출산 문제의 등장

그러나 인구는 지속적으로 증가하는 것, 인구 증가는 일국의 경제성장뿐 아니라 세계 차원의 식량, 환경, 자원 문제에 위협이 되며 따라서 인구 증가는 억제되거나 정지되어야 한다는 인식과는 달리 1990년대에 들어 선진국을 중심으로 저출산이 문제로 등장했고(Kohler, Billari and Ortega, 2002: 641~680), 그 가운데에서도 일본은 급속한 저출산의 진행으로 인구 감소와 생산성 저하, 사회보장제도의 위기까지 언급되게 되었다.

1) 오지 않은 제3차 베이비붐과 '1.57 쇼크'

일본에서 저출산 문제가 대두된 계기는 1990년에 일본 후생성이 1989년의 출산율 1.57명을 쇼크로 발표하면서이다. 1989년 출산율 1.57명을 일본 정부가 쇼크로 인식한 이유는 그림 9-1에서 나타난 바와 같이 1943년 4.32명이었던 출산율이 제1차, 제2차 베이비붐세대를 거치며 2.1명 정도를 유지했으나 1989년에 출산율이 전후 가장 낮았던 1966년

그림 9-1

일본의 신생아 수 및 합계출산율 추이

단위: 만 명, 명

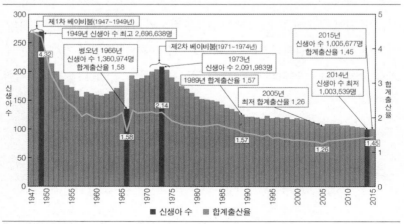

자료: 厚生労働省(2017).

의 1.58명을 밑도는 수치를 기록한 것이다.

수치보다 더 충격으로 다가온 것은 1.57명 최저 출산율의 이유이다. 1966년 병오년은 60년 만에 돌아오는 백마(白馬)의 해로 이 해에 태어나는 아이는 '팔자가 사납다'는 통념으로 인해 부부가 적극적으로 출산을 피했기 때문에 전후 가장 낮은 출산율을 나타낸 것으로 일컬어진다. 그러나 1989년은 다르다. 출산을 기피할 아무런 이유가 없었다. 당시 일본은 거품경제의 활황 속에 완전고용 상태였고 임금은 해마다 인상되었다. 즉, 출산을 기피하지 않은 자연 출산율이 최저 수준 1.57명을 기록한 것이다. 1.57 쇼크는 인구 감소에 대한 예측과 전망으로 이어졌고 생산인구의 감소와 사회보장에 대한 우려를 심화시키는 계기가 되었다(堀江孝司, 2000: 50~69, 2008: 1~29).

일본 국립사회보장·인구문제연구소는 일본의 장래 인구규모와 인구

구조의 추이를 추계하여 '일본의 장래추계인구'를 발표하고 있는데 2017년에 공표된 것이 가장 최근의 자료이다. 이 자료는 2015년에 실시된 국세조사(国勢調査)를 출발점으로 2015년부터 2066년까지 각 연도의 10월 1일 시점의 인구에 대해 추계하고 있다.

2017년도 추계인구에 따르면 출생 중위, 사망 중위의 중위추계를 기준으로 2015년 현재 일본의 인구는 1억 2709만 명을 정점으로 이후 장기에 걸쳐 감소 과정에 들어가는 것으로 나타난다. 2040년 1억 1092만 명을 거쳐 2053년에 1억 명을 밑돌다 2065년에는 8808만 명까지 감소할 것으로 예측되고 있다. 연령별 인구규모를 살펴보면 우선 0세에서 14세 인구는 2015년 현재 1595만 명으로 1980년대 초의 2700만 명 규모에서 감소해 전체 인구에 차지하는 비율은 12.5%이다. 이후 연소인구는 2056년에 1000만 명이 깨지고, 2065년에는 898만 명 규모로 전체 인구에서 차지하는 비율은 10.2%가 된다. 다음으로 15세에서 64세까지의 인구는 2015년 7728만 명으로 1995년의 8726만 명에서 감소해 총인구에서 차지하는 비율은 60.8%이다. 이 생산연령인구는 지속적으로 감소해 2056년 5000만 명을 밑돌고 2065년에는 4529만 명 규모까지 감소해 인구 비율은 51.4%가 될 것으로 예측된다. 마지막으로 65세 이상 인구는 2015년 3387만 명으로 전체 인구에 차지하는 비율이 26.5%이다. 이 노년인구는 2042년 3935만 명까지 증가했다가 이후 감소하기 시작해 2065년 3381만 명을 기록해 인구 비율은 38.4%로 인구 2.6명당 1명이 노년인구일 것으로 추계되었다(国立社会保障·人口問題研究所, 2017).

2017년의 '일본의 장래인구추계'에서도 급속한 생산연령인구의 감소와 인구의 고령화가 현저히 나타나고 있지만 이와 같은 인구 예측과 전망은 일본 정부와 기업이 저출산 문제를 심각한 문제로 인식하게 만들었다. 그렇다면 1.57 쇼크는 왜 발생한 것일까. 일반적으로 지적되고 있는 것이 오지 않은 제3차 베이비붐이다. 제2차 베이비붐세대들이 결혼과 출산에 소극적이면서 제2차 베이비붐이 제3차 베이비붐으로 이어지지 않았고 저출산 현상이 뚜렷해졌다는 것이다.

2) 일본의 저출산 원인

여기서 오지 않은 제3차 베이비붐과 저출산의 원인으로 주목된 것이 일본이 전후 유지해왔던 남성생계부양자형 가족정책이다. 복지국가와 가족정책에 대해 젠더적 접근이 이루어지고 가족정책의 범주에서 이루어지는 출산정책에 대해 관심이 고조된 것은 1980년대 말, 1990년대에 들어서의 일이다. 아브라모비츠(Abramovits, 1988), 프레이저(Fraser, 1989), 넬슨(Nelson, 1990), 세인스버리(Sainsbury, 1994, 1996, 1999)는 복지국가의 가족정책이 남성에 대한 '근로윤리'와 여성에 대한 '가족윤리'를 강조하고 성별역할분업과 이에 기초한 가족 모델을 전제로 하고 있다고 비판했다(杉本貴代栄, 2004: 8).

이러한 비판은 일본 내에서도 이루어졌다. 전후 유지되어온 일본의 가족정책은 여성을 가사와 육아라는 재생산 노동의 담당자로서, 임금노동을 담당하는 남성의 피부양자로 규정하는 '전통적 가족'을 기본으로 하고 있다. 특히 1970~1980년대의 '일본형 복지사회론'은 '가정, 지역, 기업 등이 큰 역할을 수행해온 일본 사회의 특징을 앞으로도 발전시켜나가야 한다'는 관점에서 가족 의존, 대기업 본위, 남성 본위가 강조되어 남성생계부양자 모델이 강화되었다(大沢真理, 2004: 52~66; 정미애, 2005: 165~183). 일본의 남성생계부양자 모델은 후생성의 아동복지행정, 노동성의 여성노동행정, 대장성의 부양공제, 문부과학성의 유치원행정에 의해 뒷받침되어왔다. 이러한 행정의 기초는 종신고용, 연공서열, 연공임금을 수단으로 하는 남성의 고용과 배우자공제, 배우자특별공제, 유족연금, 후생 연금 등의 지원을 받는 피부양자로서 육아, 가사, 돌봄을 무상으로 제공하는 전업주부였다. 그러나 여성의 교육수준이 높아지고 사회진출이 꾸준히 증가하는 가운데 1986년에는 '남녀고용기회균등법'이 시행되었다. 여성의 사회 진출과 그를 위한 제도 정비가 이루어지고 있지만 일본의 가족정책은 여전히 남성생계부양자 모델이 유지되면서 여성에게 일과 출산, 육아, 가사의 이중 부담이 집중된 것이 저출산 문제의 원인으로 지적된 것이다. 그리고 이 남성생계부양자형 가족정책을 성평등하게 변화시킴으로써 저출산 문제를 해결할 수 있다는 제언이 이어졌다(阿藤誠, 2010: 187~207).

이에 따라 1.57 쇼크 이후 1990년대에는 여성이 무상으로 돌봄노동을 담당하는 '일본형 복지사회'와 가족정책에 대한 한계가 지적되면서 육아에 대한 인식도 점차 변화하게 되어 육아에 대한 사회적 책임과 남성의 책임이 적극적으로 제기되었고 저출산으로 인해 사회 전체에서 육아를 지원해야 한다는 공감대가 형성되면서 일본의 남성생계부양형 가족정책은 변화하기 시작한다(橫山文野, 2002: 276~277).

4. 일본의 저출산 대책과 가족정책의 변화[1]

1) 육아지원의 양적 확대

일본의 기존 가족정책에서 육아는 여성의 역할로 간주되었고 육아

---

1   4절에 나오는 정책의 구체적인 내용은 內閣府(2017)를 요약한 것이다.

에 대해서는 가정이 일의적 책임을 지는 것으로 상정되어 여성을 위한 육아지원이 결여되어 있었다. 일본 정부는 육아지원을 강화하고 육아는 여성의 역할이라는 사고방식을 변화시키고자 했다. 우선 일본 최초의 저출산 대책이라고 할 수 있는 엔젤플랜(1995~1999년)[2]이 1994년에 책정되었고 이를 확대한 신엔젤플랜(2000~2004년)이 1999년에 발표되었다. 엔젤플랜은 육아지원을 양적으로 확대하는 것으로 보육소에서 0세에서 3세까지의 영유아의 보육과 연장 보육을 가능하게 했고 지역의 육아지원센터의 정비를 추진했다. 신엔젤플랜의 특징은 일본 사회에 처음으로 '소자화(少子化)'[3]라는 용어를 등장시켰으며, 단순히 육아지원의 양적 확대에서 벗어나 여성의 고용, 모자보건, 육아상담과 교육 등 정책 내용을 광범위하게 확대했다는 것이다.

소자화란 출생하는 신생아 수가 감소하는 것, 출산율 수준이 인구치환수준 이하로까지 저하되는 것, 고령화와 대비되는 것으로 아동의 비율이 저하되는 것, 아동의 수가 감소되는 것을 의미하는 것으로 단순한 저출산과는 다른 의미라고 할 수 있다. 이 소자화에 대한 대책이 신엔젤플랜에서 시작되었으며 소자화와 더불어 강하게 의식되고 있는 것이 일하는 여성에게 육아 관련 혜택을 우선적으로 제공함으로써 여성의 노동시장 참여율을 동시에 제고하는 것이었다. 이를 위해 1999년에는 "육아를 하지 않는 남자를 아빠라고 부르지 않는다"라는 표어를 넣은 포스터가 전국의 관공서에 붙으면서 정부 주도의 성별역할분업 의식의 개선이 추진되었다. 이후 일본에서는 육아하는 남성이라는 뜻의 신조어 '이쿠맨(イ

---

2   정식 명칭은 '금후의 양육지원을 위한 시책의 기본적 방침에 관해'이다.
3   이 글에서는 일본의 시책, 법률 등에서 소자화라는 표현이 사용된 경우는 저출산으로 번역하지 않고 소자화를 그대로 사용한다.

クメン’이 유행하게 되었다.

육아지원으로 일어난 또 하나의 중요한 변화는 육아휴직제도의 시작이다. 육아휴직에 관한 법안은 1967년에 사회당이 제출한 이래 야당에서 거의 매년 제출했으나 사업주의 강한 반대와 자민당의 소극적인 태도로 연기되었다. 그러나 1.57 쇼크의 영향으로 1991년 5월에 '육아휴직법'이 성립되어 1992년 4월부터 시행되었다. 1991년 '육아휴직법'에는 급여제도가 없고 휴직을 이유로 하는 불이익 취급에 대해 금지 규정이 없어 불충분했다. 1995년 개정 때부터 휴직 전 임금의 25%가 고용보험에서 지급되기 시작했고 배우자, 자녀, 부모, 배우자의 부모의 간병휴직도 인정되게 되었다. 2002년에는 육아휴직 급여가 임금의 40%로 인상되었고 휴직 신청, 취득을 이유로 하는 해고 등 불이익 취급은 금지되었으며 적용 아동의 연령이 1세 미만에서 3세 미만으로 상향되었다.

육아휴직제도와 관련하여 특기할 사항은 일본의 산전산후휴가이다. 육아휴직제도는 저출산 대책으로 1.57 쇼크 이후 도입되었다면 이른바 출산휴가라고 하는 산전산후휴가는 여성노동자의 건강을 보호하기 위해 1950년대부터 노동기준법에서 시행되고 있었다. 산전휴가는 출산 6주 전부터 본인이 신청하면 취득할 수 있고 산후휴가는 8주간이다. 노동기준법상 산전산후휴가 중 임금은 지불되지 않는다. 다만 출산수당이라고 해서 건강보험이나 선원보험 가입자의 경우 임금의 3분의 2가 지급되나 국민건강보험에서는 임의 지급으로 되어 있다. 이러한 문제를 해결하기 위해 1994년에 건강보험법이 개정되어 출산일시금을 지불하게 되었다. 출산일시금은 국민건강보험 피보험자도 대상이며 출산할 때마다 30만 엔이 지급되었으나 2015년까지 네 차례 인상되어 현재는 42만 엔이 지급된다.

2) 일과 가정의 양립

그러나 육아지원의 양적 확대를 중심으로 하는 일본의 가족정책은 충분한 효과를 보지 못하고 2002년에 출산율은 처음으로 1.2명대로 떨어져 1.29명을 기록했다. 이에 대한 대책으로 가족정책에 새로운 틀이 등장하면서 질적인 측면에서의 육아지원이 이루어지게 된다. 바로 일과 가정의 양립이다. 2003년에 '차세대육성지원대책법'이 제정되었는데 이 법은 지자체 및 사업주의 육아지원을 촉구하고 각각 달성 목표와 내용, 시기를 담은 행동계획을 책정하도록 촉구하고 있다. 동법과 더불어 육아지원기업인증제도와 세제우대 조치도 병행해서 실시되었고, 2008년 개정으로 기업의 행동계획 책정이 의무화되고 적용 대상도 종업원 301명 이상에서 101명 이상으로 하향 조정되었다. 2007년 12월에는 노·사·정 대표 등으로 구성된 '일과 생활의 조화 추진 민관회의'에서 '일과 생활의 조화 헌장' 및 '일과 생활의 조화 추진을 위한 행동지침'이 결정되었다. 일과 가정의 양립을 중시하는 출산 대책이 시행된 이유는 비록 이쿠맨이 유행어가 됐지만 현실적으로 이쿠맨은 소수에 불과해 여전히 여성이 출산과 육아의 부담을 떠안는 문제를 해결하기 어려웠기 때문이다.

일과 가정의 양립에서 중요하게 추진된 것이 육아휴직법의 충실화이다. 특히 아버지의 육아휴직 사용 촉진이 강조되었다. 이를 위해 2009년 개정을 통해 부모가 함께 육아휴직을 사용하는 경우 육아휴직 기간을 1년 2개월까지 연장했고 급여를 임금의 50%로 인상했으며 자녀 간병휴직은 자녀가 2명인 경우에는 연 10일의 휴가를 취득할 수 있게 되었다.[4]

---

4   '육아휴직법'은 2014년 다시 개정되어 급여를 최초 6개월은 임금의 67%까지로 조정했으며 육아휴직 기간 중 사회보장비는 면제되게 되었다.

이러한 육아휴직법 충실화와 더불어 정비된 것이 아동수당제도이다. 일본에서 아동수당제도는 1971년부터 도입되었으나 오랜 기간 불필요하다는 지적이 있었다. 임금 형태의 가족수당이 널리 존재하는 일본의 임금제도하에서 가족수당이 아동수당을 대체·보완하는 기능을 해왔기 때문이다. 1985년에는 오히려 지급 기간이 단축되고 지급액이 인하되기까지 했다. 2009년 민주당 정권에서 소득 제한을 없애고 모든 자녀에게 19세 이하까지 아동수당을 지급하는 내용으로 대폭 수정되었다가 2012년 다시 자민당 정권이 재집권하면서 발족된 제2차 아베 내각에서 현재의 아동수당제도가 정비되어 유지되고 있다. 아동수당의 지급대상은 일본 국내에 주소지가 있는 자녀로 중학교 졸업 때까지 지급된다. 0세에서 3세 미만은 월 1만 5000엔을 일률적으로 지급받고 3세에서 초등학생까지는 첫째와 둘째는 1만 엔, 셋째부터 1만 5000엔을 지급받는다. 중학생은 일률적으로 1만 엔을, 그리고 소득 제한 이상은 일률 5000엔을 지급받는다.

일과 가정의 양립에서 강조된 또 하나의 저출산 대책은 대기아동의 해소를 통해 육아지원을 질적으로 개선하고자 한 것이다. 대기아동은 보육소에 입소 신청을 하고 입소 조건을 충족시켰는데도 불구하고 보육소에 입소하지 못한 상태에 있는 아동을 말한다. 엔젤플랜과 신엔젤플랜의 시작으로 육아의 사회적 책임과 육아지원이 양적으로 확대되어 보육소가 증가하고 영유아 보육과 연장 보육이 실시되었지만 도시부를 중심으로 대기아동은 꾸준히 증가해온 것이다. 대기아동에 대한 대책은 2001년 실시됐지만 2008년에 와서 희망하는 모든 사람이 안심하고 아이를 맡길 수 있는 사회를 실현하고 어린이의 건전육성에 사회 전체가 나설 수 있도록 '신 대기아동 제로작전'이 발표되었고 2013년에는 새롭게 '대기아동 해소 가속화 플랜'이 책정되었다.

이와 더불어 일과 가정의 양립을 지원하기 위해 유배우자 여성의 적극적인 사회 진출의 벽으로 지적되어오던 배우자특별공제가 2003년 법 개정으로 폐지되었다.[5]

3) 출산장려

일과 가정의 양립을 지원하는 가족정책은 출산율에서 그 효과를 나타내기 시작하며 2005년에 1.26명까지 떨어졌다가 2010년에 1.39명으로 회복세를 보였다. 2012년 제2차 아베 내각이 출범하면서 야심차게 발표한 아베노믹스에는 생산성 유지를 위해 여성의 노동력이 더욱 중요해졌고, 성장전략으로 '여성이 빛나는 사회'가 제시되었다.[6] 이와 더불어 출산율과 수치목표를 설정함으로써 명시적으로 출산을 장려하는 저출산 대책으로 정책의 중점이 옮겨가게 되었다(安蔵伸治·兼田健司, 2015: 233~264).

이를 위해 2013년 3월에 내각부에 '소자화 위기 돌파 태스크포스'가 발족되어 '소자화 위기 돌파를 위한 제언'이 발표되었고 이 제안을 바탕으로 소자화사회대책회의에서 '소자화 위기 돌파를 위한 긴급대책'이 결정되었다. 이 긴급대책이 주목을 끄는 이유는 지금까지의 일본의 저출산 대책에서는 볼 수 없었던 명시적인 '결혼, 임신, 출산' 대책이 새롭게 담

---

5   급여수입 월 103만 엔 이하의 배우자를 대상으로 38만 엔이 공제되는 배우자공제에 최
     대 38만 엔이 가산되는 배우자특별공제가 폐지됨에 따라 남성부양자의 소득세 공제액
     이 종래의 76만 엔에서 38만 엔으로 감액되었다.

6   2012년 발표된 제1차 아베노믹스는 3개의 화살을 순차적으로 쏘면서 일본 경기의 선순
     환을 만들어 회생시킨다는 아베의 경제정책을 말한다. 3개의 화살은 첫째, 엔저와 2%
     물가인상률을 목표로 하는 '대담한 금융정책', 둘째, 대규모 공공투자와 2020년 도쿄올
     림픽을 위한 인프라 정비를 염두에 둔 '기동적인 재정정책', 셋째, '신성장전략'인데 '여
     성이 빛나는 사회'는 '신성장전략'으로 제시되었다.

겨 있기 때문이다. 그리고 30억 1000만 엔의 '소자화위기돌파기금'이 창설되었다. 이 기금은 '지역의 소자화대책 강화'로 명칭이 바뀌어 신규사업 '지역소자화대책강화교부금'으로 일본의 광역자치단체인 도도부현(都道府県)에 상한 4000만 엔, 기초자치단체인 시정촌(市町村)에 상한 800만 엔에서 2000만 엔을 교부하게 되었다. 2013년 8월부터 가동된 제2기 '소자화 위기 돌파 태스크포스'에서는 긴급대책에 대한 예산조치 외에 2014년 당초예산에 '임신·출산 포괄지원 모델사업', '임신·출산 등에 관한 정보제공·계몽 및 보급 사업' 등이 포함되어 제1기 때보다 결혼, 임신, 출산 지원이 강화되었다.

이러한 결혼, 임신, 출산 지원은 2014년 '지방창생'이 아베 내각의 주요 정책으로 설정되어 일본생산성본부가 설치한 '일본창생회의'가 '스톱 소자화·지방활력전략'을 발표하면서 인구정책적 성격을 강하게 나타내기 시작했다. 지방의 인구 감소로 인한 지자체 소멸 가능성이 제기되면서 희망 출산율이라는 형태로 출산율 1.8명이 달성해야 할 수치 목표로 제시된 것이다. 상기의 전략에서 2040년까지 총 1800개의 기초자치단체 중 896개의 자치단체가 소멸할 우려가 있다며 896개 자치단체명이 공개되었다(日本創成会議, 2014).[7] 저출산 대책의 이러한 흐름은 2015년에 발표된 제2차 아베노믹스에서 더욱 가시화되었다. 제2차 아베노믹스에서는 중점 과제로 '꿈을 키우는 육아'가 채택되면서 출산율 1.8명이 수치 목표로 제시되었고, 생산성 향상을 위해 향후 50년 후에도 인구 1억 유지, '1억 총활약 사회'가 강조되었다. 그리고 출산율 1.8명 회복을 위해 구체적으로 유아교육 무상화, 결혼 지원, 불임치료 지원이 열거된 것이다(≪日本

---

7 일본창생회의의 좌장인 도쿄대학대학원의 마스다 히로야(增田寛也) 객원교수가 2010년도 국세조사를 기본으로 시산해서 발표한 것으로 일명 '마스다 리포트'로도 불린다.

표 9-1

1억 총활약 사회의 실현을 위한 주요 시책의 수치 목표(2020년)

육아지원

인가보육소 등의 정원	267만 명(2017년)	234만 명(2014년 4월)
대기아동	해소(2017년)	2만 1371명(2014년 4월)
방과후아동교실	122만 명	94만 명(2014년 5월)
대기아동	해소(2019년)	9945명(2014년 5월)
지역 육아지원 거점사업	8000개소	6233개소(2013년)
이용자 지원사업	1800개소	291개소(2014년)
일시탁아사업	연 1134만 명	연 406만 명(2013년)
병아(病兒)·병후아(病後兒) 보육	연 150만 명	연 52만 명(2013년)
양육지원 방문사업	전 시정촌	1225개 시정촌(2013년 4월)
육아세대 포괄 지원센터	전국	지원 수요가 높은 임산부에 대한 지원 실시 비율 100%

일과 가정의 양립

남성의 배우자의 출산 직후 휴가 취득률 80%

남성의 육아휴직 취득률 13%(2013년 2.03%)

첫째 아이 출산 직후 여성의 계속 취업률 55%(2010년 38%)

교육

임신·출산에 관한 의학적·과학적 정확한 지식에 관한 이해 비율 70%(2009년 34%)

결혼·지역

결혼, 임신, 출산, 육아의 각 단계에 따른 종합적 소자화대책을 실시하고 있는 기초자치단체 수 70% 이상(2014년 말 14%)

기업

육아지원 패스포트사업 협찬 점포 수 44만 개(2011년 22만 개)

결혼, 임신, 어린이, 육아에 따뜻한 사회

결혼, 임신, 어린이, 육아에 따뜻한 사회로 향하고 있다고 생각하는 사람의 비율 50%(2013년 19.4%)

이에 따라 출산율 1.8명 실현을 위해 일본 정부는 2015년 10월에 '1억 총활약 국민회의'를 개최하고 '1억 총활약 사회의 실현을 위해 긴급히 실시해야 하는 대책-성장과 분배의 선순환 형성을 향하여-'를 발표했다 (內閣府, 2016).

5. 남성생계부양자형에서 성별역할분리형으로[9]

지금까지 살펴본 바와 같이 일본의 가족정책은 1.57 쇼크 이후 성평등한 가족정책을 지향하며 저출산 대책이 시행되어왔다. 일본은 1991년부터 엔젤플랜, 신엔젤플랜과 육아휴직제도를 시행하며 처음으로 육아에 대한 사회적 책임을 강조하고 성별역할분업 의식의 해소를 시도하며 육아지원을 양적으로 확대해나갔다. 그리고 일과 가정의 양립 지원이라는 새로운 틀 내에서 2016년까지 여섯 차례에 걸친 육아휴직법 개정을 통해 부모 각각의 휴직 기간을 합해 최장 1년 6개월 동안 육아휴직을 취득할 수 있게 되었고 육아휴직 급여는 최초 6개월은 임금의 67%까지, 이후에는 50% 지급되며 육아휴직 기간 중 사회보장비는 면제되게 되었다. 그리고 대기아동 해소를 위해 육아지원의 질적인 측면을 보강해나갔다.

---

8 2015년 제2차 아베노믹스에서는 새로운 3개의 화살이 발표되었다. 첫째, 2014년 490조 엔이었던 GDP를 2020년에 600조 엔까지 증대시키는 것을 목표로 하는 '희망을 창출하는 강한 경제', 둘째, 출산율을 현재의 1.4명에서 1.8명까지 회복시키는 것을 목표로 하는 '꿈을 키우는 육아', 셋째, 돌봄노동 분야 이직자 제로를 목표로 하는 '안심할 수 있는 사회보장'이다.

9 5절에서 제시된 각종 통계 수치는 內閣府(2017)에서 인용한 것이다.

그러나 그 변화의 결과 일본의 가족정책 유형은 성별역할분리형에 머문다. 당초의 정책 의지와는 달리 여전히 엄격한 성별노동분업과 의식이 견고히 유지된 채 출산, 육아, 가사, 돌봄노동은 여성이 담당해야 할 일로 남아 있는 것이다.

구체적으로 보면 15세에서 64세 여성의 취업률은 2016년 현재 66%로 남녀고용기회균등법이 시행된 1986년의 53.1%에서 30년간 약 13%나 상승했다. 25세에서 44세까지의 육아기 여성의 취업률은 같은 기간 57.1%에서 72.7%로 15.6%나 증가했다. 그러나 고용의 질적 측면을 보면 전체 취업 여성 중 비정규직 비율이 55.9%나 된다. 남성의 고용에 있어서 비정규직이 차지하는 비율이 22.1%인 것과 비교하면 비정규직 고용에서 여성이 차지하는 비율이 압도적으로 높다. 또한 정규직 여성의 육아휴직 취득률이 81.5%인 것에 비해 비정규직 여성의 육아휴직 취득률은 73.4%에 그친다. 무엇보다 첫째 아이를 출산한 여성의 직장 복귀율이 53.1%에 지나지 않으며 이 중 정규직은 8%로 저조한 수준이다. 즉, 비정규직 여성이 여성 고용의 주를 이루고 있지만 정작 가족정책의 혜택은 충분히 누리지 못한 상태에서 다시 재취업을 하고 있는 현실이 드러나 있는 것이다.

이것은 일과 가정 양립을 수용하는 일본의 특징이라고 할 수 있다. 성평등한 가족정책을 지향하며 추진된 일본의 저출산 대책이지만 그 시작은 1991년 일본의 거품경제 붕괴와 함께였다. 이후 잃어버린 10년과 2000년대의 본격적인 신자유주의 개혁으로 여성의 노동력화에 중점이 두어지고 일본의 일과 가정의 양립은 성평등한 가족정책이 아니라 생산성 효과와 고용시장의 유연화라는 일본 기업의 요구에 밀려 고용정책으로 전환돼버린 것이다(原伸子, 2011: 165~194). 비정규직이 여성 고용 형태의 주류가 되고, 남성을 비정규직화하는 방향으로 일과 가정의 양립이 추진되어 일과 가족의 양립은 소수의 정규직 여성노동자에 한정되어 비정규직 여성노동자나 전업주부, 싱글맘 등의 출산, 육아, 돌봄의 부담은 해소되지 않았다.

그렇다고 해서 정규직 여성의 출산, 육아, 돌봄노동의 부담은 해소되었는가. 국제사회조사프로그램(ISSP)이 2012년에 실시한 '가족과 성역할에 관한 의식조사'에서는 배우자가 있고 18세 미만의 자녀가 있는 남녀의 한 주간 평균 가사, 육아, 돌봄 시간은 일본의 경우 남성이 12시간, 여성은 53.7시간으로 나타났다. 남성의 참여율은 여성에 비해 매우 낮다. 또한 남성의 육아휴직 취득률을 보면 2016년 2.65%로 육아는 여전히 여성의 역할임이 드러났다. 정규직 여성의 출산 이후 직장 복귀율이 8%밖에 되지 않는 것은 육아와 가족책임에서 여성의 부담이 얼마나 큰지를 나타내는 것이라 할 수 있다. 한편 직장과 사회의 분위기도 일과 가정의 양립과 저출산 대책의 강조와는 달리 마터니티 하라스먼트(maternity harassment)라는 용어가 널리 퍼져 있을 만큼 임신과 출산에 대해 부정적이다. 육아지원기업인증제도의 이면에는 단기적인 경제적 비용과 효율성을 중시하는 일본 기업의 논리가 강하게 자리 잡고 있음을 알 수 있다.

또한 2001년 '대기아동 제로 작전'이라는 이름으로 시작된 대기아동 대책은 일과 가정의 양립하에서 2008년 '신 대기아동 제로 작전', 2013년 '대기아동 해소 가속화 플랜' 등으로 강화되었지만 제로나 해소라는 제목이 무색할 만큼 좀처럼 해결되지 않고 일과 가정의 양립에서 큰 과제로 남아 있다. 2016년 4월 1일 현재 전국의 대기아동 수는 2만 2553명으로 10년 연속 2만 명을 넘고 있다. 대기아동의 86.8%인 2만 446명이 0세에서 2세까지의 영유아이다. 또한 대기아동의 대부분은 도시부에 집중하고 있다. 도쿄도(東京都), 사이타마현(埼玉県), 치바현(千葉県), 가나가와현(神奈川県), 교토부(京都府), 오사카부(大阪府), 효고현(兵庫県)의 7개 광역자치단체와 정령지정도시(政令指定都市) 및 중핵시(中核市)의 대기아동이 전체의 74.3%를 차지하고 있다. 도시부의 맞벌이 부부에 대한 육아지원이 불충분한 것이다. 이 문제를 해결하지 않고는 정규직 여성의 출산, 육아휴직 후 직장 복귀는 쉽지 않을 것으로 보인다.

성별역할분업형 가족정책으로의 변화의 영향은 출산율에 그대로 반영되어 1989년 1.57명을 필두로 2002년 1.32명, 2005년 1.26명까지 하락했다가 2010년 1.39명으로 증가, 2016년 1.44명까지 기록했으나 2017년에 1.43명으로 다시 감소했다. 2016년에 1.44명을 기록하면서 일본 정부는 아베노믹스와 아베 내각의 저출산 대책의 효과라며 대대적으로 홍보했지만 2017년에 다시 하락하기 시작한 것이다.

6. 맺음말

1991년부터 25년간 추진돼온 일본의 가족정책의 변화는 저출산 대책을 그 출발점으로 한다. 제2차 세계대전 이전과 이후 일본의 출산정책은 인구정책의 차원에서 인구의 총수를 조절하기 위해 실시되어왔다. 전전에는 군국주의하에서 인구를 증가시키기 위한 출산장려정책, 전후에는 전후복구와 경제성장하에 인구를 정지시키기 위한 출산억제정책이 추진된 것이다. 군국주의 국가 노선, 발전 국가 노선 등 국가가 지향하는 노선에 의해 여성은 '낳는 성'으로 생물학적 성에 의해 정체성이 부여되고 역할이 결정되었으며 주어진 정체성과 요구된 역할에 충실하지 않으면 인정받지 못하거나 때로는 '반국가적' 또는 '반사회적'이라는 꼬리표가 따라붙기도 했다. 내셔널리즘과 페미니즘이 충돌하는 지점이다.

1990년의 1.57 쇼크는 1975년부터 1995년까지 4차에 걸쳐 개최된 세계여성회의와 그동안 보편 규범으로 정착된 성평등의 가치와 더불어 일본의 출산정책을 인구정책에서 벗어나 가족정책의 범주에서 추진할 수 있는 새로운 정치적 공간을 열었다. 일본의 가족정책은 성평등을 지향하며 저출산 대책을 추진하게 된 것이다. 25년간의 저출산 대책은 일본의 가족정책을 남성생계부양자 모델에서 성별역할분업 모델로 변화시켰다. 그 변화 가운데 저출산 대책의 주류는 육아지원에서 일과 가정의 양립으로 전환되어왔다. 그러나 일본의 가족정책의 변화는 성별역할분업과 그 의식의 해소에는 다다르지 못했고 가족정책의 수혜에서 여성의 계층화를 초래했고 지역별 차이를 가져왔다. 무엇보다 일과 가정의 양립은 일도 가족적 책임도 여성이 담당해야 가능한 것이 현실이다.

25년 동안 추진된 가족정책은 저출산 대책의 범람을 가져왔다. 흡사 화려한 상품이 진열된 쇼윈도를 방불케 할 정도이다. 제도 정비와 양적 확대는 물론 중요하다. 제도와 정책이 행위자의 인식과 선택, 행위를 결정하는 중요 요소라는 것, 제도와 행위자 간의 상호작용을 촉진해 정책의 패러다임을, 더 나아가 사회를 변혁시킬 수 있다는 것은 신제도주의자가 아니라도 긍정할 수 있을 것이다. 그러나 탑 쌓기 하듯 쌓여가는 저출산 대책 속에서 성평등 가치와 성평등한 가족의 모습은 점차 소실된 것 같다. 특히 2012년 아베 수상이 정계에 복귀하면서 내건 아베노믹스에서 생산성 향상을 위해 여성의 노동력화가 중시되고, 성장 전략으로 '여성이 빛나는 사회'가 제시되면서 일본의 저출산 대책은 가족정책에서 벗어나 다시 인구정책에 포섭되는 경향이 있다. 저출산 대책의 인구정책적 성향은 2013년의 '소자화 위기 돌파 태스크포스'의 발족과 2014년 '지방창생'의 표방에 이은 2015년 제2차 아베노믹스의 발표에 이르기까지 더욱 현저해지고 있다. 명시적인 출산장려가 지방의 인구 감소와 '1억 총활약 사회'에 대비해 이루어지고 있는 것이다. 지금까지 없었던 출산과 결혼에 대한 직접적인 재정 지원이 시작됐고 이를 위해 국가 예산에서 전국 지자체에 교부금까지 교부되고 있다. 수치목표 출산율 1.8명을 향해서이다. 2007년 제1차 아베 내각의 저출산 대책의 주무 부처인 후생노동성 장관의 "'여성은 낳는 기계', 앞으로의 저출산 대책은 어떻게 효율적으로 낳게 하느냐에 달려 있다"라는 발언이나 2018년 자민당 여성의원의 LGBT[10]는 "생산성이 없다"라는 발언에서도 나타나듯이 여성은 전전과 전후 인구정책이 펼쳐지던 시기와 마찬가지로 '낳는 성', '생산성'으로만 그 가치를 평가받고 있는 듯하다.

21세기 현대 사회에서 성과 가족을 둘러싼 양상과 개인의 삶의 방식은 다양하게 전개되고 있다. 성적 정향과 지향이 생물학적 성에 의해 결정된다는 것은 점차 하나의 신화가 되어가고 있고, 이성 간 법률혼에 의해 구성되어 자녀가 있는 가족도 이제는 다양한 가족 형태의 하나가 되었다. 성평등 가치와 성평등 가족은 저출산 대책에 수치목표를 설정하고 지자체의 저출산 대책사업에 교부금을 교부하는 것보다 가족정책을 정형화된 특정 가족만을 대상으로 할 것이 아니라 법률혼 가족, 한부모 가족, 비혼 가족 등 다양한 가족에게 동등하게 적용하고 처우와 권리를 보장할 때 실현 가능할 것이다. 그리고 가족을 구성하지 않을 자유와 낳지 않을 자유도 함께 인정되어야 한다고 생각한다. 출산과 가족의 구성은 개인의 인권과 자유의 가장 기초적인 요소이기 때문이다.

---

10 여성동성애자(Lesbian), 남성동성애자(Gay), 양성애자(Bisexual), 성별월경자(Trans-gender)의 두음을 딴 것으로 성소수자의 총칭이다.

참고문헌

김희정. 2005. 「일본 보육정책의 최근 동향: 1990년~2005년을 중심으로」. ≪유아교육학논집≫, 9권 4호, 261~275쪽.

안현미. 2007. 「일본의 저출산 극복을 위한 일·가정 양립 지원정책 분석을 통한 한국 저출산 정책의 함의: 육아·개호휴업법 개정내용을 중심으로」. ≪사회복지정책≫, 30집, 311~338쪽.

장경희. 2016. 「일본 보육정책의 최근 동향과 과제」. ≪일본연구논총≫, 43호, 31~64쪽.

정미애. 2005. 「젠더 시각에서 본 일본의 사회복지정책의 변화: 1990년대 이후의 저출산·고령화 대책을 중심으로」. ≪국제정치논총≫, 45권 2호, 165~183쪽.

兼田健司. 2015. 「少子化対策の政策評価：次世代育成支援推進法に基づく行動計画の評価を中心に」. 高橋重郷・大淵寛 編著. 『人口減少と少子化対策』. 東京: 原書房.

国立社会保障・人口問題研究所. 1941. 「人口政策確立要綱の決定」. ≪人口問題研究≫, 2巻 2号, pp. 55~57.

_____. 2017. 『日本の将来推計人口』.

厚生労働省. 2017. 『平成29年人口動態統計』.

黒田俊夫. 1974. 「国連世界人口会議報告―混乱から妥協, そして認識へ」. ≪人口問題研究≫, 132号, pp. 32~40.

中西泰之. 2015. 「戦後日本の静止人口論」. ≪福井県立大学論集≫, 45号, pp. 27~46.

内閣府. 2016. 『平成28年版少子化社会対策白書』.

_____. 2017. 『平成29年版少子化社会対策白書』.

日本創成会議. 2014. 『ストップ少子化・地方元気戦略』.

≪日本経済新聞≫. 2015.9.25. 「『新3本の矢』を読み解く」. 日本経済新聞電子版.

増田雅暢. 2008. 『これでいいのか少子化対策―政策過程からみる今後の課題』. 京都: ミネルヴァ書房.

杉本貴代栄. 2004. 『福祉社会のジェンダー構造』. 東京: 勁草書房.

阿藤誠. 2010. 「日本の「少子化対策」―20年の軌跡とその評価」. ≪人口科学研究≫, 23巻 2号, p. 188.

安蔵伸治・兼田健司. 2015. 「第2次安倍内閣と少子化対策」. 高橋重郷・大淵寛 編著. 『人口減少と少子化対策』. 東京: 原書房.

大沢真理. 2004. 「「男性稼ぎ主」型からの脱却はできるか」. 社会政策学会編. ≪新しい社会政策の構想: 20世紀的前提を問う≫. 京都: 法律文化社.

横山文野. 2002. 『戦後日本の女性政策』. 東京: 勁草書房.

原伸子. 2011.「ワーク・ライフ・バランス政策の論理―批判的考察」.≪経済志林≫, 78巻 4
　　号, pp. 165~194.

堀江孝司. 2000.「少子化問題: そのアジェンダ化の軌跡-数価の発表と国家の政策」.≪賃
　　金と社会保障≫, 1256・1266号, pp. 50~69.

＿＿＿. 2008.「少子化問題をめぐるアイディアと政治」.≪人文学報≫, 24号, pp. 1~29.

Abramovitz, Mimi. 1988. *Regulating the Lives of Women: Social Welfare Policy from
　　Colonial Times to the Present.* Boston: South End Press.

Abrams, Paula. 1996. "Reservations about women: population policy and reproductive
　　rights." *Cornell International Law Journal*, Vol. 29, No. 1, pp. 1~41.

Berer, Marge. 1993. "Population and family planning policies: women-centred per-
　　spectives." *Reproductive Health Matters*, Vol. 1, No. 1, pp. 4~12.

Fraser, Nancy. 1989. *Unruly Practices: Power, Discourse and Gender in Contemporary
　　and the State.* Cambridge: Policy Press.

Kohler Hans-Peter, F. C. Billari and J. A. Ortega. 2002. "The Emergence of Lowest-Low
　　Fertility in Europe During the 1990s." *Population and Development Review*, Vol.
　　28, No. 4, pp. 641~680.

Nelson, Barbara. 1990. "The Origins of the two-channel welfare state: workman's
　　compensation and mothers aid's." in L. Gordon(ed.). *Women, the State and
　　Welfare.* Madison: University Wisconsin Press.

Sainsbury, Diane. 1994. *Gendering welfare State.* London: Sage.

＿＿＿. 1996. *Gender, Equality and Welfare State.* Cambridge: Cambridge University
　　Press.

＿＿＿. 1999. *Gender and Welfare State Regimes.* Oxford: Oxford University Press.

United Nations. 2004. "World Population Policies."

제10장

한국
초저출산과 여전히 남아 있는 성역할 분리 문화

최정원

1. 머리말

한국은 2018년 현재 OECD 국가 중 최저출산 국가로 출산장려를 위한 다양한 가족정책이 전개되고 있다. 불과 20여 년 전까지만 해도 출산억제를 위한 가족계획이 진행되었던 한국 사회가 이제는 초저출산 현상이 심각한 사회문제가 되어 이에 대한 대책을 끊임없이 마련해야 하는 상황이 된 것이다.

1953년 종전 이후 1960년까지 한국은 역사상 가장 높은 자연성장률을 기록했다. 1960년의 합계출산율이 6.0명으로 고출산 국가였던 한국은 1962년 최초로 산아제한 가족계획사업을 채택하면서 강력한 출산억제정책을 실시했다. 이는 단기간에 높은 성과를 나타냈고, 출산율은 지속적으로 하락하여, 1983년에는 이미 합계출산율이 2.08명으로 인구대체율 이하로 떨어졌다. 새로운 인구안정기로 접어들 것이라는 예측과는 달리 이후로도 급속한 출산력 하락으로 이어져 2001년부터는 합계출산율 1.3명 이하의 초저출산 사회로 진입했고 2005년에는 합계출산율 1.09명이라는 세계 최저의 출산율을 기록했다. 2017년 현재 합계출산율은 1.05명으로 전년보다 0.12명 감소한 역대 최저치 기록이다. 불과 60여 년 사이에 고출산에서 초저출산으로 급변한 한국의 인구구조는 OECD 국가 중에서도 가장 낮은 수준으로 과다출산 문제가 단기간에 초저출산 문제로 역전된 것이다.

한국에서 출산율이 급격하게 저하된 원인은 부분적으로는 1962년 이후 추진된 가족계획사업의 출산억제정책의 결과이기도 하지만, 다른 한편으로는 사회구조의 변화 속에서 교육, 사회·경제적 환경, 결혼 및 가족관이 변화한 반면, 국가는 이러한 변화에 적절히 대응하지 못했기 때문이다. 무엇보다도 한국의 저출산 현상은 후기산업사회에서의 삶, 특히

그림 10-1

한국의 합계출산율 추이

단위: 1000명, 명

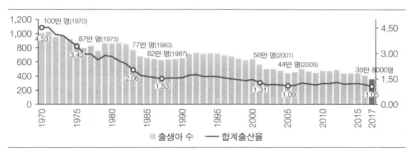

자료: 통계청(각 연도), '인구동향조사'.

여성의 삶의 조건이 개선되지 못했기 때문에 나타난 문제로 볼 수 있다. 한국 사회는 그동안 출산과 양육을 사적 영역의 일로 여겨 이에 대한 책임과 부담을 전적으로 부모에게 전가해왔다. 이에 더해 한국 사회의 성 불평등 및 성역할 분리 문화는 '모(母)'인 여성에게는 특히 부담으로 작용했다. 남성 중심적 사회가 변하지 않고 육아와 보살핌의 역할이 전적으로 여성의 책임으로 있는 한, 여성은 혼인을 기피하거나 출산을 미루는 전략을 택할 수밖에 없는 것이다(이재경 외, 2005; 김인춘·최정원, 2008: 336). 결국, 부모 되는 '기쁨'보다 부모 되는 '부담'이 훨씬 큰 사회에서 부모들은 '저출산'이라는 자신에게 가장 이익이 되는 합리적 선택을 할 가능성이 커졌다.

2000년대에 들어오면서 한국은 출산장려를 위해 다양한 가족정책을 도입·추진해왔으며, 2018년 현재 저출산의 대응으로 출산장려정책이 한층 강화되었다. 하지만, 초저출산율의 추세가 점점 더 커지는 것을 보면, 지금까지 추진해온 출산장려정책들은 그다지 성공적이지 못했다는 것을 알 수 있다. 이는 출산과 여성이 불가분의 관계에 있으며, 근본적으로 여성의 입장에서 다루어져야 함에도 불구하고 그동안 출산장려정책이 젠더 시각을 포함하지 않고 진행되었기 때문이다. 또한 출산이라는 재생산 활동은 사회 구성원 전체의 중요한 문제임에도 불구하고 출산장려정책들이 성불평등한 사회구조를 개선하려는 노력 없이 미시적이고 부분적인 대책 마련에만 집중했기 때문이다.

이러한 맥락에서 이 글은 한국에서 출산장려를 위해 추진되고 있는 가족정책의 내용과 실태를 젠더 관점에서 살펴봄으로써, 출산장려 가족정책의 젠더적 함의를 도출해보고자 한다.

2. 한국의 시기별 출산정책의 변화

1) 미시적 출산 조절을 통한 출산억제정책 시기: 1962~1995년

한국에서 1960년대는 베이비붐으로 인한 인구과잉으로 빈곤의 악순환이 지속되던 시기였다. 과다 출산이 경제발전의 걸림돌이라 판단한 정부는 1962년 '경제개발 5개년 계획'을 수립·실시하면서 강력한 출산억제정책을 시작했다. 이후 1990년대 초까지 한국 출산정책의 기조는 인구억제를 위한 산아제한 가족계획사업이었고, 이는 당시 사회적으로 확산되고 있던 출산억제 욕구와 결합하여 초기의 출산력 저하에 결정적인 역할을 했다.

가족계획사업은 적극적인 피임 보급과 '소자녀관' 홍보를 중심으로 진행되었는데, 1960년대의 '3-3-35운동'(3명의 자녀를 3년 터울로 낳고 35세 이전에 단산하자), '많이 낳아 고생 말고 적게 낳아 잘 키우자', '덮어놓고 낳다 보면 거지꼴을 못 면한다'는 표어에서부터 1970년대의 '아들, 딸 구별 말고 둘만 낳아 잘 기르자', 1980년대의 '잘 키운 딸 하나 열 아들 안 부럽다', '하나씩만 낳아도 삼천리는 초만원'이라는 표어에 이르기까지 정부의 강력한 출산억제 의지를 잘 보여주고 있다(홍승아, 2014). 한편, 출산과 관련된 사회지원정책은 1970년대에 처음 실시되었다. 1974년에는 출산억제를 목적으로 소득세법을 개정하여 인적공제를 3자녀까지 제한했다가, 1977년에는 다시 2자녀로 제한했고, 1978년에는 무주택 저소득층을 대상으로 2자녀 불임수용자에게 공공주택 입주우선권을 부여하기도 했다(홍문식 외, 1993: 149~150).

다자녀관, 남아선호사상이라는 한국의 전통적인 사회문화적 배경에도 불구하고 이 시기의 출산율은 빠른 속도로 낮아져 1960년의 6.0명이었던 합계출산율이 1970년에는 이미 4.5명으로 떨어졌고, 1980년에는 2.8명으로 급감했다. 그럼에도 1970년대 후반부터 인구증가율이 1.5% 선에서 정체 상태를 보이자 정부는 인구문제가 더 심각해질 것이라 판단하고 기존의 출산억제정책을 더욱 강화했다. 1981년에는 새로운 인구증가억제 대책이 시행되었고 이전보다 더 강력한 '하나 낳기 운동'이 1980년대 내내 전개되었다(박영창, 2005: 23). 사회지원 시책도 한층 강화되어 두 자녀 가정을 정착시키기 위해 의료보험 분만 급여, 공무원 자녀학비 보조수당, 공무원 가족수당, 교육비 보조금의 비과세 범위를 두 자녀로 제한했다(홍문식 외, 1993: 150). 이에 1983년에는 합계출산율이 인구대체 수준인 2.08명으로 떨어지고, 한국 사회는 이미 저출산 사회로 진입했으나, 강력한 출산억제정책은 1990년대 초까지도 지속되었다.

한국에서 출산억제정책은 경제성장의 동력으로 큰 성과를 거두었다. 그러나 경제개발계획의 일부로 추진되었다는 점에서 알 수 있듯이, 이 시기의 출산정책은 국가개발 전략에 맞춰 여성을 발전에 종속시킨 인구정책이었을 뿐, 임신과 출산의 주체인 여성의 입장은 전적으로 도외시되었다(김인춘·최정원, 2008: 325). 따라서 출산정책은 출산억제를 위한 미시적이고 기술적인 출산조절정책에만 국한되어 있었고, 여성의 재생산 활동은 사적 영역에서 당연히 수행해야 할 도덕적 책무로 간주되어 출산과 양육을 지원하는 정책들은 마련되지 않았다(김인춘·최정원, 2008: 326). 1973년에 '모자보건법'이 제정되었으나 유명무실한 상태였고, 보육정책 역시 도외시되어 1960~1970년대는 아이를 낳은 사람이 보육과 교육을 감당하도록 가족과 여성의 책임이 강조되었다. 여성들은 국가 주도의 노동집약적 산업화 과정에서 여성근로자로 편입되었으나, 차별적 성별 위계 속에서 주로 저임금, 단순 노동에 동원됐을 뿐이고, 여성의 가사분담이나 가족 내 성별역할 분리에 대한 사회적 인식은 그대로여서 공적·사적 영역에서의 여성의 이중 부담이 매우 컸다.

한편, 1970년대 후반부터 유엔을 중심으로 전개된 초국가적 여성운동은 한국에도 큰 영향을 미쳐 1980년대 후반 이후 한국 사회 전반에 젠더 시각이 확산되기 시작했다. '모자보건법' 개정(1986년), '남녀고용평등법' 제정(1987년) 및 개정(1989년), '모자복지법' 제정(1989년) 등 젠더 의제가 국가적 차원에서 제도화되었고, 1990년대에 오면서 더욱 확대되어 이 시기는 적어도 법제도가 활발하게 구체화되는 시기였다.[1] 그러나 이러한 법들은 모성보호와 여성의 권익 향상 등을 규정한 중요한 입법이긴 하나, 현실과는 상당한 괴리가 있었다. 대부분 '선언적'인 성격을 띠고 있었을 뿐 실질적인 적용이 미미했기 때문이다. 일례로 '남녀고용평등법'이 제정된 지 6년이 지난 1993년의 한 조사에 따르면, 개별 응답자의 60% 이상

---

[1] '가족법' 개정(1990년), '영유아보육법' 제정(1991년), '성폭력범죄처벌 및 피해자보호등에 관한 법률(성폭력특별법)' 제정(1994년), '윤락행위 등 방지법' 개정(1995년), '여성발전기본법' 제정(1995년), '남녀고용평등법' 개정(1995년, 1999년), '남녀차별금지법' 제정(1999년)으로 여성 관련 정책이 새로운 단계로 도약하게 되었다.

이 '남녀고용평등법'의 내용을 모른다고 응답했으며, '남녀고용평등법'이 제정되면서 도입된 육아휴직제도에 대해서도 42%가 법 제정 이후에도 변화가 없다고 응답했다(장미경, 2001: 28, 31). 또한 '영유아 보육법'의 제정은 국가의 아동보육 책임을 강조하고 공공서비스 부분을 확대해서 많은 여성에게 일자리를 제공했지만, 대부분 사적 영역에서 행하던 보살핌 업무와 다를 바 없었고, 더욱이 이에 대한 보수는 다른 직종에 비해 매우 낮았다(최정원, 2018: 147~148). 기혼 여성들의 안정적 고용이라는 명분 아래 1980년대 후반에 추진된 '아파트형 공장' 정책[2] 역시 실제로는 국가의 몰성적(gender blind), '도구적 여성관'의 한 예라 할 수 있다. 이는 여성을 공적 영역에 진출시킴으로써 여성의 성평등한 지위를 강화했다기보다는 오히려 여성은 '보살피는 자'라는 사고를 더욱 공고히 함으로써 여성이 육아와 가사에서 일차적인 책임자라는 변함없는 성별분업적 인식을 전제하고 있다(최정원, 2018: 148). 여성의 사회참여는 여성 자신을 위한 것이 아니라 국가 발전의 수단이라는 사회적 인식이 지속되었으며, 그 속에서 여성은 여전히 국가정책의 필요에 의해 도구적으로 동원된 것이다. 결국, 이 시기에 여성 관련 법제화가 활발하게 수립된 것과는 달리 현실에서의 여성은 불평등한 노동시장과 가부장적 가정에서 이중노동에 절대적으로 노출되어 있었다.

---

2 '아파트형 공장' 정책이란 주거 지역 내에 직주근접 형태의 공장 설립을 허용함으로써 기혼 여성들의 노동력을 흡수하여 공장 일과 가사노동을 동시에 수행할 수 있도록 한 것으로 여성의 이중 부담을 통해 가부장적 가족을 유지하고, 중소기업의 인력 부족 문제를 해결하고자 했다(장미경, 2001: 24).

2) 실질적인 출산정책의 부재와 저출산 심화: 1996~2004년

한국의 산아제한 가족계획은 1996년에서야 공식적으로 종료되었다. 급격하게 낮아진 출산율이 심각한 국가적 문제를 초래할 것이라고 판단한 정부가 출산억제정책을 폐지하고 '신인구 정책'으로 전환하면서 저출산 심화에 대한 정책적 대응을 시작한 것이다. 이전까지 고출산으로 인한 인구과잉을 우려한 출산억제정책이었다면, 1996년 이후의 시기는 저출산으로 인한 인구구조의 불균형과 인구 감소를 우려하여 출산장려를 꾀하는 정책으로 전환된 것이다(김인춘·최정원, 2008: 329).

한국의 급격한 출산율 저하는 혼인 연령의 상승(만혼화) 및 혼인율 저하(비혼화)와 유배우 출산율의 저하가 직접적 원인이다. 그러나 가시적인 직접적 원인 뒤에는 저출산 현상의 보다 근본적인 경제적·사회적·문화적 요인이 존재한다. 즉, 산업화, 가치관의 변화, 자녀 양육·교육에 따른 직간접 비용의 부담,[3] 소득 및 고용 불안정, 일과 가정의 양립 곤란[4] 등 다양한 조건들이 복합적으로 작용하고 있는 것이다. 여성의 교육수준이 높아지고 경제활동이 증가하면서 변화된 결혼관과 가족관은 가족 중심적 사고에서 탈피한 개인주의를 확산시켰다. 급속한 근대화와 핵가족화는 출산에 직접적 영향을 미쳤던 전통적인 남아선호사상을 크게 약화시

---

3   한 조사에 따르면 한국에서 응답자의 78.3%가 자녀 양육비에 대해 부담을 갖는 것으로 나타났으며, 향후 출산 의사가 없는 기혼자들의 이유 중 가장 중요한 것은 '자녀교육비 부담(28.0%)', '경제력이 없어서(27.8%)', '양육비 부담(13.3%)'의 순으로 나타났다(장혜경 외, 2004: 108~109).

4   여성가족부의 2004년 실태조사에 따르면 결혼 후 취업 중단 경험이 있는 유자녀 여성의 취업 중단 이유로 '자녀 양육'이 64.9%, '출산에 따른 직장에서의 불이익'이 12.6%, '가사일 전념'이 8.4%로 나타나 여성이 일과 육아를 병행하기가 매우 어려움을 보여준다(여성가족부, 2005).

킨 반면, 출산억제정책의 영향으로 형성된 소자녀관은 여성의 권리신장 및 사회 진출과 함께 강화되었다. 부부 중심의 가족생활과 성 역할의 변화는 자녀 양육부담과 맞물려 출산을 가족의, 또는 사회적 책무라기보다는 개인적 선택으로 만들었다. 특히, 결혼과 출산이 강하게 결부되어 있는 한국적 상황에서 만혼화[5]와 함께 비혼화[6]의 증가는 출산율 하락에 큰 영향을 미쳤다(김인춘·최정원, 2008: 319).

이렇게 볼 때, 이 시기는 저출산에 영향을 미치는 다양한 사회경제적 원인과 파급효과에 대한 종합적인 대책을 수립하고 출산장려정책을 적극적으로 추진해야 했다. 그러나 실제로는 변화된 환경에 적절히 대응하지 못하고 미온적인 정책으로 저출산을 심화시켰다. 이 시기에도 임신·출산·보육을 장려하는 정책이 전개되었으나 저출산 대책이 본격적으로 시작되는 2005년까지는 실질적인 정책 대응이 이루어졌다고 보기는 어렵다. 출산억제정책으로부터 모성보건의 증진, 서비스의 질 향상, 가족복지 증진을 위한 인구 자질 향상으로 정책 기조가 전환되긴 했지만, 출산억제 시기의 정책과 제도들이 여전히 잔존하고 있었고, 이전의 출산억제 노력을 철회한 상태에서 출산율의 추세를 관망하던 시기였기 때문이다.

이 시기의 출산정책 관련 법제화를 보면, 1997년에는 '근로기준법'의 제정과 함께 산전후휴가제도가 도입되었고, 2001년에는 여성부가 신설

---

5   통계청에 의하면 남성의 평균 초혼 연령은 2005년 30.9세에서 2017년 32.9세로, 여성의 평균 초혼 연령은 같은 기간 27.7세에서 30.2세로 각각 증가했다.

6   한국 보건사회연구원에서 실시한 2012년도 '전국 출산력 및 가족보건복지 실태조사' 결과에 의하면, 35세 이상 미혼 남녀의 비혼 이유로 남성은 고용 및 소득 불안정(24.3%)과 주거 마련 부담(12.6%)을 들었고, 여성은 가치관 관련 이유들의 비중이 높게 나타났다(인구정책50년사편찬위원회, 2016: 328).

되었다. 모성보호관련 3법('근로기준법', '남녀고용평등법', '고용보험법')의 개정 (2001년)으로 산전후휴가 기간이 60일에서 90일로 연장되었고 육아휴직 급여의 지급과 함께 남녀 고용 평등을 위한 정책들이 이루어졌다. 그러 나 다양한 출산장려정책들이 도입되었을 뿐, 정작 재원이 필요한 실질적 인 출산장려정책이나 저출산 문제 해결을 위한 적극적인 조치는 드물었 다(박영창, 2005: 115). 또한 여성과 밀접하게 관련된 출산·가족·노동·보 육·교육 정책이 일관성과 체계성을 갖지 못한 채 미온적인 제도화에만 그쳤을 뿐이다.

결국 이 시기의 신인구정책은 단순히 인구 자질 향상을 1차적 목표 로 규정했을 뿐, 이 당시 서구 국가들의 출산장려정책[7]과는 달리 젠더 관 점이나 가족 친화적 정책(family-friendly policy) 요소가 전혀 포함되지 않았 다(인구정책50년사편찬위원회, 2016: 145). 육아의 책임이 여전히 여성의 몫으 로 남아 있었음에도, 가부장적 문화와 이에 따른 성불평등에 대한 근본적 인 고려가 없었던 것이다(김인춘·최정원, 2008: 327). 그 결과는 출산율로 나 타나 1996년에 이미 합계출산율 1.6명이었던 한국은 2004년에 이르러 합계출산율 1.2명으로 세계 최저 출산율을 보였다.

3) 출산장려정책의 본격화와 저출산의 심화: 2005년~현재

합계출산율 1.09명으로 OECD 국가 중에서도 가장 낮은 수치를 보

---

7 한국에서 출산억제가 인구자질로 목표를 전환했던 1996년 당시, 한국과 출산율 수준이 유사한 유럽의 저출산 국가들은 인구정책을 가족정책으로 명칭을 변경하고 이를 실행 하는 정책수단으로 유급 출산전후휴가, 유급 육아휴직, 수당 지급, 자녀질병 간호휴가, 자녀복지 및 양육보조금, 교육비 지급 등을 실행했다(은기수 외, 2005; 인구정책50년사 편찬위원회, 2016: 145).

인 2005년 한국은 '저출산·고령사회기본법'을 제정했다. 국가 차원에서 저출산에 본격적으로 대응하고 임신·출산·양육·교육의 사회적 책임을 강조하기 시작한 것이다. 2006년에는 '저출산 대응 기반 구축'을 목표로 한 '제1차 저출산·고령사회기본계획(2006~2010): 새로마지플랜 2010'을 수립했다. 제1차 기본계획은 자녀 양육 및 교육비에 대한 부담, 일·가정 양립의 곤란, 육아지원시설의 부족 등, 양육 환경의 미흡을 출산과 양육의 장애 요인으로 판단하고 저소득 가정을 주요 정책 대상으로, '보육지원'을 정책의 우선순위로 진행되었다(대한민국정부, 2006, 2009). 2007년에는 '남녀고용평등법'을 개정하여 배우자 출산휴가(3일)를 신설하고 육아기 근로시간 단축을 도입하는 등 저출산 관련 법·제도를 정비했다. 보육·교육비의 지원 확대가 이루어졌고, 출산·양육에 대한 국가적 지원도 확대되었다. 그러나 이 시기의 출산장려정책들은 상대적으로 저소득 가정을 대상으로 한 보육지원에 편중되어 있었기 때문에 전 국민을 대상으로 한 출산장려정책이라기에는 한계가 있었다. 또한 맞벌이 가구나 베이비붐 세대 등 정책 수요가 높은 계층을 위한 정책이 부족했고, 정부 주도의 출산정책으로 한정되어 기업 등 민간 부분으로의 확대가 미흡했다.

한편 이 시기에 성평등, 여성 인권, 성 주류화 등, '젠더 의제의 제도화'는 상당한 진전을 이루었다(최정원, 2018: 164). 남녀 고용 평등의 강화를 위해 사업주의 적극적 고용 개선 조치(2005년)를 의무화하고 여성에 대한 차별적 고용 관행을 개선했으며, '경력단절여성 등의 경제활동촉진법'을 제정(2008년)했다. 가족정책도 호주제 폐지를 주요 내용으로 하는 민법 개정(2005년)과 가족관계의 등록 등에 관한 법률 제정(2007년)을 통해 남녀평등한 가족문화 확산의 제도적 기반을 조성했다.

2011년부터 2015년까지는 '제2차 저출산·고령사회기본계획(2011~2015): 새로마지플랜 2015'가 '점진적 출산율 회복'이라는 목표 아래 '일·

가정 양립'을 중점 추진 내용으로 시행되었다(대한민국정부, 2011). 제2차 기본계획에서는 맞벌이 등 일하는 가정을 중심으로 중산층 이상으로 정책 대상의 폭이 확대되었고, 무상 보육 등 양육지원과 함께 결혼, 일·가정 양립, 임신·출산 지원과 관련한 다양한 정책들이 도입됨으로써 가족정책의 기본 구조를 갖추는 모습을 보였다(변수정·황남희, 2018: 45). 또한 정부 주도에서 벗어나 범사회적 정책 공조를 형성함으로써 출산장려를 위한 종합적 접근을 강조하고, 국민적 책임의식을 확산하고자 했다. 2014년에는 '여성발전기본법'을 '양성평등기본법'으로 전면 개정하고 일·가정의 양립 및 양성평등을 위해 '모성보호'뿐만 아니라 '부성보호'까지 포함하는 정책으로 확대했다(최정원, 2018: 165).

제1차와 제2차 기본계획 시기는 전반적으로 출산과 양육에 유리한 환경 조성을 목표로 자녀 양육 지원에 중점을 두었다. 특히 2013년에 시행된 영유아보육료 지원 확대(무상보육) 정책은 자녀가 있는 가족이 정책과 재정적 수혜의 대상이 되었다. 그러나 제2차 기본계획 시기의 저출산 대응정책 역시 기혼 가구의 보육 부담을 줄이는 정책 위주였을 뿐, 저출산 원인 중 하나인 만혼화에 대응한 결혼 지원정책이나 사회기반 조성 노력은 부족했다.

2016년부터 2018년 현재 진행되고 있는 '제3차 저출산·고령사회기본계획(2016~2020): 브릿지플랜2020'에서는 '저출산 대응 패러다임의 전환'의 선언과 함께 출산장려를 위한 노력이 간접적이고 장기적인 정책 분야에까지 확장되었다(국회입법조사처, 2017: 15). '아이 낳고 싶은 사회'의 구현을 정책목표로, 결혼을 포기하는 사회경제적 원인의 해소, 출생·양육에 대한 사회적 책임의 실현, 자녀 양육 부담 완화를 위한 교육·보육 환경의 개선, 그리고 일·가정 양립의 사각지대 해소를 추진 전략으로 채택했다(대한민국정부, 2016). 이에 따라 청년고용 활성화와 신혼부부 등 주거

지원을 강화하는 정책이 추가되었고, 보육지원 측면에서는 양적 확충과 함께 수요자의 요구를 반영하는 정책이 추진되었다. 또한 다양한 가족에 대한 편견·차별의 해소와 가족 형태로 인한 출산·양육에서의 차별 해소를 추진하고 있다(변수정·황남희, 2018: 53). 이렇게 볼 때, 제1차, 제2차 기본계획에서는 저출산 문제를 해결하기 위해 주로 미시적이고 사후적인 서비스 지원에 중점을 두었다면, 제3차 기본계획에서는 근본적인 원인을 해소하고 서비스 공급이 효과적으로 작동할 수 있도록 사회문화의 여건 조성과 거시적·사회구조적 문제를 개혁하는 데 중점을 두고 있다(인구정책50년사편찬위원회, 2016: 333).

그러나 초저출산 현상이 점점 심화되고 있는 2018년 현재의 상황을 감안하면, 그동안 추진된 출산장려정책들이 정책목표를 달성하고 있는지는 여전히 미지수이다. 무엇보다도 출산장려정책의 성과가 부진한 이유는 젠더 관계를 고려한 정책이 아니었다는 점이다. 저출산 문제는 노동 및 고용·주거에 대한 장기간의 불안과 사회 저변에 깔려 있는 젠더 불평등에서 비롯되었다는 진단에도 불구하고 그동안의 출산장려정책은 미시적인 '백화점식' 정책의 나열로 일관해왔다. 제3차 기본계획의 추진 내용 역시 패러다임만 바뀌었을 뿐, 출산장려정책의 구체적 대책은 그대로라는 평가이다(박현정·최종훈·김양중, 2018.7.5).

3. 한국의 출산장려를 위한 가족정책

1) 가족정책 패러다임과 한국의 남성생계부양자 모델

복지국가 가족정책에 대한 젠더적 접근은 주류 복지국가 유형론의 개념들이 여성을 배제하고 있음을 비판하면서 남녀의 사회권에 대한 새로운 분석을 시도하고 있다. 세인스버리(Diane Sainsbury)는 가족정책 패러다임을 남성생계부양자 레짐(male breadwinner regime)과 성별역할분리 레짐(seperate gender role regime)으로 부양자 모델을 세분화하고, 개인적 모델로 성별분업해체형의 개인 임금노동자-보살핌노동자 레짐(individual earner-carer regime)을 추가하여 젠더정책을 유형화했다(Sainsbury, 1999).[8] 또한 고닉(Janet C. Gornick)은 여성 취업의 형태(전일제/시간제)와 보육 형태(공공 보육/시장구매 보육)를 두 축으로 하여 전통적 성별분업인 남성부양자(남성부양자/여성양육자) 모델로부터 약한 성별분업을 의미하는 성평등(2인 소득자-2인 양육자) 모델까지 4가지의 유형으로 분류하면서, 일·가정 양립 정책의 변화 양상을 추적할 수 있도록 '연속선(continum)'적인 접근이 필요하다고 주장한다(Gornick, 2000). 이에 따르면 각 사회는 두 축의 결합방식에 따라 네 단계 중 하나, 또는 복수의 형태에 속하거나, 아니면 단계 간 이행 과정에 놓이게 된다(Gornick and Meyers, 2009). 이렇게 볼 때, 복지국가 가족정책의 여러 유형들은 현실에서 나타나는 가족정책의 다양성을 보여주는 동시에 가족정책이 그 국가의 거시적 맥락 속에서 복잡하게 접합되어 있음을 보여주며, 현실 상황과 현실에 대한 인식이 변화하면 가족정책의 방향과 범주도 변할 수 있음을 의미한다(윤홍식, 2010: 57).

가족정책의 유형에 따르면 한국 사회는 전형적인 남성생계부양자 모델에 속한다. 오랜 시간 유교문화의 가부장제하에서 한국은 공적 영역과 사적 영역이 엄격히 분리되어 여성 배제적이고 남성 중심적인 사회화 과정을 거쳤고, 남성-생계부양자, 여성-가사담당자라는 전통적인 성역할

---

8   세인스버리의 가족정책 패러다임은 이 책의 제1장 서론의 1. 가족정책 패러다임을 참고할 것.

분리가 공고히 형성되었다. 특히, 남성이 임금노동을, 여성이 돌봄노동을 수행하는 근대 사회의 성별분업 체제는 여성의 종속과 성불평등을 심화시켰다. 남성 위주의 이상적 노동자 규범[9]을 기준으로 조직화된 사회구조 속에서 여성의 노동은 주변화되었고 여성의 이상적 역할은 가정에 있다는 가족 이데올로기가 강화되었다(강이수, 2011: 46~47). 역사적으로 볼 때 국가는 대부분 도구주의적 관점에서 여성문제에 개입해왔는데 이는 효율성을 우선적 가치로 삼는 근대산업사회의 생산 중심적이고 남성 중심적인 사고가 깔려 있는 것이다(김인춘·최정원, 2008: 321~322).

실제로 1990년대 초까지 높은 경제성장 속에서 한국 사회의 남성들은 주 생계부양자의 역할을 수행해왔고 생계부양자로서의 정체성 역시 유지할 수 있었다(신경아, 2014: 163~164). 이에 더해 한국 가족에서 남성의 생계부양자 역할은 그 실제적 수행 여부와 무관하게 강력한 이데올로기적 요소로 존재해왔다. 남편으로서, 그리고 아버지로서 가족의 생계를 충족시킬 수 있는 수준의 소득을 벌어오는 것이 남성의 일차적 책임이라는 의식은 남성뿐만 아니라 대다수의 여성들도 공유한 관념이었다(신경아, 2014: 164).[10]

이와 같은 성별분업의 전통적 가치관은 여성을 경제적 종속자이자 가사노동의 종사자로 봄으로써 남성에 대한 여성의 의존을 강화했다. 그뿐만 아니라 출산과 육아라는 여성의 재생산 역할을 무시함으로써 공공

---

9   이상적 노동자 규범이란 풀타임 노동과 초과 노동을 수행하며 출산이나 양육에 대한 책임을 갖지 않는 노동자를 이상적 노동자로 보는 것이다.

10   기혼 여성의 부부 역할에 대한 태도를 묻는 2009년의 설문조사에서 "맞벌이 부부의 경우에도 생계는 남편이 책임져야 한다"라는 질문에 맞벌이 가구나 남성 외벌이 가구 모두 여성들의 찬성률(전적으로 찬성+대체로 찬성)이 75~80%에 이른다(신경아, 2014: 164).

정책에서 여성을 배제시켰다. 예컨대, 공적 영역의 남성 유급 노동과 달리 여성은 사적 영역의 보살핌 노동에 대한 가치를 제대로 인정받지 못했으며, 남성의 유급 노동을 기준으로 구성된 연금제도는 남편의 아내라는 종속적 위치에서 수급 자격이 부여되어 여성의 복지권을 침해했다(최정원, 2018: 150). 또한 여성 세대주나 모자 가정 등의 다양한 가족 형태를 인정하지 않는 점, 성별 고용 조건 및 성별 임금 격차[11] 역시 여성이 성불평등 속에서 적절한 정책적 지원을 받지 못했음을 보여준다.

20세기 후반부터 여성의 일·가정 양립이 확대되면서 전통적 성별분업과 '남성생계부양자' 모델에 대한 인식과 태도가 바뀌고 있다. 1990년대 이후 맞벌이 가구, 즉 2인 생계부양자 가구의 증가는 후기 산업사회의 불안정성 속에서 '남성생계부양자' 1인이 안정적으로 가족 부양을 책임지기가 더 이상 어려워졌음을 보여준다. 여성의 부담 또한 커지고 있다. 원하든 원하지 않든 임금노동과 돌봄노동을 병행해야 하는 상황에서 노동시장 조건도, 돌봄 사회화의 조건도 만족스럽지 않기 때문이다(신경아, 2014: 182). 게다가 맞벌이는 원하지만 돌봄노동은 병행할 준비가 되지 않은 남성들의 '신전통적 성별분업'[12]의 태도도 여성의 이중 부담을 강화시키고 있다(신경아, 2014: 182). 일·가정 양립의 갈등과 부담, 그리고 불평등한 젠더 관계가 지속되는 상황에서 여성은 이를 해결하기 위해 결혼과

---

11 여성의 근로 조건을 보면, 2016년 현재 여성의 평균 시간당 급여액은 남성의 64.6% 수준으로 나타나고 있다. 남성에 대한 여성의 상대임금격차는 완화되는 추세이나 OECD 국가와 비교할 때 2014년 현재 한국 36.7%, 일본 25.9%, 미국 17.5%, 독일 17.1%, 프랑스 9.9%, OECD 평균 15.6%로 나타나 여전히 최고 수준이다(관계부처 합동, 2017. 12).

12 '신전통적 성별분업(neo-traditional gender division of labor)'이란 남녀 모두 직업을 가지고 있지만, 사적 영역에서의 돌봄노동은 주로 여성이 수행하는 성별분업 방식을 의미한다(Gerson, 2010).

출산의 지연, 또는 회피라는 가족의 요구를 제한하는 방식으로 대응해온 것이다.

2018년 현재 한국은 가족정책이 확대되고 있고, 맞벌이 가구의 비중이 크게 증가하여 남성 중심의 '일인생계부양자형'에서 부부 중심의 '이인생계부양자형'으로 변동하면서 내적 변화가 진행되고 있기는 하지만, 한국 사회에서 남성생계부양자 모델은 여전히 강한 영향력을 가지고 있다. 국가정책은 2018년 현재 추진 중인 '제3차 저출산·고령사회 기본계획'에서도 나타나듯이, 여전히 남성생계부양자 모델에 기반을 두고 있다. 여성의 경제활동은 여러 '변수' 중 하나일 뿐이고 '근로자로서 여성'의 단독 지위는 고려하고 있지 않다. 또한 한부모 가구, 1인 가구, 동거 가구 등 다양한 가족 형태가 한국 사회에 존재하고 있으나 이들에 대한 가족 권리를 법·제도적 차원에서 인정하고 있지 않다. 이에 더해 사적 영역에서 여성들이 수행하는 일에 대한 평가나 공사 영역의 성별분업 체제를 해체하여 성평등으로 나아가려는 거시적 전략 역시 찾아보기 어렵다(김인춘·최정원, 2008: 335).

임신·출산·양육으로 대표되는 신사회 위험(new social risk)에 직면하고 있는 현재의 상황에서 가족정책 패러다임의 질적 전환 노력은 매우 중요하다(윤홍식, 2010: 57). 국가가 어떻게 대응하느냐에 따라 출산율이 변화할 수 있기 때문이다. 선진국에서는 성평등 수준이 높을수록 출산율이 높게 나타나는데, 젠더 관점이 출산정책에 반영된 결과, 성평등, 여성 고용, 일·가정의 양립을 위한 사회 인프라가 제도화됨으로써 여성의 지위와 출산율이 양의 관계를 보인다(김인춘·최정원, 2008: 320). 따라서 성평등 수준이 낮은 개발도상국가들과 성평등 수준이 높은 선진국에서 모두 출산율이 높은 반면, 성평등 수준이 중간인 나라들에서는 오히려 출산율이 낮은 U자형 곡선이 나타나고 있다(김인춘·최정원, 2008: 320).

다양한 가족 형태가 혼재하고 있고, 남성 혼자 가족의 생계를 부양하기 어려운 한국 사회의 현 상황에서 남성생계부양자(정규직 남성 노동자)와 여성 피부양자(전업주부)를 전제로 제도화된 전통적 복지국가는 더 이상 저출산 문제를 비롯한 신사회 위험을 해결할 수 없다(인구정책50년사편찬위원회, 2016: 286). 따라서 한국의 출산장려 가족정책은 무엇보다 남성 중심의 인식과 사회구조를 변화시키고 양성평등의 가족정책을 구축하는 성평등(2인 소득자-2인 양육자) 모델로의 전환이 중요하며, 이에 더해 전통적 형태의 가족 외에 다양한 가족 형태를 반영하는 '다양성' 패러다임으로의 전환이 필요하다.

2) 한국 가족정책의 내용과 특징

2018년 현재 한국의 출산장려를 위해 지원되고 있는 정책들은 임신·출산지원, 육아지원, 일·가정 양립지원, 다자녀가정지원의 네 분야로 나누어볼 수 있다.[13] 여기에서는 출산장려를 위한 가족정책 사례를 젠더 관점에서 살펴보기로 한다.

(1) 출산휴가 및 육아휴직: 부모휴직수당제도

출산과 육아를 위해 맞벌이 부부가 실제로 가장 필요한 부분은 이를 위한 시간적 여유와 경제적 지원이다. 따라서 출산장려를 위해서는 무엇보다도 일·가정을 양립할 수 있는 사회구조가 필요한데, 출산휴가와 육아휴직제도는 이를 위한 기본적인 정책이다. 2018년 현재 임신·출산 및

---

13 2018년 현재 한국 출산장려 가족정책의 분야별 세부정책은 310~313쪽의 부표를 참고할 것.

표 10-1

한국의 부모휴직수당제도의 내용(2018년 현재)

출산휴가	출산전후휴가	• 여성근로자의 출산 전후 90일(산후 최소 45일)의 출산전후휴가 부여(다태아의 경우 120일) • 휴가 기간 월 통상임금액 부여
	유·사산휴가	• 유·사산일로부터 차등 부여, 휴가 기간 월 통상임금 부여
	배우자 출산휴가	• 배우자가 출산한 경우 남성근로자는 3~5일간 출산휴가 가능 (유급 3일 포함)
육아휴직		• 기간: 부모 각각 12개월(개별 권리) • 아동 연령: 만 8세 또는 초등학교 2학년 이하 자녀 • 육아휴직 급여: 정률급여 　시작일~3개월: 통상임금의 80%(상한액: 150만 원/월, 하한액: 70만 원/월) 　4개월~종료일: 통상임금의 40%(상한액: 100만 원/월, 하한액: 50만 원/월) 　* 단, 급여액의 25%는 직장 복귀 6개월 후 합산하여 일시불로 지급 • '아빠의 달'(육아휴직 급여 특례): 같은 자녀에 대하여 부모가 순차적으로 모두 육아휴직을 사용하는 경우, 두 번째 사용한 사람의 육아휴직 3개월 급여를 통상임금의 100%(상한액 200만 원/월)로 상향하여 지급

육아를 위한 한국의 부모휴직수당제도는 표 10-1의 내용과 같다.

한국은 1953년 '근로기준법'이 제정될 때 출산휴가가 처음 도입되면서 산전후 60일의 유급보호휴가를 규정하였고, 2001년에는 휴가 기간을 종전 60일에서 90일로 확대하였다. 2005년에는 유·사산휴가를 도입했으며, 2006년부터는 우선지원대상 기업에 대해 휴가 기간 90일분 전액을 고용보험에서 지원하고 있다. 2018년 현재 출산휴가 급여는 최소 90일을 제도적으로 보장하고 사회보험화했으며, 분할 사용이 가능하다. 또한 유·사산휴가 및 5일간의 배우자 출산휴가(유급 3일)[14]를 사용할 수 있다. 이러한 조치의 결과로 출산전후휴가 이용자 수는 2005년 4만 1104명에

14　2019년부터 배우자 출산휴가가 10일의 유급휴가로 확대된다. 이 중 5일분의 임금은 정부가 지원하며, 1회에 한해 분할 사용이 가능하다(고용노동부, 2018.12).

서 2016년에 8만 9834명으로 2배 이상 증가했다(통계청, 각 연도).

육아휴직은 1987년 '남녀고용평등법'이 제정되면서 처음 도입되었다. 당시에는 임금보전 등의 지원제도가 마련되지 않다가 2001년 '고용보험법'에서 육아휴직 급여를 제도화하면서 모성보호 비용의 사회분담화가 이루어졌다. 육아휴직 급여는 처음에는 정액제로 출발하여 수차례의 상향 조정을 거쳐 40%의 정률제로 전환했다. 육아휴직 가능 기간도 해당 자녀의 연령을 생후 1년 미만으로 한정했다가 이후 만 3세, 만 8세까지 점차 확대했다. 2018년 현재 부모는 각각 최대 1년까지 육아휴직을 사용할 수 있으며, 육아휴직 급여는 시작일로부터 3개월까지는 통상임금의 80%(상한액: 150만 원/월, 하한액: 70만 원/월), 4개월부터 종료일까지는 통상임금의 40%(상한액: 100만 원/월, 하한액: 50만 원/월)를 지급하는 정률제로 시행되고 있다.[15] 또한 같은 자녀에 대해 두 번째로 육아휴직을 사용한 부모의 경우, 육아휴직 3개월 급여를 통상임금의 100%(상한액 200만 원/월)로 상향하여 지급하는 '아빠의 달' 제도가 시행되고 있다.[16] 육아휴직은 동시에 사용할 수 없고, 순차적으로 사용할 경우 적용되고 있으며, 연속으로 사용할 필요는 없다.

그동안 육아휴직제도의 사용 현황을 보면 표 10-2에서 볼 수 있듯이 2018년에는 2003년 대비 무려 15배 가까이 급증한 것을 볼 수 있다. 특히 남성 육아휴직 사용자의 경우, 2003년에는 전체 육아휴직자 중 1.5%

---

15 2019년부터는 4개월부터 종료일까지의 육아휴직 급여가 통상임금의 50%(상한액: 120만 원/월, 하한액: 70만 원/월)로 상향 조정되었다(고용노동부, 2018.12).

16 2019년부터는 '아빠의 달' 육아휴직 첫 3개월 급여의 통상임금 상한액이 250만 원/월로 상향 조정된다. 두 번째 육아휴직자가 주로 아빠이기 때문에 '아빠의 달'이라는 명칭이 사용되고 있으나, 두 번째 육아휴직자가 여성인 경우에도 동일하게 적용된다(고용노동부, 2018.12).

표 10-2
한국의 육아휴직자 수 추이

단위: 명, %

연도	계	여성		남성	
		인원 수	구성비	인원 수	구성비
2003	6,816	6,712	98.5	104	1.5
2004	9,304	9,123	98.1	181	1.9
2005	10,700	10,492	98.1	208	1.9
2006	13,670	13,440	98.3	230	1.7
2007	21,185	20,875	98.5	310	1.5
2008	29,145	28,790	98.8	355	1.2
2009	35,400	34,898	98.6	502	1.4
2010	41,733	40,914	98.0	819	2.0
2011	58,137	56,735	97.6	1,402	2.4
2012	64,069	62,279	97.2	1,790	2.8
2013	69,616	67,323	96.7	2,293	3.3
2014	76,833	73,412	96.5	3,421	4.5
2015	87,339	82,467	94.4	4,872	5.6
2016	89,795	82,179	91.5	7,616	8.5
2017	90,123	78,080	86.6	12,043	13.4
2018	99,199	81,537	82.2	17,662	17.8

주: 육아휴직자 수는 육아휴직 급여 수급자 수를 의미함.
자료: 통계청(각 연도). e-나라지표 '출산 및 육아휴직 현황'.

에 불과했던 남성 육아휴직자가 2016년에는 8.5%, 2017년에는 13.4%, 2018년에는 17.8%로 크게 증가했다. 2014년부터 시행된 '아빠의 달(육아휴직보너스제)'이 큰 영향을 미친 것[17]으로, 2016년에는 시행 기간을 확대

17　'아빠의 달' 사용자는 2015년에 1345명(이 중 남성은 1171명), 2017년에 4408명(이 중 남성은 3895명), 2018년에는 6606명(이 중 남성은 5737명)으로 급증했다(고용노동부, 2019.1.23).

(1개월 → 3개월)하고 2017년에는 첫 3개월 급여의 상한액을 인상(80% → 100%)하는 소득감소 보전조치를 취한 것이 남성의 육아휴직 참여를 유도한 것으로 볼 수 있다(고용노동부 보도자료, 2018.1.26).

그러나 한국의 출산휴가 및 육아휴직 제도는 양적인 확대에도 불구하고 여전히 광범위한 사각지대가 존재한다. 우선 도입 이후 상당 부분 개선됐지만, 대기업이나 공기업 근로자, 정규직 근로자가 아닌 경우에는 사용하기 어렵다. 2016년 현재 여성근로자 중 한시적·시간제·비정형 등, 고용이 불안정한 상태로 근무하는 여성의 비율은 55.2%에 달하고 있고, 40.7%가 10인 미만의 소규모 사업장에서 근무하고 있다. 이러한 상황에서는 현실적으로 휴가·휴직제도를 사용할 수 있는 직업군은 상대적으로 고용이 안정된 공무원, 대기업, 정규직[18]에 한정될 수밖에 없다. 이는 전체 출생아 수와 이용자 수를 비교해보면 단적으로 알 수 있다. 연간 총출생아 수 대비 출산전후휴가 이용자 수의 비율은 2005년 9.4%에서 2017년에 15.8%로 높아졌으나 여전히 매우 낮은 수준이었고, 연간 총출생아 수 대비 육아휴직 이용자 수의 비율 역시 2005년 1.4%에서 2017년에 17.5%로 급증했으나 여전히 낮은 수준이었다.

마찬가지로 '아빠의 달' 역시 양쪽 부모가 있는 가족만을 전제하기 때문에 한부모 가족 등 다양한 형태의 가족 유형이 소외되고 있으며, 기혼 여성 중 경제활동을 하지 않는 전업주부의 가사노동 가치 역시 모성보호 정책에서 소외되어 있다. 결국 비정규직이나 고용보험 미가입 사업장의 근로자와 자영업자 등은 휴가·휴직제도의 밖에 머무르게 됨으로써

---

18 법정 의무제도인 출산휴가를 정규직, 비정규직 근로자가 모두 사용할 수 있다고 응답한 사업체는 68.0%로 나타나 32.0%의 사업장은 비정규직 근로자가 출산휴가를 사용하기 어려운 실정이다(관계부처 합동, 2017.12).

정규직 노동자와 비정규직 노동자 및 자영업자 간의 불평등이 심화될 가능성이 있다(인구정책50년사편찬위원회, 2016: 303).

육아휴직 사용자에서 나타나는 성별 차이 역시 문제이다. 전체 육아휴직 사용자를 남녀별로 살펴보면 육아휴직 사용자 수의 급격한 증가는 여성 사용자에 의한 것임을 알 수 있다. 2002년 3685명에 불과하던 여성의 육아휴직자 수는 2018년 8만 1537명으로 7만 7852명이 증가한 반면, 남성 육아휴직자 수는 2002년 78명에서 2018년 1만 7662명으로 1만 7584명이 증가한 것에 그쳤기 때문이다. 최근으로 올수록 한국의 남성 육아휴직 사용률이 급증하고 있는 것은 맞지만, 수적으로 보면 육아휴직을 사용하는 여성과 남성의 격차는 2011년 이후 오히려 벌어지거나 그대로이며, 2018년 현재 17.8%라는 남성 육아휴직자 비중은 OECD 회원국 중 최하위 수준이다.[19]

남녀 간 성별 차이는 육아휴직 사용 기간에서도 나타난다. 2017년 현재 여성은 평균 303일을 사용한 것에 비해 남성은 198일에 그쳤으며, 남성은 3개월 이하 사용률이 41%로, 9~12개월의 육아휴직 사용률이 73.3%에 달하는 여성에 비해 단기간 활용 비율이 높았다(허민숙, 2018). 이처럼 육아휴직제도의 실제 이용에는 심각한 성별 불균형이 존재하고 있으며 육아와 관련된 책임의 대부분을 여전히 여성이 떠안고 있음을 알 수 있다.

한국 남성들이 육아휴직 사용을 꺼리는 주된 이유 중 하나는 소득과 관련된 경제적 요인[20]이다. 한국은 아빠 전속 유급육아휴직 기간이 OECD

---

19 OECD 국가의 육아휴직자 중 남성 비중은 2016년 현재 아이슬란드는 45.6%, 스웨덴은 45%, 노르웨이는 40.8%, 독일은 24.9%로 나타났다(관계부처 합동, 2017.12).

20 남성근로자가 육아휴직 사용에 부담을 느끼는 가장 큰 이유는 '육아휴직으로 인한 소득 감소'(41.9%)인 것으로 나타났다. 그 외 승진 등 직장 내 경쟁력에서 뒤처짐(19.4%), 동료들의 업무 부담(13.4%), 남성 육아휴직에 대한 부정적 시선(11.5%) 등을 이유로 꼽

국가 중에서 가장 긴 편이지만 육아휴직 급여 소득대체율은 40%에 그치고 있어, 70% 이상인 북유럽 복지국가들의 소득대체율에 비하면 많이 미흡하다(국회입법조사처, 2018). 특히, 40%의 정률제를 시행하지만, 상한액을 100만 원으로 설정함으로써 임금이 월 250만 원을 초과하면 실질 급여액은 40%를 밑돌게 된다. 또한 북유럽 국가에서는 육아휴직 기간이 가족 단위로 부여되며, 부와 모에게 할당된 기간이 있어 사용하지 않으면 소멸되기 때문에 남성의 참여율을 높이는 효과가 있다(국회입법조사처, 2018).

한국 남성들이 육아휴직 사용을 꺼리는 또 다른 이유는 성역할 고정관념이라는 사회문화적 요인이다. 한국은 그동안 전통적인 남성생계부양자 중심 사회가 형성되어왔기 때문에 남성들의 육아 및 가사분담에 대한 사회 환경이 충분히 조성되지 못했다. 따라서 동료의 업무 부담 증가, 업무의 고유성, 대체인력 확보의 어려움 등의 이유로 '눈치 보기'가 이뤄지는 곳에서는 대기업이라 해도 육아휴직제도의 활용을 꺼려한다. '2013~2017년 육아휴직 급여 수급자 현황'에 따르면 근로자 300인 이상 사업장 중 541개 사업장에서 육아휴직 건수가 0건이었고, 근로자 1000인 이상 사업장 중에서도 31개 사업장이나 육아휴직 건수가 '0건'으로 나타났는데, 이들은 직장 내 남성 직원의 비중이 높은 업종들이라는 공통점을 갖는다(신준섭, 2018.11.7). 결국 육아휴직을 바라보는 사회의 근본적인 인식이 바뀌지 않는 한 제도를 이용할 수 있는 자격이 있음에도 현실에서는 사각지대에 머무르게 됨으로써 남성의 육아휴직이 정착될 수 없는 것이다.

한국 사회의 성역할 고정관념은 가사분담 실태에서도 극명하다. 남성의 가사노동에 대한 인식이나 참여 시간은 과거에 비해 증가하고 있으나 그 속도는 매우 더디다. 가사분담에 대한 견해를 살펴보면, 여성이 주

고 있다(김영옥 외, 2014: 11).

도한다는 대답은 2008년에 66.5%이던 것이 2018년에는 38.4%로 크게 감소한 반면, 공평하게 분담한다는 응답은 2008년에는 32.4%이던 것이 2018년에는 59.1%로 증가했다(통계청, 2008·2018). 그러나 실제로 가사를 얼마나 분담했는지의 실태조사 결과는 이와 많이 다르다. 여성이 주도한다는 응답은 2008년 89.4%에서 2018년 76.2%로 크게 나아지지 않은 반면, 남성과 여성이 공평하게 분담하고 있다는 응답은 2008년 8.7%에서 2018년 20.2%로 약간 증가했을 뿐이다(통계청, 2008·2018). 이러한 현상은 맞벌이 부부의 가사노동 및 육아 분담 실태에서 더욱 명확하게 나타난다. 2014년 현재 여성이 가사노동에 208분을 사용한 반면, 남성의 가사노동 시간은 47분에 불과하여 가사노동은 여전히 여성의 몫이라는 성별 분업 방식이 지배적이다(통계청, 2014). 육아 역시 아빠가 아이와 보내는 시간은 하루 6분으로 미국 76분, 스웨덴 55분, 일본 19분, OECD 평균 47분과 비교할 때 OECD 국가 중 최저였다(관계부처 합동, 2017.12). 일하는 아내가 무직인 남편보다 돌봄·가사노동을 세 배나 많이 한다는 또 다른 조사결과[21]는 남성은 주업 노동을 하지 않는 상태에서조차 돌봄·가사 시간을 최소화한 반면 여성은 일을 하면서도 돌봄·가사노동을 전담해왔음을 보여준다(임장혁·박민제·이유정, 2018.4.21).

이는 결국 남성의 가사노동 참여는 매우 제한된 것이며 성역할 분담에서도 근본적인 변화가 있다기보다는 성역할의 경계가 다소 완화된 '신전통적 성별분업'으로 진행한 것이라 볼 수 있다. 또한 한국의 성불평등한 사회구조 속에서 육아휴직제도의 이용은 육아휴직 소득대체율이 낮

---

[21]   직장인 여성은 돌봄(33.4분)과 가사(174.9분)에 하루 평균 208.3분을 쓴 반면 무직인데도 남성은 돌봄(18.2분)과 가사(54분)에 72.2분을 썼다(임장혁·박민제·이유정, 2018. 4.21).

아 임금이 상대적으로 낮은 여성에게 육아 부담이 집중됨으로써 역설적으로 자녀 양육과 관련된 성별 분업을 오히려 강화하고 있다(관계부처 합동, 2017.12).

(2) 아동보육서비스

보육서비스에 대한 지원은 한국의 저출산 대응의 가장 우선적인 정책이다. 2000년대 이후 양육지원에 대한 사회적 수요와 관심이 고조되자 한국은 저출산 해소 및 여성의 경제활동 제고를 목적으로 미취학 아동의 돌봄서비스를 적극적으로 확대했다. 시설보육 중심의 서비스 지원이 양육지원정책의 핵심이었는데, 무상보육 지원제도가 도입된 2012년 이전에는 저소득 영유아 중심의 선별적 보육지원이 이루어지다가, 2012년에는 0~2세와 5세의 무상보육이, 2013년에는 만 3~5세 유아를 대상으로 '누리 과정'이 도입됐다. 소득수준과 무관하게 보육료·유아교육료, 양육수당지원을 0~5세 전체 아동으로 전면 확대함으로써 보편적 지원 성격의 국가책임 보육으로 전환된 것이다.

이에 따라 1997년 12.3%에 불과했던 영유아 보육률은 2005년에는 30%를 넘어섰고, 0~2세의 '무상보육'이 실시된 2012년에는 절반 이상의 영유아가 보육서비스를 받게 되었으며, 2016년 현재 양육수당 수급아동과 유치원 원아까지 포함하면 모든 영유아가 국가의 비용지원을 받고 있다(김은지 외, 2017: 171). 연령별 기관 이용률은 2016년 현재 만 1세아부터 70%를 웃돌고 있으며, 만 2세 이상 아동은 90% 이상이 기관을 이용하는 것으로 나타났다(김은지 외, 2017: 171). 이는 아동 보육을 가족의 책임, 특히 여성의 책임으로 여겼던 과거의 방식에서 벗어나 국가가 책임을 지는 '탈가족화(돌봄의 사회화)'의 과정이라 할 수 있다. 이렇게 볼 때 한국의 보육서비스 정책은 비용의 국가 부담과 기관이용률 증가(공공화)라는 면에서 '보육의 탈가족화(사회화)'가 상당한 정도로 성과를 거두었다고 볼 수 있다.

그러나 확대된 보육서비스 정책은 맞벌이 가정이 주요 대상이었음에도 불구하고 이들의 다양한 요구를 충족시키지 못한 채, 수요자의 실제 요구와 무관하게 서비스 지원이 이루어진 경향이 크다. 무상보육을 통해 보육료 지원은 확대되었지만, 막대한 예산 투입으로 양적으로만 팽창했을 뿐, 보육서비스에 대한 관리 감독이 소홀하여 보육서비스의 질적 저하를 초래했다. 불량 급식, 아동학대, 안전사고 등 보육서비스에 대한 계속되는 질적 논란은 보육시설에 대한 부모의 만족도를 감소시키고 있다(이순희, 2015).

보육서비스에 대한 만족도가 낮은 것은 한국 국공립 보육 시설의 규모와도 관련된다. 보육서비스 시설[22] 측면에서 보면, 국공립 시설의 규모는 지극히 낮은 수준이다. 한국의 보육정책은 기관보육서비스를 중심으로 적극적으로 확대되었는데, 2017년 현재 전국에서 운영 중인 어린이집은 총 4만 238개소이다(보건복지부, 2017). 설립 유형별로는 가정어린이집이 1만 9656개소로 전체의 48.8%를 차지하며, 민간어린이집이 1만 4045개소로 전체의 34.9%를 차지한다. 이에 비해 국공립어린이집은 겨우 3157개소로 전체 어린이집의 약 7.8%이고, 직장어린이집은 전체 어린이집의 약 2.6%에 불과하다. 이처럼 국공립시설의 비율이 7.8%로 아주 낮다는 것은

---

22 '영유아 보육법' 제10조에 의하면 보육시설의 종류는 국공립, 사회복지법인, 사회복지법인을 제외한 법인·단체·민간·가정·직장·부모협동의 어린이집이 있다. 이 중에 민간과 가정어린이집은 법령상 비영리 사회복지시설로 분류되어 사업소득세, 취득세, 재산세 등 세제 혜택을 받고 있다. 국공립어린이집도 명목상으로는 국가나 지방자치단체가 설치 운영하는 시설이지만, 실제 운영은 대부분 위탁 방식으로 이루어지고 있기 때문에 선진국과 같은 직영 체제로 보기 어렵다. 통계상 한국의 국공립어린이집 전체의 약 97%가 민간 위탁으로 운영된다(이순희, 2015).

공공 보육이 전적으로 민간 보육시설에 의지하고 있음을 의미한다.

이러한 상황에서 2017년 현재 한국의 전체 영유아 대비 어린이집을 이용하는 아동의 비율은 57.2%이고, 이 중 12.9%가 국공립어린이집을, 73.1%가 민간과 가정어린이집을 이용하고 있다. 어린이집 이용률은 2008년 31%에서 두 배 가까이 증가한 것으로, 영아 중에서도 가정양육이 상대적으로 많았던 만 0세와 만 1세의 어린이집 이용이 뚜렷하게 증가했다. 이는 정부의 보육료 지원 확대가 시설 이용을 전제로 이루어짐에 따라 상당수의 가구가 지원 혜택을 받기 위해 가정양육에서 시설양육으로 변경했기 때문이다.

한국의 보육서비스는 시행 초기부터 민간서비스의 시장 진입이 대거 이루어졌다. 이는 복지에 소극적인 국가가 서비스 제공을 민간에게 전가하고 민간기관은 비영리 복지기관의 요건을 충족하는 대신 국가의 보조금 지원에 의존하는 '종속적 대행자' 관계를 맺어온 결과이다(이혜경, 2002). 이 과정에서 민간 공급자에 대한 관리와 규제가 부족했고 보육서비스의 질에 대한 평가와 감독이 보장되지 않았다.[23] 2000년대에 들어와 저출산의 위기 속에서 보육서비스의 확대를 추진할 때는 이미 민간 보육서비스에 상당히 의존하고 있는 상태였다(김은지 외, 2017: 142~143). 이후 보육서비스는 민간시설의 '공공화' 방식으로 공공형 어린이집이 대체재로 추진되어왔으나, 민간어린이집의 소유 구조와 영리추구형 운영 방식이 수정되지 않은 채 운영되고 있어 민간의 '공공화'는 여전히 보육의 질 개선과 보육인력 전문성 향상에 한계를 노정하고 있다(김종해, 2011). 민간

---

[23] 2017년 현재, 기혼 여성의 취업 중단 사유로 '믿고 맡길 수 있는 양질의 보육시설의 부족'(43.0%)을 가장 많이 응답했다. 또한 보육시설에 대한 부모 만족도는 5점 척도로 직장어린이집(4.42), 국공립어린이집(4.31), 민간어린이집(4.05), 가정어린이집(3.96)의 순으로 나타났다(관계부처 합동, 2017.12).

중심의 공급체계가 유지되는 경향은 유치원 시설의 경우에도 마찬가지다. 2012년 무상보육 이후 유치원에 취원하는 아동은 늘었으나 주로 사립유치원의 경우였고, 국공립유치원 취원 아동은 2016년에도 전체 유치원 취원 아동 중 24.2%로 1998년의 규모와 유사한 수준이어서 아동돌봄서비스를 선도하는 데 역부족일 뿐 아니라 부모들의 수요에도 턱없이 미치지 못하고 있다(김은지 외, 2017: 147, 262).

여성이 일·가정의 균형을 유지할 수 있도록 적극적인 보육서비스를 전개하고 있는 선진국의 사례와 보육시설의 활용이 높을수록 출산율에 긍정적인 영향을 미친다는 연구결과는 자녀를 둔 취업 여성이 양육 및 가사에 과도한 부담을 느끼고 있는 한국적 상황에서 의미하는 바가 크다(Blau and Robins, 1989: 287~299; 김인춘·최정원, 2008: 319). 출산장려정책이 성공을 거두고 있는 나라들은 모두 보편복지정책을 취하고 있으며, 보육서비스도 보편복지로서의 공공보육시설을 중심으로 이루어지고 있다. 스웨덴은 종일제 보육시설에 해당되는 유아학교의 72%가 국공립시설이며, 일본 역시 보육시설의 40.3%가 국공립시설에 해당한다(김은지 외, 2017: 262). 이와 비교하면 국공립시설의 비율이 보육시설은 7.8% 수준이고, 유치원은 25% 수준에 불과한 한국은 제도상으로는 보편적 보육서비스를 추구하고 있으나, 실제로는 민간 중심의 보육서비스를 취함으로써 실질적인 보육서비스의 한계를 갖는다. 이는 양적 확대와는 별개로 한국의 보육서비스가 기본적으로 자녀 양육을 개별 부모, 특히 어머니인 여성의 사적 책임으로 간주하는 사회적 인식에 기초한 것이며, 여성의 요구나 복지에 대해 충분히 배려하지 않은 결과이다.

또한, 한국의 보육서비스 지원이 국가와 사회가 함께 분담하는 체제로 전환했다는 점에서 긍정적이나 이들 정책이 주로 사회에 기여하는 여성들에게만 그 효과가 한정된다는 점에는 문제가 있다. 정책의 혜택은 대부분 생산 영역에서 일하는 여성들에게 미칠 뿐 공식적으로 경제활동 분야에서 일하지 않는 여성들은 소외되기 때문이다. 이처럼 보육지원정책의 필요성을 저출산 사회에서 취업 여성의 노동력을 확보하는 수단으로 본다면 보육은 여성들의 사회적 참여를 가로막는 짐으로만 여겨질 뿐, 그 자체가 갖는 사회적 필요나 목적적 가치는 인지되기 어렵다(양현아, 2005). 보육지원은 공동체 재생산의 문제라는 점에서 '보살핌의 공공성'에 대한 기본적인 합의가 우선적으로 전제되어야 한다.

(3) 아동수당 및 양육수당

한국의 양육수당제도는 선진국에 비해 매우 미흡하다. 그동안 한국의 아동양육정책은 주로 저소득층의 아동을 대상으로 소득보전적인 형태로 진행되다가, 2000년대부터 심각한 저출산 문제와 결합되면서 보편적 양육정책에 대한 필요성이 강조되기 시작했다(이승윤·김민혜·이주용, 2013: 196). 또한 다양한 가족 형태 속에서 한쪽 부모가 미성년을 양육하는 경우가 급속하게 늘어났음에도 안정적인 양육비 확보를 위한 법·제도적 장치는 최근에야 진행되고 있다.

양육지원을 위한 현금지원정책 중 대표적인 형태는 아동수당과 양육수당이다. 아동수당은 아동의 사회권을 바탕으로 유자녀 가족의 자녀 양육비를 지원하는 보편적 사회급여이다. 반면 양육수당은 자녀를 양육하는 부모의 양육권을 기반으로 양육노동에 일정한 경제적 가치를 부여하여 이를 부분적으로 지원하는 것을 목적으로 한다(홍승아, 2011; 이승윤·김민혜·이주용, 2013: 199).

한국은 2009년 7월부터 양육수당을 도입했다. 초기에는 가정 내에서 양육되는 아동에 대한 형평성 차원에서 보육시설을 이용하지 않는 국민기초생활수급자와 차상위계층의 2세 미만 영아를 대상으로 월 10만

표 10-3

한국의 양육수당제도(2018년 현재)

	구분	지원 금액		
		양육수당	농어촌양육수당	장애아동양육수당
양육수당	12개월 미만	월 20만 원	월 20만 원	
	24개월 미만	월 15만 원	월 17만 7000원	월 20만 원
	36개월 미만	월 10만 원	월 15만 6000원	
	48개월 미만	월 10만 원	월 12만 9000원	월 10만 원
	48개월 이상 ~ 취학 전	월 10만 원	월 10만 원	
아동수당	0~만 6세 미만(71개월)	월 10만 원(감액 대상 가구: 월 5만 원)		
	수급 자격:	1) 소득재산 상위 10% 가구 아동 제외 2) 2019년 1월부터 소득에 상관없이 지급 3) 2019년 9월부터 만 6~9세 미만까지 확대 지급		

자료: 보건복지부 홈페이지.

원을 지급했다. 이후 2013년에는 어린이집이나 유치원 등의 시설을 이용하지 않고 가정에서 양육되는 취학 전 만 5세(최대 84개월) 미만의 전 계층 아동에게 양육수당을 지원함으로써 부모의 선택권을 강화했다. 2016년 현재 양육수당은 94만여 명의 아동이 수급하고 있으며 이 수치는 전체 0~5세 영유아의 30%, 예산규모로는 1조 2000억 원이 넘는 막대한 비중을 차지하고 있다(보건복지부, 2017; 이채정, 2017: 8).

아동수당은 2018년 9월부터 시행되었는데, 아동의 기본적 권리와 복지 증진이라는 목적하에 0세부터 만 6세 미만(0~71개월)의 아동에게 월 10만 원씩 지급하고 있다. 2018년 현재 아동수당은 만 0~6세 미만 아동 가운데 소득·재산 상위 10% 가구 아동을 제외한 아동에게 최대 72개월까지 지급하고 있으며 2019년 1월부터는 소득수준에 상관없이 전 아동에게 확대 지급하게 되어 국가 책임의 보편주의적 사회수당으로서의 의

표 10-4

연도별 가정양육 아동 수

단위: 명

2010	2011	2012	2013	2014	2015	2016	2017
51,838	89,756	102,653	1,060,484	1,012,336	1,009,346	933,153	836,290

주: 가정양육수당을 지원받는 아동으로 2009년 7월부터 도입됨. 2013년부터는 0~5세 가구로 지원 대상 확대
(장애 아동 및 농어촌 아동 지원 포함)
자료: 보건복지부(각 연도).

미를 갖게 되었다.

그런데 현금지원(수당)제도는 보육서비스 정책과의 관계 속에서 지속적인 논란이 제기되고 있다. 특히, 무상보육서비스의 대체로 지급하는 양육수당은 가정에서 자녀를 양육하도록 유인하는 가족화 정책이라는 비판을 받는가 하면, 자녀 양육을 위해 시설보육서비스 외의 다른 선택을 가능하게 한다는 선택권이 강조되기도 한다(인구정책50년사편찬위원회, 2016: 323). 우선, 양육수당은 보육시설을 이용하지 않는, 즉, 보육료 지원을 받지 못하는 아동에게 현금을 지원함으로써 '비용의 탈가족화'와 가족 내 돌봄노동의 보상적 측면에서는 의미가 있다. 또한 가정에서의 영아 양육을 지향하면서도 취업모의 일·가정 양립을 위해 보육서비스를 제공하는 서구 국가의 사례를 보면, 자녀의 가정양육이 가능한 전업주부에게 선택권 제공을 강화하는 것으로 볼 수도 있다(인구정책50년사편찬위원회, 2016: 324). 그러나 양육수당은 공공보육시설을 이용하지 않는 아동만을 대상으로 지급함으로써 보편주의 보육의 정당성을 훼손하고 남성생계부양자 가족의 가부장적 성별분업과 보육의 개별화, 가족화를 강화시킨다(이승윤·김민혜·이주용, 2013: 197). 보육정책의 발달은 성별, 계층별 불평등을 줄이는 방향으로 이루어져야 함에도 불구하고 여성의 탈가족화와 영유아 아동에 대한 평등한 보육 기회의 제공에 역행하고 있다는 것이다(김

은지 외, 2017: 173).

　서구 OECD 국가들의 경우 대부분 보육시설, 출산휴가 및 육아휴직, 양육수당의 순으로 그 지원 수준이 확대되었는데, 이는 젠더 관점을 반영한 것으로, 현금 지원을 통해 개별가정에서 양육을 책임지도록 하는 것이 아니라 국가적 차원에서 보편적으로 보육을 책임지려는 경향으로 설명할 수 있다(채구묵, 2005: 354). 출산장려정책이 양육에 '수당'을 주는 방식으로 전개되면, 가족 내 돌봄 기능과 전통적인 성별분업을 강화하고, 소득계층 간의 차이를 확대할 가능성이 있기 때문에 결과적으로 여성의 보편적 권리가 제약받을 수 있다. 저임 근로여성의 경우, 양육수당을 노동시장 참여와 맞바꾸는 프랑스의 현상이 다수의 한국 비정규직 여성 근로자들에게도 나타날 수 있음을 감안하면 출산장려를 위한 단순한 양육지원이 아니라 '성평등'한 지원이 필요하다(김인춘·최정원, 2008: 338).

4. 맺음말: 한국 출산장려정책의 젠더적 함의

　한국의 출산장려를 위한 가족정책은 2000년대에 들어와 양성평등을 지향하고 여성이 공적 영역에 참여할 수 있도록 촉진하는 방향으로 그 범위와 대상이 빠르게 확대되었다. 그러나 서구의 저출산 국가들이 출산장려정책의 효과를 보고 있는 것과는 달리 한국은 여전히 최저 출산율의 위기에서 벗어나지 못하고 있다. 이는 출산과 육아가 사회구성원 전체의 공동 책임임에도 불구하고 지나치게 미시적으로 여성들, 특히 여성의 임신·출산·육아에만 초점을 맞춘 정책들로 일관한 반면, 한국 사회 저변에 깔려 있는 위계화된 성역할과 불평등한 젠더 관계는 변하지 않았기 때문이다. 그 결과, 정작 출산을 장려하고 지원해야 하는 정책들이 성불평등한 사회 현실 속에서는 여성에게 이중의 부담으로 작용할 수 있음을 여실히 보여준다. 성평등한 목표를 설정했다고 해서 그것이 실제로 양성평등한 출산정책으로 이어지는가는 별개의 문제인 것이다.

우선, 한국의 육아휴직제도는 여성의 일·가정 양립을 지원할 뿐만 아니라 남성의 양육 참여를 지원함으로써 성별분업을 개선하는 대표적인 '탈젠더화' 프로그램이다(여유진 외, 2016: 207). 특히, 남성의 육아휴직 참여를 촉진하기 위해 도입한 '아빠의 달' 제도는 아동 돌봄과 관련하여 성별분업을 약화시키는 긍정적인 정책 시도로 볼 수 있다. 부부가 자녀를 출산하기로 결정하는 데 육아휴직이 가장 큰 영향력을 미치며, 부부 모두 육아휴직을 동등하게 사용하도록 강제한 제도가 둘째 아이 출산 결정에 영향을 준다는 연구결과에서 볼 수 있듯이(허민숙, 2018), 기혼 여성들의 육아와 가사노동의 부담을 경감시킬 구체적 방안이기 때문이다.

그러나 한국은 여전히 전통적인 남성생계부양자 중심 사회로 작동되고 있으며, 육아휴직 급여의 소득대체율이 낮아 육아휴직을 사용하는 남성의 수는 매우 적다. 육아휴직의 적용 대상자 자체가 적다는 점과 '아빠의 달'이 정규직으로 취업한 맞벌이 부부에게만 해당될 뿐이라는 점 역시 남성의 참여를 가로막고 있다. 이러한 사회적 현실은 결과적으로 육아와 돌봄노동에 상대적으로 더 많은 여성이 투입되도록 했음을 의미하며, 여성을 지원하기 위한 출산장려정책이 젠더 평등이 아니라 오히려 여성의 가족 내 성별 역할을 강화했음을 보여준다. 한국 사회의 성별 분업 구조에 대한 근본적인 변화가 동반되지 않은 채 지원되는 출산장려정책은 가족 내 여성의 성별분리 역할을 강화하는 역설적 결과를 가져올 수 있는 것이다.

이러한 상황은 괄목할 만한 지원 확대가 이루어진 한국의 보육서비스 분야에서도 마찬가지로 나타난다. 돌봄의 '탈가족화'는 자녀 양육을 더 이상 개인의 문제가 아닌, 사회 공동의 책임으로 받아들임을 의미하는 것으로 '남성생계부양자 모델'을 넘어선 바람직한 방향이다. 이렇게 볼 때, 한국의 보육서비스는 예산 투입과 적용 범위라는 양적 성과에서는 '돌봄'이 사회적으로 재분배되고 있다는 점에서 젠더적 함의를 갖는다. 그러나 한편으로는 민간서비스 주도의 보육서비스 형태를 취함으로써 양육을 가족, 특히 어머니인 여성의 사적 책임으로 보는 성역할 규범이 여전히 내재되어 있음을 간과할 수 없다. 한국 사회는 오랜 세월 누적되어온 가부장적 전통 때문에 남성의 가사와 돌봄노동 역할에 대한 기대가 낮으며, 이에 대한 일차적 책임을 여성에게 지운다(이재경, 2018: 11). 이러한 성역할 규범은 여성의 노동시장 참여가 증가하는 현재 상황에서도 크게 변하지 않고 있어 여성의 이중부담을 강화한다. 또한 한국에서 시행되고 있는 가족수당 중 양육수당과 같은 현금지원제도도 탈가족화와 일·가정 양립에 역행하는 젠더 관계가 형성되어 돌봄노동을 재가족화하고 전통적 성별분업이 강화될 가능성이 상존하고 있다.

지금까지 살펴본 바와 같이 모든 가족정책들이 기본적으로 젠더 관점을 포함하고 있는 것은 아니다. 대부분의 정책들이 성 중립적 외관을 갖추고 있지만 젠더 관점에서 보면 한국의 출산장려 정책들은 여성이 육아와 가사의 일차적 책임자라는 '전통적인' 성 역할을 전제함으로써 여성의 보편적 권리와 지위를 제한하고 있다(최정원, 2018: 145). 그러나 저출산을 이미 경험했던 국가들을 보면 성별분리 문화가 약화되고 성평등한 사회로 진전될 때 출산율이 안정된 반면, 변화된 젠더 관계와 결혼, 가족의 의미를 적극적으로 고려하지 않았을 때 저출산이 심화되었다. 따라서 한국의 출산장려정책이 성공적이기 위해서는 여성과 젠더 관계가 출산장려 정책의 핵심으로 자리 잡고, 사회적 성평등과 일·가정 양립을 위한 평등한 분담이 바탕이 된 사회가 정착되어야 할 것이다.

한국의 출산장려를 위한 가족정책(2018년 현재)

	정책(프로그램)	내용
임신·출산지원	난임부부 시술비용 및 상담서비스 지원	• 난임가정(여성 만 44세 이하)에 체외수정 시술비 지원(1회당 최대 240만 원 범위, 국민기초생활보장법에 따른 의료급여수급권자는 300만 원), 신선배아, 동결배아를 구분하여 최대 7회까지 지원, 인공수정 시술을 1회당 최대 50만 원 범위 내에서 3회까지 지원 * 소득수준에 따라 지원횟수 및 금액이 상이함. • 난임부부의 정신적·심리적 고통 해소를 위한 심리·의료상담 서비스 제공('아이사랑' 사이트: www.childcare.go.kr)
	임신·출산 진료비 지원	• 건강보험 가입자 및 피부양자 중 임산부에게 임신·출산 진료비를 체크/신용카드(국민행복카드(구. 고운맘 카드)) 형태로 1인당 50만 원 지원(다태아 임산부는 40만 원 추가 지원)
	고위험 임산부 의료비 지원	• 임신 20주 이후 조기진통, 분만 관련 출혈, 임신중독증으로 진단받고 입원·치료를 받은 임산부의 진료비 중 건강보험이 적용되지 않는 의료비에 대해 300만 원 한도 내에서 지원 • 기준 중위소득 180%(804만 원, 4인가구 기준) 이하 가구 대상, 분만일로부터 6개월 이내 신청
	임산부 철분제 및 엽산제 지원	• 보건소에 등록된 모든 임산부에게 전국 보건소에서 철분제 및 엽산제 지원 • 지원 기준: 철분제(임신 5개월부터 분만 전까지, 1인당 최대 5개월분), 엽산제(임신일로부터 임신 3개월까지, 1인당 최대 3개월분) * 단, 다태아 임신부의 경우 지자체 예산 범위 내에 요구되는 추가 수량 지원 가능
	의료기관 외 출산 시 출산비 지급	• 병·의원이나 조산원이 아닌 곳에서 출산 시(자택, 이송 중 출산) 출산비 25만 원 지급(청구기한: 출산일로부터 3년 이내)
	임산부·영유아 영양플러스	• 기준 중위소득 80%(월 357만 원, 2017년 4인가구 기준) 미만 임산부와 영유아(만 6세 미만)를 대상으로 영양평가를 실시하여 영양위험 요인이 있는 경우 일정 기간(최대 1년) 영양교육 및 상담(월 1회 이상) 실시 및 보충식품 제공
	산모·신생아 건강관리지원	• 산모 및 배우자의 건강보험료 본인부담금 합산액이 기준 중위소득 80% 이하 금액에 해당하는 출산가정(유·사산 포함)에 전문교육을 받은 산모·신생아 건강관리사를 파견하여 산모·신생아 관련 돌봄 표준서비스 지원

		* 태아 유형(단태아, 쌍생아, 삼태아 이상), 출산 순위(첫째아, 둘째아, 셋째아 이상), 서비스 기간 선택(단축, 표준, 연장)에 따라 최단 5일에서 최장 25일까지 서비스 제공, 소득 구간에 따라 정부지원금 차등 지원 * 소득기준을 초과하더라도 예외적으로 지원이 필요하다고 인정되는 유형(희귀난치성질환, 장애, 새터민, 결혼 이민, 미혼 산모 등)에 대해서는 시·도/시·군·구가 별도의 기준을 정해 지원
육아 지원	기저귀·조제분유 지원	• 기준 중위소득 40%(178만 원, 4인가구 기준) 이하 영아(0~24개월 미만) 가정에 기저귀 및 조제분유*의 구매 비용 지원 * 기저귀 지원대상자 중 산모가 질병·사망 등으로 모유수유가 불가능한 경우 및 시설아동·한부모(부자·조손) 아동의 경우 지원
	선천성대사이상 검사 및 환아 관리	• 모든 신생아 대상 선천성대사이상 6종 검사 실시(의료기관) 및 검사 후 발견된 환아에 대해 특수조제분유 지원(보건소)
	신생아 청각 선별검사	• 기준 중위소득 72%(321만 7000원, 4인가구 기준) 이하 가정 대상으로 신생아 난청 조기진단 실시(보건소에서 쿠폰 발행)
	미숙아·선천성 이상아 의료비 지원	• 기준 중위소득 180%(804만 1000원, 4인가구 기준) 이하 가정의 미숙아 및 선천성 이상아에 대하여 최고 1000만 원까지 의료비 지원(보건소)
	어린이 국가예방접종 지원	• 만 12세 이하 어린이 대상 BCG(결핵, 피내용), B형간염, 폴리오(IPV), 폐렴구균 등 16종 백신을 보건소 및 위탁의료기관에서 무료 접종
	영유아 건강검진 지원	• 모든 영유아는 만 6세가 될 때까지 건강검진 7회(생후 4, 9, 18, 30, 42, 54, 66개월) 및 구강검진 3회(2·4·5세)를 건강검진기관에서 무료로 이용
	보(교)육료 전액 지원	• 어린이집 이용 만 0~5세 아동(등록 장애아는 만 12세 이하) 전 계층에 보육료 지원(월 22만 원~43만 8000원)
	가정양육수당 지원	• 어린이집, 유치원 등을 이용하지 않는 취학 전 만 84개월 미만인 전 계층 가정양육 아동에게 월 10~20만 원의 가정양육수당 지급
	아이돌보미 지원	• 전국 건강가정지원센터 등 지정기관에서 3개월~만 12세 아동을 대상으로 아이돌보미 파견(소득수준에 따라 파견 비용 차등 지원)
	시간제 보육	• 생후 6개월~36개월 미만 영아를 대상으로 필요한 만큼 보육 서비스를 신청, 이용 시간만큼 보육료 지불

		• 시간당 4000원의 보육료 중 맞벌이 가구에 3000원을 정부가 지원(일반 가구는 2000원) 월 80시간까지 가능(일반 가구는 40시간), 시간 초과 시 100% 본인 부담 • 거주지와 관계없이 원하는 지역과 기관 선택 가능
	아이돌봄서비스 (시간제/ 영아종일제)	• 기준 중위소득 120% 이하 가정의 생후 3개월~만 12세 이하 아동을 대상으로 시간제 아이돌보미 지원, 생후 3개월~만 36개월 이하 영아를 대상으로 종일제 아이돌보미 지원 • 시간제 아이돌봄은 부모가 올 때까지 임시 보육, 보육시설 및 초등학교 등하교 동행, 식사, 간식 챙겨주기 • 영아종일제 아이돌봄은 이유식 먹이기, 젖병 소독, 기저귀 갈기, 목욕 등
	아동수당 지원	• 소득 하위 90% 이하 가구의 만 6세 미만 아동을 대상으로 월 10만 원 지급(2019년 1월부터 만 6세 미만 전 아동 대상으로 지급)
일· 가정 양립 지원	출산전후휴가	• 여성근로자에게 출산을 전후하여 90일간(산후 최소 45일 이상) 출산전후휴가 부여 - 다태아 출산의 경우, 단태아에 비해 30일 추가 부여(총 120일): 산전후휴가 기간 동안 통상 임금액 부여, 고용보험에서 기업 규모에 따라 급여 지원
	배우자 출산휴가	• 배우자가 출산한 경우 남성근로자는 3~5일간 출산휴가 가능 (유급 3일 포함)
	육아휴직	• 만 8세 또는 초등학교 2학년 이하 자녀가 있는 경우 부모 각각 최대 1년간 육아휴직 사용 가능 • 육아휴직 기간 중 시작일~3개월은 고용보험에서 통상임금의 80%(상한액: 150만 원/월, 하한액: 70만 원/월), 4개월~종료일: 통상임금의 40%(상한액: 100만 원/월, 하한액: 50만 원/월)에 해당하는 육아휴직 급여 지급(부모 각각 1년씩 사용 가능)하되, 육아휴직 급여의 25%는 직장 복귀 6개월 후에 지급 * 엄마가 육아휴직을 사용한 후에 같은 자녀에 대해 아빠가 육아휴직을 사용하면, 아빠의 첫 3개월 육아휴직 급여로 통상임금의 100%(최대 200만 원/월) 지원(엄마, 아빠 순서가 바뀌어도 동일, 아빠의 달)
	육아기 근로시간 단축제	• 일과 육아를 병행할 수 있도록 육아기 근로자에게 최대 1년간 '육아기근로시간단축제' 실시(단축 후 근로시간은 주당 15시간 이상~30시간 이하) * 육아휴직과 육아기 근로시간 단축제 중 선택 가능. 두 제도를 합하여 1년을 초과할 수 없음.

	출산·육아 이후 노동시장 복귀 지원	• 임신·육아 및 가사부담 등으로 경력이 단절된 여성 등을 대상으로 여성새로일하기센터(여성인력개발센터)를 통해 생애 설계, 자신감 향상, 취업 의욕 고취 및 구직기술 향상 등 다양한 집단 상담프로그램 제공 및 취업 알선을 통해 취업 촉진 지원

• 임신·출산한 비정규직 여성의 고용 안정에 기여하기 위해 출산전후휴가 중이거나 임신 중인 계약직(파견직 포함) 근로자가 휴가·임신 기간 중에 근로계약이 종료되는 경우, 계약기간 종료 즉시 또는 출산 후 15개월 이내에 1년 이상의 근로계약을 체결하는 사업주에게 지원금 지급
   - 기간제 계약인 경우 사업주에게 6개월간 매월 40만 원 지원
   - 무기계약인 경우 최초 6개월은 매월 40만 원, 그 이후 6개월은 매월 80만 원 지원
   (2011.1.1. 이후 체결된 계약부터 적용)

다자녀 가정 지원	다자녀 가정 주거 안정 지원	• 민법상 미성년인 자녀가 3명 이상 있는 무주택 세대주를 대상으로 10% 주택 특별·우선 공급 • 3자녀 이상 저소득 무주택 가구에게는 일반 가구에 비해 대출 한도 상향 및 우대금리 적용
	전기요금 감액	• 3자녀 이상 다자녀 가구 전기요금의 경우 전력 사용량에 관계없이 월 전기요금 30%(1만 6000원 한도) 할인
	가스요금 정액 할인	• 3자녀 이상 다자녀 가구 도시가스요금의 경우 공급사 및 사용 용도에 따라 월 130~6000원 할인
	자녀세액공제	• 연말정산 시 기본 공제대상 자녀 한 명당 15만 원 세액공제, 자녀가 3명 이상이면 30만 원(2인)+2명 초과 1명당 20만 원 세액공제
	국민연금 출산 크레딧	• 국민연금 가입자의 경우 2008년 이후 둘째아 출산 시 1년, 셋째아 이상 출산 시 1년 6개월 동안(최장 50개월) 연금 보험료를 추가 납부한 것으로 인정
	다자녀 가정 자동차 취득세 감면	• 18세 미만 3자녀 이상 양육가정은 자동차 1대에 대하여 취득세 경감
	다자녀 국가장학금	• 소득 8분위 이하, 셋째 아이 이상 1~4학년 대학생(1993.1.1 이후 출생자, 2014년 이후 입학자, 미혼에 한함) 연 450만 원 범위 내 지원
	입양아 및 장애아 가정	• 입양수수료 전액 지원 및 만 0~16세 미만 입양아 양육수당(월 15만 원) 지원 • 장애아 입양 가정 양육수당(중증 62만 7000원, 경증 55만 1000원) 및 의료비(연간 260만 원) 추가 지원

참고문헌

강이수. 2011. 「취업 여성의 '남편'과 일-가족 문제」. ≪젠더와 문화≫, 4권 1호, 43~87쪽.

고용노동부. 2019.1.23. "소중하고 확실한 행복, 아빠 육아휴직 1만 7천 명 돌파!" 정책브리핑. http//www.korea.kr/news/pressReleaseView.do?newsId=156314363(검색일: 2019.1.31)

고용노동부. 2018.12.31. "2019년, 달라지는 출산 육아기 정책". 대한민국정책브리핑. http://www.korea.kr/news/top50View.do?newsId=148856952&cateId=subject(검색일: 2019.1.25)

고용노동부. 2018.1.26. "17년 육아휴직자, 8명중 1명은 아빠". 보도자료.

관계부처 합동. 2017.12. "현장의 목소리를 담은 여성 일자리 대책".

국회입법조사처. 2017.1.26. 「제3차 저출산·고령사회기본계획'의 문제점과 개선방향: 저출산 대응정책을 중심으로」. 현안보고서, 302호.

_____. 2018.5.14. 「남성 육아휴직제도의 국가 간 비교 및 시사점」. ≪지표로 보는 이슈≫, 122호.

김영옥·이택면·강민정·임희정·나성은. 2014.11. 「남성의 육아휴직 활용 및 육아기 근로시간 단축제도 활성화 방안연구」. 한국여성정책연구원.

김은지·김소영·선보영·성경·양난주·김수정·김혜영. 2017. 『지속가능한 돌봄 정책 재정립 방안 연구(I)』. 서울: 한국여성정책연구원.

김인춘·최정원. 2008. 「한국의 저출산 현상과 성평등 인구정책과 여성정책의 연계를 중심으로」. ≪사회과학연구≫, 16집 1호, 312~344쪽.

김종해. 2011. 「이명박 정부 보육정책 이것이 문제다: 공공형, 자율형 어린이집 만 5세아 공통과정을 중심으로」. ≪복지동향≫, 152호, 58~63쪽.

대한민국정부. 2006. '제1차 저출산·고령사회 기본계획(2006~2010)'.

_____. 2009. '2006~2010 제1차 저출산·고령사회 기본계획(보완판)'.

_____. 2011. '제2차 저출산·고령사회 기본계획(2011~2015)'.

_____. 2016. '제3차 저출산·고령사회 기본계획(2016~2020)'.

박영창. 2005. 「저출산관련 정책평가 및 입법과제」. 한국법제연구원.

박현정·최종훈·김양중. 2018.7.5. "'패러다임 전환 선언' 정부 첫 저출산 대책 들여다보니…". ≪한겨레신문≫. http://www.hani.co.kr/arti/society/society_general/852157.html(검색일: 2018.11.4)

변수정·황남희. 2018. 「저출산·고령사회 기본계획의 주요 내용과 향후 과제」. ≪보건복지포럼≫, 제258호, 41~63쪽.

보건복지부. 각 연도. 「보육통계」.

신경아. 2014. 「신자유주의시대 남성 생계부양자의식의 균열과 젠더관계의 변화」. ≪한국여성학≫, 제30권 4호, 153~187쪽.

신준섭. 2018.11.7. "전체 육아휴직자 중 남성 16.9% 불과. 스웨덴은 45%". ≪국민일보≫. http://news.kmib.co.kr/article/view.asp?arcid=0924029776&code=11151400&cp =nv(검색일: 2018.12.7)

양현아. 2005. 「1990년대 이후 가족정책」. 권태환·김혜란·양현아·한인섭·황정미. 『한국 여정정책의 쟁점과 전망: 가족, 성폭력, 복지정책』. 서울: 함께읽는책.

여성가족부. 2005. 「2004년도 전국 보육·교육 실태조사」.

어유진·김영순·강병구·김수정·김수완·이승윤·최준영. 2016. 「한국형 복지모형 구축- 복지레짐 비교를 통한 한국복지국가의 현 좌표」. 연구보고서 2016-54 한국보건사회연구원.

윤홍식. 2010. 『가족정책: 복지국가의 새로운 전망』. 고양: 공동체.

은기수·전광희·윤홍식·김수정. 2005. 「외국 저출산 대응정책 효과성 분석 및 우리나라 도입 방안 연구」. 보건복지부.

이순희. 2015. 「OECD 주요국의 출산장려 정책 비교 연구 -프랑스 스웨덴 일본 한국을 중심으로」. 한국행정학회 학술발표논문지(2015.7.17)

이승윤·김민혜·이주용. 2013. 「한국 양육수당의 확대는 어떠한 정책형성과정을 거쳤는가?: 정책네트워크 분석을 활용하여」. ≪한국사회정책≫, 제20집 제2호, 195~232쪽

이재경. 2018.11. 「젠더 간의 공정성과 성평등」. ≪지식의 지평≫, 25권, 1~14쪽

이재경·조영미·이은아·유정미. 2005. 「저출산의 젠더분석과 정책대안 연구」. 고령화및미래사회위원회 연구보고서.

이채정. 2017.7. 「영유아양육지원정책 분석 - 보육료·유아학비 및 가정양육수당 지원을 중심으로」. 국회예산정책처 사업평가보고서 17-03(통권 391호).

이혜경. 2002. 「한국사회복지서비스 공급체계의 민·관 파트너십 구축의 과제와 전망」. 사회복지공동모금회 창립4주년 기념심포지엄 기조발제문.

인구정책50년사편찬위원회. 2016. 「한국인구정책50년: 출산억제에서 출산장려로」. 보건복지부·한국보건사회연구원.

임장혁·박민제·이유정. 2018.4.21. "돌봄·가사노동, 일하는 아내 하루 208분…무직 남편은 72분". ≪중앙일보≫. https://news.joins.com/article/22556078(검색일: 2018.11.6)

장미경. 2001. 「근로여성 50년사의 정리와 평가」. 한국여성개발원. 『21세기 근로여성정책의 기본방향에 관한 토론회 자료집』.

장혜경·이미정·김경미·김영란. 2004. 『저출산시대 여성과 국가대응전략』. 서울: 한국여성개발원.

채구묵. 2005. 「가족복지정책과 출산율」. ≪한국사회복지학≫, 57권 3호, 337~361쪽.

최정원. 2018. 「공공정책과 여성」. 김민정 외. 『젠더정치학』(제2개정판). 한울.

통계청. 2008·2018. '사회조사'. http://www.kostat.go.kr/portal/korea/kor_nw/1/6/3/index.board(검색일: 2019.1.22)

_____. 2014. '생활시간조사'. http://kostat.go.kr/portal/korea/kor_nw/1/6/4/index.board (검색일: 2019.1.22)

_____. 각 연도. '인구동향조사'. 국가통계포털. http://kosis.kr/index/index.do(검색일: 2018.11.20)

_____. 각 연도. '출산 및 육아휴직 현황.' e-나라지표. http://www.index.go.kr/potal/main/EachDtlPageDetail.do?idx_cd=1504(검색일: 2018.3.23).

허민숙. 2018.3.6. 「육아휴직제도 남성참여 제고를 위한 개선방향」. 국회입법조사처. ≪이슈와 논점≫, 1427호.

홍문식·장영식·이상영·오영희. 1993. 『저출산국가의 인구정책』. 서울: 한국보건사회연구원.

홍승아. 2011. 「양육수당제도의 젠더효과에 관한 연구: 핀란드 가정양육수당세조를 중심으로」. ≪비판사회정책≫, 31호, 85~119쪽.

_____. 2014.12. 「시대별 표어로 살펴본 우리나라 출산정책」. KDI 경제정보센터. https://eiec.kdi.re.kr/publish/archive/click/ view.jsp?idx=2288(검색일: 2018.9.3)

Blau, D. M. and P. K. Robins. 1989. "Fertility, Employment, and Child-care Costs." *Demography*, Vol. 26, No. 2, pp. 287~299.

Gerson, K. 2010. *The Unfinished Revolution: How a New Generation is Reshaping Family, Work, and Gender in America*. London: Oxford University Press.

Gornick, Janet C. 2000. "Family Policy and Mothers' Employment: Cross-national Variations." in Thomas Boje(ed.). *Gender, Welfare State and the Market: Towards a New Division of Labour*. London: Routledge.

Gornick, Janet C. and Marcia K. Meyers. 2009. *Gender Equality: Transforming Family Divisions of Labor*. The Real Utopias Project. Volume VI. New York: Verso.

Sainsbury, Diane(ed.). 1999. *Gender and Welfare State Regimes*. Oxford: Oxford University Press.

제11장

결론

김민정

지금까지 9개국의 출산장려를 위한 가족정책을 살펴보았다. 각 국가들의 가족정책 유형과 출산율 변화, 출산을 장려하기 위한 가족정책들을 알아보고 이러한 정책들이 여성의 삶에 어떠한 영향을 미치는지 살펴보았다.

국가들은 사회보장정책, 고용정책 및 아동·청소년정책 등 출산장려를 위한 정책과 관련이 있는 다른 정책들과의 관계 속에서 정책을 추진하고 또한 기존의 젠더 관계 속에서 정책을 추진하기 때문에 상당히 상이한 정책 양상을 보여주었다. 예를 들어 오스트리아나 독일은 출산휴가 및 육아휴직의 급여를 다양한 옵션 가운데 선택할 수 있도록 했으며, 프랑스는 한 자녀를 둔 부모와 둘 이상의 자녀를 둔 부모가 국가로부터 다른 지원을 받도록 설계되어 있었다. 또한 많은 국가들이 일정한 소득 이하의 가계 소득을 가진 가족에게 지원하는 저소득층 지원정책을 가지고 있었다. 유럽연합회원국들은 유럽연합의 지침(92/85/EEC)에 따라 여성들에게 출산전후 유급휴가를 의무화한 정책을 시행하고 있으며, 최근에는 2002년 유럽연합이사회의 바르셀로나 목표(Barcelona Targets)[1]에 따라 취학 이전의 자녀들을 위한 보육시설을 확충해왔다.

우선 9개국의 출산율 변화를 보면 1995~2000년 사이 5년의 기간 동안 큰 폭의 하락을 보이고 있다. 그 이후 각국은 저출산 문제에 대처하기 위해서 다양한 정책들을 추구하면서 약간의 회복세를 보이거나 하락세가 소강한 상태로 전반적인 저출산을 유지하고 있다. 물론 국가별로 약

---

1   2002년 유럽연합이사회에서 통과된 목표로서 2010년까지 유럽연합회원국들은 3세부터 취학 이전 아동의 최소 90%, 3세 이하 아동의 33%가 보육시설을 이용할 수 있도록 하자는 것이다. 이것은 유럽연합회원국의 여성들이 육아 때문에 경제활동을 포기하는 일이 없도록 하기 위한 정책이며 이를 통해서 여성들이 일과 양육을 균형 있게 하도록 하기 위한 정책이다.

그림 11-1

1990년 이후 9개국 출산율 변화

단위: 명

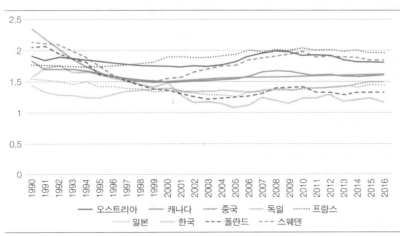

자료: World Bank(2018) 자료를 재구성함.

간의 차이는 있어서 프랑스는 1990년대 중반 이후에도 지속적으로 조금씩 출산율이 증가하고 있으며 독일도 조금씩 출산율이 증가하는 추세다. 반면 한국은 출산율의 지속적인 하락세가 멈추지 않아 저출산에 대처하기 위한 정책의 효과가 크지 않음을 알 수 있다. 연구대상으로 택한 9개국은 모두 2000년을 전후하여 출산장려정책을 추진하고 있음에도 불구하고 국가별로 그 정책적 효과가 상이함을 알 수 있다.

한편 이들 국가가 사용하고 있는 출산장려를 위한 가족정책을 보면 국가별로 유사한 점과 차이점이 있다. 출산 및 육아로 인한 경제적 손실이 얼마나 보상될 것인지는 가족이 출산을 결정하는 데에 중요한 요인 가운데 하나이다. 표 11-1에서 보면 연구대상이 된 모든 국가들은 출산휴가를 의무화하고 있고 이에 대해서 많게는 출산 전 임금의 100% 적게는 60~70% 정도의 임금을 보장하고 있다. 유급의 출산휴가와 함께 출산

표 11-1

출산휴가 및 육아휴직에 따른 재정적 지원

국가	기간 및 종류	급여수준	특징
오스트리아	• 출산휴가: 출산 전 8주, 출산 후 8주(총 16주) • 육아휴직: 출산휴가 포함 최대 3년까지 가능 • 아버지의 육아휴가 의무 없음 • 시간제 부모휴직제	• 출산휴가: 임금의 100% • 육아휴직 수당: 임금의 80%	출산수당의 선택 옵션
독일	• 출산휴가: 출산 전 6주, 출산 후 8주 • 육아휴직: 부모 24개월 • 아버지 할당제: 매년 2개월 추가	• 출산휴가 유급: 임금의 100% • 육아휴직 수당: 임금의 67%	18세까지 아동수당
프랑스	• 출산휴가: 16주 • 아버지 출산휴가(3일 법정휴가 포함): 11일 • 부모 나눔육아휴직: 첫째 자녀 1년, 둘째 자녀부터 3년 가능	• 출산휴가: 임금의 84~100% • 육아휴직: 첫째 자녀 무급, 둘째부터 2년 정액	18세까지 아동수당
폴란드	• 출산휴가: 출산 전후하여 20주 (140일) • 부성휴가: 2주 • 육아휴직: 출산휴가 이후 32주	• 출산수당: 저소득층에게만 1000즈워티 • 출산휴가 유급: 첫 6주 동안 임금의 100%, 나머지는 임금의 60% • 부성휴가: 임금의 100% • 육아휴직: 첫 6주 임금의 100%, 나머지 임금 60%	아동급여: 둘째 자녀부터 18세까지 매달 500즈워티(약 15만 원)
스웨덴	• 출산휴가: 14주 • 육아휴직: 16개월 • 아버지 육아휴직 2개월 의무, 자녀 12세까지 매년 2개월	• 유급: 임금의 80%, 상한 있음	16세까지 아동수당
캐나다	• 출산휴가: 18주 • 육아휴직: 34주 • 2019년 육아휴직 5주 추가. 부부가 나눠 사용해야 함.	• 유급: 지급 기간 52주일 경우 임금의 55%(상한 있음), 61주일 경우 33%	아동수당: 자녀 수에 따라, 소득수준에 따라 공제 수준 상이

중국	• 출산휴가: 98일(출산 전 15일, 출산 후 83일) • 아버지 출산휴가: 15일(최소 7일에서 25일까지 허용)	• 출산휴가: 평균 급여의 60~100%	각 성의 조례에 의거하여 15일, 1개월 등 추가적 출산휴가 사용 가능
일본	• 출산휴가: 출산 전 6주, 산후 8주 • 육아휴직: 부모 합하여 최장 1년 6개월	• 출산휴가: 임금의 2/3 • 출산일시금: 42만 엔 • 육아휴직: 최초 6개월은 휴직임금의 67%, 이후 종료일까지 50%	산후휴가, 육아휴가 기간 중 사회보장비 면제
한국	• 출산휴가: 산전후 90일(산후 최소 45일) • 배우자 출산휴가: 3~5일 • 육아휴직: 부모 각각 자녀 1명당 1년 • 아빠육아휴직 보너스제: 2018. 1.1 실시, 상한 250만 원(2019년부터) • '아빠의 달'(육아휴직 급여 특례): 어머니 육아휴직 사용 후 아버지가 사용 시	• 출산휴가: 임금의 100% • 아버지 출산휴가: 3일 임금의 100%, 3개월 통상임금의 80%(상한150만 원), 4개월부터 종료일까지 40%(상한 100만 원) • 아빠의 달: 3개월 급여를 통상임금의 100%(상한 200만 원/월)	육아근로시간 단축제

한 가족에게 한 번의 출산수당을 제공하는 국가도 있다. 폴란드의 경우에는 저소득 가정에, 프랑스는 중산층 이하 가정에, 일본은 모든 가정에 출산과 함께 출산수당이 지급된다. 이와 더불어 많은 국가들이 육아휴직을 제공하며 이에 대해서도 일정 부분 임금을 보장하고 있다. 또한 프랑스, 독일, 오스트리아, 폴란드, 캐나다, 스웨덴 등에서는 일정 나이가 될 때까지 자녀들에게 아동수당이 주어짐으로써 양육비 부담을 상당히 줄일 수 있는 효과를 가져왔다. 아동수당은 많은 국가들이 가족의 가계 수입에 따라 차등 지급하고 있지만 폴란드처럼 모든 가족의 자녀에게 차등 없이 지급하는 경우도 있다. 유급의 출산 및 양육휴가와 아동수당은 부

그림 11-2

여성의 경제활동참가율 비교(1990년 이후)

단위: %

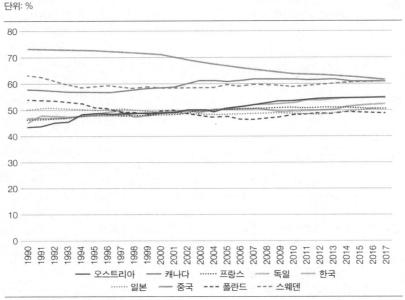

자료: World Bank(2018) 자료를 재구성함.

모들이 경제적인 이유로 출산을 기피하지 않도록 하여 출산율을 유지시
키는 데 긍정적인 효과가 있음을 알 수 있다.

　출산율에 영향을 미치는 다른 요인은 출산 및 육아휴직 이후 직장으
로의 복귀 가능성이다. 직장으로의 복귀를 알 수 있는 자료로서 전체 여
성의 경제활동참가율을 비교했다. 특히 중국의 여성경제활동참가율이
현격히 줄어들고 있다. 중국은 2016년 이전에는 한 자녀정책을 통해 출
산통제정책을 엄격히 적용했음에도 불구하고 여성의 경제활동참가율은
줄어들었다. 반면 독일은 2002년 이인소득자 모델로 전환하고 아버지 양
육휴가제도를 실시하면서 여성의 경제활동참가율의 증가를 보이고 있

그림 11-3

독일의 출산율과 여성경제활동참가율 변화(1990년 이후)

단위: 명, %

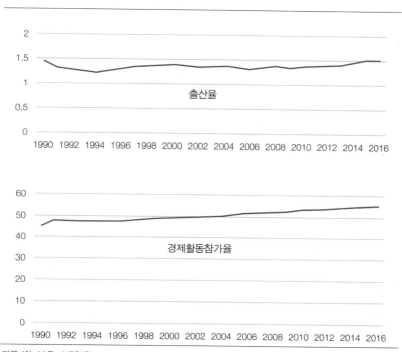

자료: World Bank(2018).

다. 2002년의 정책 전환으로 인해 출산율 저하는 멈추고 약간의 상승을 보이면서 동시에 여성의 경제활동참가율 역시 약간 증가하고 있어서 독일의 정책 전환 효과가 다소 나타나고 있음을 알 수 있다.

주목할 만한 사실은 폴란드의 경우 여성의 경제활동참가율이 저조한 현상이 출산율의 상승과 더불어 발생하고 있다는 것이다. 2008년 출산율이 가장 높았을 때 여성의 경제활동참가율은 1990년 이후 최저점을 찍었다. 이렇게 볼 때 과연 출산율을 높이기 위한 국가의 정책이 성인지

그림 11-4

폴란드 출산율과 여성경제활동참가율 변화(1990년대 이후)

단위: 명, %

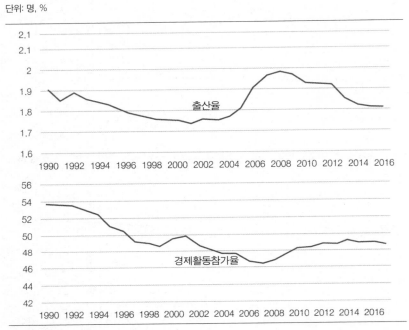

자료: World Bank(2018).

적이었는지 의문이 들 수밖에 없다.

　1990년대에 들어오면서 폴란드의 출산율이 급속히 떨어지게 된 것은 체제 전환과 밀접한 관련이 있다. 현실사회주의 체제 붕괴 이후 시장경쟁 체제로 전환되면서 그동안 안정적으로 향유되던 고용보장, 저렴한 비용의 보육서비스 등이 대부분 폐기되어 출산과 결혼의 기피 및 지연 현상이 발생한 것이다. 이러한 하락세는 2000년대에도 지속적으로 나타나면서 2003년 최저점에 도달했다. 유럽연합 가입 이후 유럽연합 지침에 따른 출산휴가 및 육아휴직이 적용되면서 출산율의 반등이 나타났다. 하지만 이는 곧 여성들의 경제활동참가율 저하로 연결되면서 출산장려정책의 성인지적인 시각이 부족했음을 알 수 있다.

이와 더불어 앞에서 본 아동수당은 출산율을 높이는 데에 긍정적으로 기여했다. 그러나 아동수당이 현금으로 지불될 경우 자칫하면 양육비를 지원받고 가정에서 자녀를 돌보게 되어 여성들의 경제활동을 저하시켜 부정적일 수 있다. 아동수당과 함께 국가에서 보육시설을 확대하지 않으면 특히 저소득층의 경우 아동수당을 지원받고 여성들은 경제활동을 멈추고 자녀 양육을 위해 가정으로 복귀할 가능성이 높아진다. 앞에서 본 폴란드의 경우 유럽연합 가입 이후 출산율은 증가했지만 여성경제활동참가율이 저조한 것도 이런 요인과 관련이 있어 보인다. 폴란드에서 3세 이하 자녀의 보육시설 이용률을 살펴보면 상당히 낮다. 3세 이하 아동 중 97~98%가 가정에서 돌봄을 받는 것으로 나타났고 이 비율은 이후 점차 감소되었지만 여전히 88%의 유아가 가정에서 돌봄을 받고 있다. 이는 다른 유럽 국가인 프랑스 49.5%(2017), 스웨덴 47.4%(2017)에 비해서 상당히 높은 비율이다. 이렇게 아동수당이 금전적으로 지원되면 여성들은 어린 자녀를 집에서 돌보게 되는데 이는 그만큼 여성들의 경제활동도 중단됨을 의미하기 때문에 여성의 관점에서 보면 부정적 영향을 가져온다.

반면에 유럽연합 회원국인 오스트리아, 독일, 프랑스, 스웨덴, 폴란드의 3세 이하 어린이가 주당 30시간 이상 보육시설에서 양육되고 있는 비율의 변화를 그림 11-6에서 볼 수 있다. 3세 이하 자녀를 보육시설을 통해서 양육하게 될 경우 아동수당이 지급되어도 여성들은 경제활동을 이어갈 수 있기 때문에 프랑스, 스웨덴, 독일과 같은 유럽 국가들에 있어서 아동수당이 여성의 경제활동 중단과 연결되지는 않는다. 아동수당 자체는 경제적인 이유로 출산과 양육을 기피하지 않도록 하기 위한 국가의

그림 11-5

3세 이하 자녀를 가정에서 돌보는 비율

단위: %

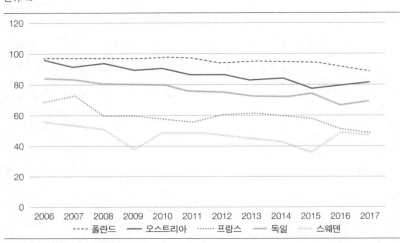

자료: Eurostat(2018) 자료를 재구성함.

그림 11-6

3세 이하 어린이 보육시설 이용률 변화(주당 30시간 이상)

단위: %

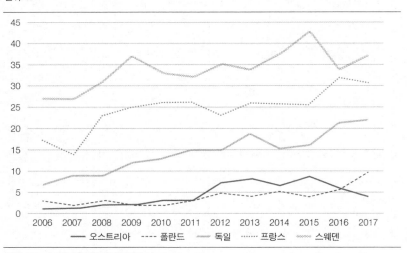

자료: Eurostat(2018) 자료를 재구성함.

그림 11-7

여성의 시간제 노동 변화(전체 여성 경제활동인구 가운데 시간제 노동 비율)

단위: %

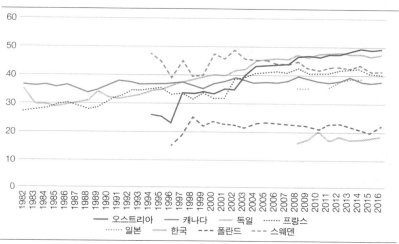

주: 중국 자료 없음. 일본 부분적인 자료만 제공됨.
자료: World Bank(2018) 자료를 재구성함.

지원이지만 보육시설의 확충과 함께 이루어지지 않으면 아동수당 자체가 여성들의 경제활동 참여에 심각한 영향을 미칠 수 있다.

　출산과 양육에 대한 국가의 재정적 지원이 이루어지고 보육시설을 통해 여성의 경제활동 참여에 지장을 주지 않는다고 하더라도 출산과 양육이 여성의 경제활동에 부정적 영향을 미치는 이유는 출산과 양육휴가 이후 직장으로 복귀하는 것이 어렵기 때문이다. 많은 여성들이 출산과 양육휴가 이후 질이 낮은 경제활동, 즉 비정규직 혹은 시간제 고용 형태의 경제활동에 연결될 가능성이 높다. 실제로 많은 국가에서 여성의 경제활동 참여 자체는 높지만 경제활동의 질을 놓고 볼 때 많은 문제가 나타나고 있다. 가장 두드러진 변화는 1990년대 중반 이후 여성의 시간제 노동이 증가하고 있다는 것이다. 특히 오스트리아, 독일, 프랑스에서 여성의 시간제 노동이 증가하고 있는 것이 눈에 띈다. 오스트리아의 시간제 부모휴직제와 같은 제도는 육아를 이유로 시간제를 선택할 수 있게 해주어 일견 양육과 일을 병행할 수 있는 것처럼 보이지만 현실적으로는 여성들이 질이 낮은 경제활동과 육아를 병행하게 되어 결국 여성의 임금이 남성보다 낮아지고 승진이나 직장의 안정성에 부정적 영향을 미칠 수 있음을 시사한다. 이런 점에서 출산장려정책을 설계할 때 성인지적인 관점에서의 설계가 반드시 필요함을 다시 한번 알 수 있다.

마지막으로 봐야 하는 요소가 돌봄노동에서 남녀 간의 동등한 책임이다. 출산 및 양육에 대한 부담 때문에 출산을 기피하는 현상을 없애기 위해서는 경제적인 지원과 보육시설의 확대가 절대적으로 필요하지만 이것만으로는 부족하다. 마지막으로 필요한 것이 육아 및 양육이 부모 모두의 공동 책임이라는 의식이다. 보수적인 성역할분리 문화가 지배적인 국가에서는 위의 모든 조건을 제도적으로 보장해도 양육의 1차적인 책임은 어머니에게 있다고 생각하기 때문에 여성들의 경력단절이 발생하는데, 자녀들이 성장한 이후에 다시 노동시장에 진입하려고 했을 때 경력단절 여성들은 많은 어려움을 겪는다. 이를 방지하기 위해서는 양육에 대한 공동 책임 의식이 확산되어야 한다. 이를 위해서 국가가 마련할 수 있는 것은 아버지 양육휴가의 의무화이다. 이를 의무화하고 있는 국가는 스웨덴이 유일하다.

스웨덴에서는 자녀가 12세가 될 때까지 매년 2개월의 육아휴직을 의무화하고 있으며 이를 재정적으로 국가가 지원하고 있다. 다른 국가들은 선택적으로 부모 중에 한쪽이 육아휴직을 신청할 수 있거나 혹은 한 명이 육아휴직을 사용하고 다른 한쪽이 육아휴직을 사용할 경우 혜택을 주는 정도의 제도를 마련하고 있다. 그러나 이미 시행하고 있는 국가들의 예를 보더라도 이러한 선택적 적용제도는 장기적으로는 효과가 나타날 수 있지만 단기적인 효과를 기대하기는 어렵다. 왜냐하면 일반적으로 남녀 간의 임금격차가 상당히 있기 때문에 아버지가 육아휴직을 하는 것보다는 어머니가 육아휴직을 하는 것이 경제적으로 더 이익이 된다고 판단하기 때문에 육아휴직을 한다면 어머니가 육아휴직을 하게 된다. 더구나 성역할분리 문화가 여전히 남아 있는 국가에서는 육아는 당연히 어머니의 몫이라고 판단되기 때문에 육아휴직은 더욱 어머니의 몫으로 남게 된다. 이러한 이유로 아버지 육아휴직을 의무화하지 않는다면 돌봄노동에서의 남녀의 동등한 책임은 쉽게 이루어지기 어렵다.

전체적으로 정리하면 2000년대에 오면서 많은 국가들이 출산장려정책을 시행하고 있지만 그 정책적 효과는 국가마다 다소 상이하게 나타난다. 그 첫째는 출산 및 육아휴직에서 기존의 임금이 얼마나 보존되느냐의 문제와 관련이 있다. 또한 양육 과정에서 국가의 양육비 지원(아동수당)이 있다면 출산 및 양육에 따르는 경제적 손실을 이유로 출산을 기피하는 상황은 다소 감소할 수 있다. 그러나 이 역시 아동수당과 더불어 보육시설의 확충이 이루어지지 않으면 오히려 여성들의 재가족화를 부추길 우려가 있다. 즉, 여성이 출산 이후 가정으로 복귀하여 아동수당의 수혜를 받으며 경제활동으로부터는 후퇴할 가능성을 높일 수 있다.

두 번째는 출산 및 육아휴직 이후 직장으로의 복귀 문제이다. 직장으로 복귀하지 못하면 경력단절이 되고 더더욱 경제활동에 재진입하는 것이 어려워지기 때문이다. 이러한 현상은 실제로 여러 통계를 통해서 여성들의 경제활동 참여의 질이 낮아지고 있음을 알 수 있다. 시간제 노동이 늘고 있으며 자녀들의 가족 내 양육도 몇몇 국가들에서는 상당히 높은 비율로 나타나서 출산 및 육아휴직의 재정적인 지원만으로는 여성들의 경제활동 지속이 어려움을 알 수 있다.

마지막으로 살펴봐야 할 것은 육아라는 영역이 남녀 공히 공동의 책

임이라는 의식의 확산이다. 공동 책임이라는 의식이 없으면 아무리 좋은
제도가 있어도 육아는 여성의 몫이라는 생각을 바탕으로 임금이 더 높은
남성보다는 여성이 육아휴직을 선택하게 되며 이는 곧 여성의 경력단절
로 이어지게 된다. 이를 위해서는 남성이 의무적으로 육아휴직을 사용하
도록 제도 개선이 필요하다.

　　이제까지 9개국의 출산장려를 위한 정책들을 살펴보았는데 각국의
정책들은 출산장려에는 단기적으로 효과가 있었다. 하지만 여성의 관점
에서 이러한 출산장려정책의 설계는 여성들을 경제활동에서 주변화하고
그동안 많은 노력으로 이루어놓은 여성의 경제활동을 후퇴시켜 가정으
로 복귀하게 할 위험이 상당히 많음을 알 수 있다.

참고문헌

Eurostat. 2018. "Children in formal childcare or education by age group and duration."
　　http://appsso.eurostat.ec.europa.eu/nui/show.do?dataset=ilc_caindformal&lang=
　　en(검색일: 2018.12.28).
World Bank. 2018. "World Development indicators." https://datacatalog.worldbank.
　　org/dataset/world-development-indicators(검색일: 2018.12.28).

지은이

김민정
연세대학교 정치외교학과 졸업
연세대학교 대학원 정치학과 석사
프랑스 파리2대학교 정치학 박사
현 서울시립대학교 국제관계학과 교수
저서:『다문화주의와 페미니즘』(공편),『프랑스 언론을 통해본 한국』,『한국 여성의 정치참
　　여』외 다수
논문:「프랑스 여성정책전담기구의 제도적 역량」,「프랑스 여성운동 의제의 정책화」등 다수

김경미
서강대학교 정치외교학과 졸업
독일 마르부르크대학교 정치학 박사
현 서강대학교 국제지역문화원 연구교수
저서:『젠더정치학』(공저),『다문화주의와 페미니즘』(공편)
논문:「체제 전환 이후 동유럽 국가 여성의 정치참여」,「진보와 보수, 좌파와 우파에 대한 이론
　　적 좌표설정 모색」등 다수

김보람
서울시립대학교 국제관계학 석사
현 서울시립대학교 국제관계학 박사과정
논문:「키스톤 XL 파이프라인 프로젝트의 국제정치경제학적 해부: 사업지연 요인과 미국의 에
　　너지 정치 매커니즘 분석」,「오바마 기후변화 정책의 국제정치경제적 매커니즘: 미국의
　　환경·에너지정치와 파리기후변화협약과의 연관성 분석」

박채복
숙명여자대학교 정치학 석사
독일 마르부르크대학교 정치학 박사
현 숙명여자대학교 인문학연구소 연구교수
저서:『유럽연합과 젠더: 정책, 제도, 행위자적 고찰』,『젠더정치학』(공저),『국제정치의 신패
　　러다임』(공저)
논문:「EU 젠더레짐의 형성 및 정책결정과정」,「독일의 여성이주자정책」등 다수

이지영

한국외국어대학교 통번역대학원 한국어일본어과 석사

일본 츠쿠바대학교 정치학 박사

현 한국외국어대학교 글로벌정치연구소 초빙연구원

저서: 『경쟁과 협력의 한일관계』(공저), 『젠더와 세계정치』(공저) 등 다수

논문: 「트랜스보더 내셔널리즘과 재일한인 여성의 국적문제」, 「일본군'위안부' 문제를 둘러싼 한일 갈등의 해결 모색」 등 다수

장선화

한국외국어대학교 정치외교학과 졸업

이화여자대학교 정치학 석사

이화여자대학교 정치학 박사

현 한국외국어대학교 글로벌정치연구소 초빙연구원

저서: 『유럽의 변혁적 리더들』(공저), 『미국과 유럽연합의 관계: 역사와 쟁점』(공저) 등

논문: 「북유럽 포퓰리스트, 우파정당의 성장과 정당체제 변화: 스웨덴민주당과 핀란드인당을 중심으로」, 「한국 정당민주주의의 제도적 특징과 개혁과제: 독일, 영국, 스웨덴과 비교적 관점에서」 등

장숙인

서울시립대학교 도시행정학과 졸업

서울시립대학교 국제관계학 석사

서울시립대학교 국제관계학 박사

현 제주대학교 사회과학연구소 특별연구원

논문: 「미국의 대아시아 정책의 변화 중국의 대응: 이론적 검토와 경험적 분석」, 「중국 특색의 '권위주의적 조합주의형' 정부: 민간 정책협력기금회의 성장과 발전을 중심으로」 등

전복희

이화여자대학교 정치외교학과 졸업

이화여자대학교 정치학 석사

독일 마르부르크대학교 정치학 박사

현 여성정치문화연구소 이사

저서: 『사회진화론과 국가사상』, 『獨逸의 代議制 民主主義와 政黨政治』(共著) 등

논문: 「글로벌 거버넌스 시대의 여성정치의 변화」, 「독일 제2기 여성운동의 여성문제들의 특성과 제도화」 등

최정원
연세대학교 정치외교학과 졸업
연세대학교 대학원 정치학과 석사
연세대학교 정치학 박사
현 연세대학교 학부대학 선임연구원 겸 동서문제연구원 객원교수
저서:『젠더정치학』(공저), 『다문화주의와 페미니즘』(공저) 등
논문:「17대 국회 입법 활동으로 본 한국 여성정책 의제의 변화와 확대」, 「여성관련 입법성과
　　와 의회리더십」 등

한울아카데미 2148

저출산시대의 가족정책
젠더, 가족, 그리고 국가

ⓒ 김민정·김경미·김보람·박채복·이지영·장선화·장숙인·전복희·최정원, 2019

지은이 **김민정, 김경미, 김보람, 박채복, 이지영, 장선화, 장숙인, 전복희, 최정원**
펴낸이 **김종수**
펴낸곳 **한울엠플러스(주)**
책임편집 **김다정**

초판 1쇄 인쇄 **2019년 3월 15일**
초판 1쇄 발행 **2019년 3월 29일**

주소 **10881 경기도 파주시 광인사길 153 한울시소빌딩 3층**
전화 **031-955-0655**
팩스 **031-955-0656**
홈페이지 **www.hanulmplus.kr**
등록번호 **제406-2015-000143호**

Printed in Korea.
ISBN 978-89-460-7148-3 93330 (양장)
     978-89-460-6629-8 93330 (반양장)